Stata

数据分析与建模

曹启龙　佟金萍◎主编

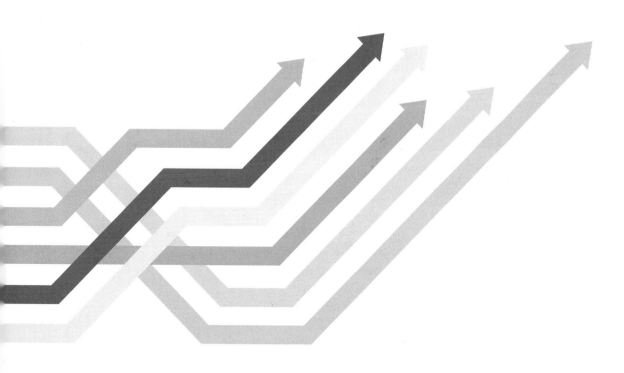

清华大学出版社
北京

内 容 简 介

本书围绕数据分析与建模的核心主题,以解决实际问题为导向,通过紧凑的章节内容、丰富的案例代码和详尽的操作步骤,展示了如何在各种情境中应用 Stata 进行数据整理和分析的工作。本书致力于实用、高效和系统地呈现 Stata 软件的数据分析功能。循序渐进、问题导向以及案例丰富是本书的三大特色。全书共分为 14 章,第 1~5 章为基础章节,这部分内容侧重 Stata 的基础操作与常用命令的讲解。第 6~10 章为进阶章节,这部分内容侧重 Stata 的函数、矩阵、循环语句以及编程等方面的操作讲解。第 11~14 章为应用章节,这部分内容侧重数据分析的综合案例操作以及分析结果报告。本书为每个模块均提供了可复制的代码和数据,并对代码进行了详细的注释,以便读者更好地学习、掌握和应用相关的知识点。

本书可供经济学、管理学、统计学、金融学、社会学、医学以及其他相关学科专业的本科生和研究生学习和参考,也可以作为在职人员的工具书。

图书在版编目(CIP)数据

Stata 数据分析与建模 / 曹启龙,佟金萍主编. -- 北京:清华大学出版社,2025. 2. -- ISBN 978-7-302-68265-3

Ⅰ. C819

中国国家版本馆 CIP 数据核字第 2025T8J316 号

责任编辑:崔　彤
封面设计:李召霞
责任校对:申晓焕
责任印制:宋　林

出版发行:清华大学出版社
　　　网　　　址:https://www.tup.com.cn, https://www.wqxuetang.com
　　　地　　　址:北京清华大学学研大厦 A 座　　　邮　　编:100084
　　　社 总 机:010-83470000　　　邮　　购:010-62786544
　　　投稿与读者服务:010-62776969,c-service@tup.tsinghua.edu.cn
　　　质量反馈:010-62772015,zhiliang@tup.tsinghua.edu.cn
　　　课件下载:https://www.tup.com.cn,010-83470236
印 装 者:河北鹏润印刷有限公司
经　　销:全国新华书店
开　　本:186mm×240mm　　印　张:20.5　　　　字　　数:461 千字
版　　次:2025 年 4 月第 1 版　　　　　　　　　印　　次:2025 年 4 月第 1 次印刷
印　　数:1~1500
定　　价:79.00 元

产品编号:105113-01

前　言

随着大数据时代的到来,数据科学逐渐成为一门独立的学科。数据科学旨在通过科学的方法和技术,对数据进行收集、处理、分析和解释,以发现数据中的规律和模式,为决策提供支持。在这个背景下,Stata作为一种功能强大的数据管理、分析、统计和计量工具,被广泛应用于经济、商业、医疗、教育以及公共管理等多个相关领域。例如,在经济学研究中,Stata被广泛应用于宏观经济、资本市场、金融科技、风险管理以及公司金融等领域;在管理学研究中,Stata被用于研究组织行为、战略管理、市场营销等方面;在医学研究中,Stata被用于临床试验、流行病学、生物统计学等领域;在公共管理中,Stata被用于政策分析、公共服务管理、城市规划等方面。当前,Stata已经更新到了18.0版本,其强大的数据分析功能、丰富的社区资源以及即时性的模型更新必然能在当前的大数据时代占有一席之地。

写作目的

笔者从事统计、计量和数据分析相关的工作已有十多年,在这个过程中发现系统化的Stata教程十分匮乏。尽管在当前的信息化时代,互联网的学习资源较多,但这些资源都十分分散,而且大多数资源都是Stata某个命令的简单介绍。许多初学者在接触Stata时,往往感到无从下手。哪怕是具有多年Stata应用经验的研究者,在面对Stata海量的外部命令和函数时,也会经常感慨其"杂乱无章"的操作体系。事实上,作为一款优秀的数据分析和统计分析软件,Stata有着完整而又强大的功能生态体系,本书则是对这一功能生态的系统化。本书在章节设计上循序渐进,在章节内容上深入浅出,既囊括了环境设定、数据交互、数据清洗、数据转化、数据重构等基本操作,也囊括了函数应用、宏的调用、循环语句、程序编写以及综合应用等高级操作。同时,本书也设计了数据分析报告专题,详细介绍了表格生成与可视化的相关技术。总体来看,本书试图从学生学习的视角出发,以数据分析的基本环节和流程为主线,在数据科学的框架下为读者详细介绍Stata的数据分析体系,旨在为读者提供一本全面、实用和系统化的Stata教程,帮助他们掌握数据分析和建模的核心技能,希望本书能够给读者带来收获。

目标读者

本书的目标读者主要包括以下三类。

高校学生:本书可以作为统计学、经济学、管理学、社会学、教育学以及医学等学科的教材或参考书,适用于高年级本科生以及硕士研究生或博士研究生学习和使用。

科研人员：本书丰富的案例和前沿的应用专题为相关领域的科研人员提供了数据分析和数据建模的实际指导。

实务工作者：本书对于在企业、政府或非营利组织工作的数据分析师来说，是一本有价值的工具书。

内容安排

本书共 14 章，整体内容安排可以分为基础章节、进阶章节与应用章节三大块。

基础章节为第 1～5 章，这部分内容偏重 Stata 基础的操作与常用命令的介绍和讲解，包括 Stata 的环境设置（第 1 章）、数据导入导出与基本分析（第 2 章）、变量的生成与设定（第 3 章）、变量的类型与操作转化（第 4 章）以及数据重构（第 5 章）等内容。通过这部分内容的学习，读者可基本掌握一般情形下的数据分析流程和数据清洗的命令代码，能够进行日常的数据分析工作。

进阶章节为第 6～10 章，这部分内容侧重 Stata 的高级操作，在介绍函数、矩阵以及循环语句的基础之上，讲解 Stata 的程序编写，进而大幅提高数据分析的效率。这部分内容主要包括 Stata 中的函数（第 6 章）、矩阵（第 7 章）、宏与返回值（第 8 章）、Stata 循环与判断语句（第 9 章）以及 Stata 程序编写（第 10 章）。通过本部分内容的学习，读者能够利用循环和脚本程序高效率处理复杂的数据分析问题。

应用章节为第 11～14 章，这部分内容侧重数据建模的实际场景操作以及数据分析结果的汇报，其中第 11 章从字符串变量处理、滚动窗口、分组计算、地理计算与近邻地区匹配四个专题介绍了如何应用 Stata 进行建模和数据分析；第 12 章介绍了 Stata 的数据可视化功能；第 13 章介绍了如何以表格的形式生成 Stata 数据统计分析的结果，通过本章内容的学习，读者能够进一步掌握 Stata 在实际场景中的应用及其结果报告形式；第 14 章介绍了蒙特卡洛模拟与自抽样的原理和应用场景，为读者在复杂情境下的数据建模和模拟分析提供了思路。

配套资源

本书以 Stata 18.0 为版本，书中所有示例的数据、程序、教学 PPT 以及课后习题参考答案可以在清华大学出版社官方网站下载。

关于致谢

本书在写作过程中，得到了所在部门和团队的大力支持与鼓励，在此一并感谢。常州大学吴敬琏经济学院与商学院·刘国钧管理学院的硕士研究生李静蕾、居萌、左文研、赵恬、王芳芳等参与了排版和校对的工作，这里表示感谢。本书获得了常州大学 2021 年研究生教材建设项目、江苏省"紫金文化人才培养工程"项目、江苏省"青蓝工程"教学团队项目以及常州大学研究生教学改革重点项目的支持，在此一并表示感谢。最后，要特别感谢清华大学出版社的崔彤编辑及其同仁们，为本书的编写提出了许多宝贵的意见，并付出了辛勤的劳动。

关于勘误

　　虽然编者花了很多的精力和时间去核对书中的文字和代码等内容,但因为时间仓促和水平有限,书中难免会有错误和纰漏。如发现不当之处,欢迎反馈。

其他说明

　　本书使用和提供的数据,除 Stata 官方数据,对其他外部数据均经过了脱敏处理,并对相关变量的数值进行了调整和优化,仅做案例使用,不可直接用于学术研究。

编　者

2025 年 1 月

目 录

视频目录
Video Contents

视频名称	时长/分钟	位置
第 01 集 Stata 的界面认识	9	1.1.1 节
第 02 集 工作路径设置	6	1.2.1 节
第 03 集 do 文档及其注释	10	1.5 节
第 04 集 dta 格式文件的导入与导出	6	2.2.2 节
第 05 集 Excel 文件的导入与导出	7	2.4 节
第 06 集 数据查看主要命令	13	2.5 节
第 07 集 标量操作	4	3.2 节
第 08 集 _n 与 _N 介绍	12	3.3.1 节
第 09 集 变量操作	4	3.5 节
第 10 集 生成分组变量	11	3.7 节
第 11 集 变量类型转化的命令	12	4.1.1 节
第 12 集 缺失值的处理	4	4.2.2 节
第 13 集 因子变量操作符	4	4.5 节
第 14 集 横向合并数据	17	5.2.2 节
第 15 集 交叉合并数据	7	5.2.3 节
第 16 集 reshape 命令介绍	11	5.3.1 节
第 17 集 split 命令介绍	4	5.5.1 节
第 18 集 expand 命令介绍	3	5.5.2 节
第 19 集 日期数据的形式与格式设定	20	6.1.1 节
第 20 集 字符型日期的提取	16	6.1.2 节
第 21 集 数值型日期的提取与合并	10	6.1.3 节
第 22 集 字符与数值转换	5	6.5.1 节
第 23 集 字符示性函数	8	6.5.3 节
第 24 集 字符替换函数	4	6.5.4 节
第 25 集 字符截取函数	13	6.5.5 节
第 26 集 字符匹配函数	4	6.5.6 节
第 27 集 矩阵的定义	5	7.1 节
第 28 集 矩阵元素的提取	7	7.2 节
第 29 集 local 与 global 介绍	23	8.1 节
第 30 集 宏扩展函数 dir 的用法	7	8.2 节
第 31 集 临时文件的应用	3	8.3 节
第 32 集 while 语句介绍	7	9.1 节
第 33 集 forvalues 语句介绍	6	9.2 节
第 34 集 foreach 语句介绍	11	9.3 节

续表

视频名称	时长/分钟	位置
第 35 集 程序的定义 program	6	10.2 节
第 36 集 字符串变量处理常用命令	13	11.1.1 节
第 37 集 组内元素个数统计	7	11.3.1 节
第 38 集 HHI 指数的计算	5	11.3.4 节
第 39 集 图形的元素	6	12.1 节
第 40 集 graph region 介绍	5	12.4 节
第 41 集 绘图综合案例	6	12.6 节
第 42 集 reg2docx 类命令介绍	7	13.1.1 节
第 43 集 esttab 命令介绍	4	13.1.2 节
第 44 集 蒙特卡洛模拟案例	3	14.2.3 节
第 45 集 自抽样介绍	3	14.3 节

第1章

Stata的环境设置

Stata 的环境设置是指对 Stata 的界面、默认的参数、工作路径、文件访问程序等内容根据个人的偏好进行调整。本章详细阐述 Stata 环境设置的各个要点。首先,对 Stata 的不同窗口进行介绍并对系统参数进行解读,帮助读者逐步了解 Stata 的界面构成和相关参数的设定。随后,进一步介绍 Stata 的工作路径设定及处理文件夹和文件的系列命令,并指导读者如何安装与更新命令以及如何使用 help 命令获取相关资源。在本章结尾,将详述系统文件的设定以及 Stata 自动执行 profile. do 文档的过程。通过本章的学习,读者可以深入理解 Stata 界面的基本布局,掌握查阅 Stata 软件相关参数的方法,学会设定工作路径的技巧,掌握安装不同来源的外部命令的策略,掌握查阅帮助文档和资源的能力,熟悉 Stata 的系统路径设定和 profile 的设置方式,为后续内容的学习打下基础。

1.1　Stata 的界面与参数设定

1.1.1　Stata 的界面概述

本书以 Stata/MP 18.0 为载体(后文如无特殊需要则简称为 Stata),不同版本的软件除了内置函数有所差异外,在其他方面差异不大,建议使用最新的版本,以便实现更为丰富的功能。在打开 Stata 后可以看到如图 1-1 所示的窗口布局。Stata 窗口由菜单栏(上方)、工具栏(上方)、命令窗口(下方)、结果窗口(中间)、变量窗口(右上方)、属性窗口(右下方)以及历史窗口(左下方)7 部分组成。

视频讲解

(1) 菜单栏。Stata 软件的菜单栏主要包括"文件(F)""编辑(E)""数据(D)""图形(G)""统计(S)""用户(U)""窗口(W)""帮助(H)"8 个下拉菜单。由于 Stata 软件主要以命令操作为主,因此对菜单栏不再详细介绍,读者可自行打开下拉菜单了解其常见功能。

(2) 工具栏。工具栏在菜单栏的下方,设置了用于实现一些快捷功能的小图标,包括文件的打开、保存、打印、日志、do 文档编辑器、数据编辑器,以及变量管理器等。

(3) 命令窗口。命令窗口用于输入 Stata 的命令,按 Enter 键后即可执行输入的命令。

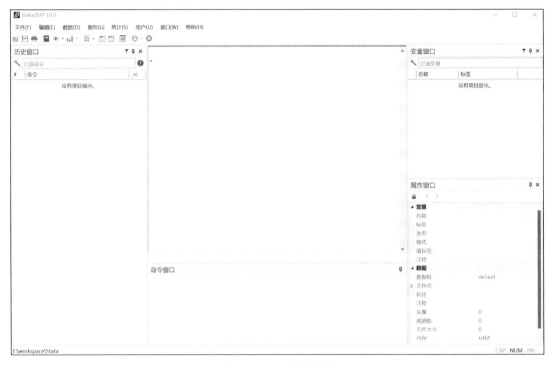

图 1-1　Stata 窗口布局

命令窗口能够很好地和用户进行交互,所以比较适合临时性的和简短的命令。一般较为复杂的命令使用 do 文档的脚本形式。

(4) 结果窗口。结果窗口用于显示命令执行的结果,如果执行出错也会在结果窗口中以不同颜色的文本进行汇报。

(5) 变量窗口。变量窗口列示出当前使用中的数据集的变量和变量标签,双击变量窗口中某个变量可以快速地将该变量添加到命令窗口中。

(6) 属性窗口。属性窗口详细展示了数据的属性信息以及被选中变量的属性信息,如变量名称、变量标签、变量类型以及数据格式等。

(7) 历史窗口。历史窗口依次记录了所有已经执行的命令。单击某一个历史命令可以将该命令快速地复制到命令窗口;双击某一个历史命令,则直接执行该命令。

1.1.2　Stata 的界面调整

为了获得更好的使用体验,用户可以对 Stata 的界面进行一些个性化的调整,这些调整可以在菜单栏的"编辑"下拉菜单中选择"首选项(Preferences)"功能进行设置。Stata 的首选项功能可以自定义 Stata 的外观和一些属性,使其更加符合用户的工作习惯,从而提高工作效率。"首选项"功能主要包括以下三方面。

常规首选项(general):用于对 Stata 软件外观颜色方案和结果呈现颜色方案进行设

定,还包括对命令语法突出显示效果以及数据编辑器功能的若干设定。

图形首选项(graphics)：用于自定义图形的模板,包括显示图形的大小、边距、样式、颜色、字体以及风格等。

界面语言(user-interface language)：用于自定义 Stata 软件的界面语言,本书默认使用中文界面语言。

1.1.3　系统参数的查看与设定

在使用 Stata 时需要注意当前系统的参数情况,如软件版本、最大变量数、最大观测数以及外部命令的默认安装路径等。随着 Stata 版本的不断更新,各个参数的信息也在不断调整和优化,掌握这些参数信息有利于提高软件的使用效率。

1. 查看软件版本

Stata 中的 version 命令用于显示当前使用的 Stata 的版本信息,使用 version 命令的基本操作是直接在命令窗口输入 version 并按 Enter 键。

2. 查看软件基本信息

Stata 中的 about 命令用于显示当前版本 Stata 的基本信息,包括 Stata 的完整名称、版本号、使用平台的信息等。使用 about 命令的基本语法是直接在命令窗口输入 about 并按 Enter 键。

在命令窗口输入 about,显示以下主要信息(根据计算机配置不同会有差异)。

```
Stata/MP 18.0 for Windows (64-bit x86-64)
Revision 07 Jun 2023
Copyright 1985-2023 StataCorp LLC
Total physical memory: 32.00 GB
Available physical memory:25.84 GB
```

3. 查看系统参数

Stata 作为一款优秀的统计分析工具,随着版本的不断升级和更新,其默认的系统参数也在不断变化和调整,这些参数信息可以通过在命令窗口运行 help limits 命令直接查看。该命令可以返回各类参数的范围信息,包括能够使用观测值的最大值、变量名的最大长度等。

另外一个非常有用的命令为 creturn list,该命令称为 C 类返回值命令(C-class),它包括了 22 个大类的 Stata 的各项系统参数,如 System values、Directories and paths、System limits、Numerical and string limits 等类型的系统信息。这些系统信息以 c()的形式存储在内存中,在应用时可以直接对 c()进行调用。如想用 display 命令显示某些系统参数,可以在命令窗口分别输入如下命令(通过 help display 可以发现 display 语法说明中的 di 两个字母的下面有下画线,表示该命令可以简写为 di,其他命令类似)。

```
di c(current_date)        //显示当前日期
di c(current_time)        //显示当前时间
di c(stata_version)       //显示软件版本
di c(sysdir_stata)        //显示 Stata 软件的安装路径
di c(sysdir_plus)         //显示 Stata 软件 plus 包的路径
creturn list              //显示 c()类返回值
```

注：在 Stata 中，符号"//"以及后面的内容表示对代码脚本的注释，在命令窗口运行代码时，"//"以及后面的注释内容要略去，否则会出错。

4. 设定系统参数

在 creturn list 的输出结果中，可以看到有些参数是固定不变的，如版本信息；有些参数是可以调整的，如工作目录信息以及系统路径等。在可调整的参数中，工作目录信息可以用 cd 命令进行调整，系统路径可以用 sysdir 命令进行调整，而其他大多数的参数信息则可以通过 set 命令进行调整。参数能否进行设定以及设定需要使用的命令，在 creturn list 的输出结果中一目了然，读者直接点击输出结果中对应的关键词即可查询相应的帮助信息，并在命令窗口输入相应的命令即可进行设置。

1.1.4　Stata 的基本语法

为了更好地理解 Stata 的命令和功能，需要先了解 Stata 的基本语法格式。Stata 的基本语法由前缀（如 bysort varlist）、命令（command）、变量（varlist）、表达式（＝exp）、条件（if）、范围（in）、权重（weight）以及选项功能（options）组成，其完整的语法格式如下：

```
[bysort varlist:] command [varlist] [ = exp] [if exp] [in range] [weight] [, options]
```

其中，[bysort varlist:]表示按给定的变量（varlist）进行分组的前缀；command 为 Stata 的命令；[varlist]指变量（变量组）；[if exp]表示使用 if 进行条件筛选（如 list price if mpg＞25，表示列出 price 变量的值，但仅限于 mpg 大于 25 的那些观测）；[in range]使用 in 命令对观测值的范围进行筛选（如 list price in 10/20，表示列出第 10 行到第 20 行的 price 的观测值）；[weight]表示权重；[, options]是命令功能的扩展。在整个语法中，那些用中括号[]括起来的参数称为可选项。可以看出，在整个 Stata 语法中唯有 command 项没有中括号，因此是必不可少的，而其他参数可以根据实际需要进行调整。同时，这也说明 Stata 是命令驱动的，以命令实现各类功能，这和许多编程语言"函数驱动"有所不同。下面的例 1-1 是一系列的 Stata 语句，读者可自行体会其语法功能。

例 1-1　Stata 的语法格式。

在 Stata 中，符号"//"以及后面的内容表示对代码脚本的注释，在命令窗口运行代码时，"//"以及后面的注释内容要略去，否则会出错。

```
cls          //该语句表示清空结果窗口
clear        //该语句表示清空内存中的数据集
```

`sysuse auto.dta,clear`	//该语句表示使用 sysuse 命令调用 Stata 内置的 auto.dta 数据集, //sysuse 为 Stata 的命令,clear 为 options 选项,表示在导入数据 //之前,清空内存中已有的其他数据集
`edit`	//该语句表示以表格形式打开当前内存中的数据集(类似于 Excel //可编辑,可单击右上角关闭该窗口)
`sum price mpg`	//该语句表示使用 sum 命令对 price 和 mpg 变量进行描述性统计
`bysort foreign : sum price mpg`	//该语句表示首先根据 foreign 变量进行分组(国产车和进口车),然 //后使用 sum 命令对不同组的 price 和 mpg 变量进行描述性统计
`sum price if foreign == 0`	//该语句表示仅对 foreign == 0 那一组的数据使用 sum 命令对 //price 变量进行描述性统计
`sort price`	//该语句表示使用 sort 命令对 price 变量从小到大排序
`list price in 1/10`	//该语句表示使用 list 命令列示 price 前十个最小的值
`keep price mpg weight length turn`	//该语句表示使用 keep 命令保留 price、mpg、weight、length、 //turn 5 个变量
`drop turn`	//该语句表示使用 drop 命令删除 turn 变量
`sum price mpg, detail`	//该语句表示使用 sum 命令对 price 和 mpg 变量进行描述性统计,逗 //号后面的 detail 为命令功能的扩展选项,表示显示描述性统计 //的详细信息
`gen logprice = log(price)`	//该语句表示使用 gen 命令生成新的变量 logprice,而 = log(price) //为对 price 取对数的表达式,新生成的变量默认放置在所有变量 //的最后
`gen weightc = weight/100, after(weight)`	//该语句表示使用 gen 命令生成新的变量 weightc, = //weight/100 为 weight 除以 100 的表达式,因此 weightc //变量是 weight 变量除以 100 的结果,逗号后面的 after //(weight)为 gen 命令的扩展功能项,表示将生成的 //weightc 变量放到 weight 之后
`gen weight2 = weight^2, after(weightc)`	//该语句表示使用 gen 命令生成新的变量 weight2, = //weight^2 为 weight 平方的表达式,逗号后面的 after //(weightc)为 gen 命令的扩展功能项,表示将生成的 //weight2 变量放到 weightc 之后
`rename weight2 sqweight`	//该语句表示使用 rename 命令将 weight2 重新命名为 sqweight

1.2　工作路径设置与文件操作

工作路径是 Stata 软件中的文件进行"交流"的空间。在调用文件或相关数据时,Stata 默认调用当前工作路径下的文件或数据,无法调用其他位置存储的文件信息。通过 Stata 界面左下方的位置可以看到 Stata 默认的工作路径,然而这个路径往往并不是我们通常处理文件或数据的常用路径,因此一般需要对工作路径进行设置。

1.2.1　工作路径设置命令

工作路径设置命令用于管理 Stata 的工作路径,主要包括 pwd、cd 和 rcd 三种命令,其中 pwd、cd 命令可以查看 Stata 当前的工作路径。除此之外,cd 命令还能用于改变 Stata 的

视频讲解

当前工作路径,如 cd F:\test 命令是将当前工作路径改到 F:\test 文件夹下。rcd 命令可以获取当前文件夹下所有的文件目录信息,并将其储存在暂元 r(ndir)中(暂元又称为宏,用于临时存储 Stata 的相关参数),可以用 return list 查看暂元 r(ndir)中的内容。

```
pwd            //返回当前的工作路径
cd             //返回当前的工作路径
cd "D:\Stata 数据分析与建模\数据代码\第 1 章" //修改工作路径到"D:\Stata 数据分析与建模\数
                                          //据代码\第 1 章"(前提是这个文件夹要存在)
rcd            //获取当前文件夹下所有的文件目录信息
return list    //查看 rcd 运行后中的暂元内容
```

1.2.2　文件/文件夹操作命令

文件及文件夹的操作命令可以分为四类,分别是查看文件和文件夹的 dir 和 fs 命令,创建文件夹的 mdir 命令,打开文件和文件夹的 shellout 和 cdout 命令,以及删除文件和文件夹的 rm、erase 和 rmdir 命令。

1. dir 与 fs 命令:查看文件与文件夹

dir 命令默认查看路径下所有类型的文件及文件夹,在后面加上"*.文件格式"可以检索当前路径下固定格式的文件,如"dir *.dta"可以查看 dta 格式文件,而"dir *.do"可以查看 do 类型文件。

```
dir
dir *.do
dir *.docx
```

fs 命令能查看当前路径下的文件(不显示文件夹的信息),并将结果保存在 r(files)中,可以用 return list 命令查阅 r(flies)中的信息。

```
fs             //查看当前路径下的文件
fs *.dta *.do  //查看当前路径下的 dta 文件和 do 文件
return list    //展示 r(files)内的信息
```

2. mdir 命令:创建文件夹

mkdir 命令可以创建文件夹且可以层层嵌套没有限制,其命令语法为

```
mkdir filename
```

在创建文件夹的过程中,有时可能会出现文件夹已存在的情况(同名文件夹),此时 Stata 会报错,为了避免这种情况,可以在 mkdir 命令前加上 cap 命令,以避免同名冲突导致程序中止运行。

```
mkdir 大学       //在当前工作路径下生成一个"大学"文件夹
mkdir 大学\论文  //在刚生成的"大学"文件夹下生成一个"论文"文件夹
mkdir test      //在当前工作路径下生成一个"test"文件夹
```

3. shellout 和 cdout 命令：打开文件和文件夹

shellout 命令用于打开当前路径下的文件,而 cdout 命令则用于打开当前路径所在的文件夹。这两个命令均为外部命令,需要手动安装,安装代码如下:

```
ssc install outreg2    //安装 shellout 命令,该命令集成在 outreg2 下面
ssc install cdout      //安装 cdout 命令
shellout test.txt      //打开 test.txt 文件(前提是这个文件要存在)
cdout                  //打开当前工作路径所在的文件夹
```

4. rm、erase 与 rmkdir 命令：删除文件与文件夹

rm 和 erase 命令用于删除文件,rmdir 命令是与 mkdir 命令相对应的命令,其功能是删除空的文件夹。

```
rm rtest.txt       //删除文件要带后缀名(前提是这个文件要存在)
erase test.txt     //删除文件要带后缀名(前提是这个文件要存在)
rmdir test         //删除"test"文件夹
```

1.2.3　列印与显示

display 命令通常用于在结果窗口中列印与显示结果或者以一定的格式显示字符串的内容。对该命令进行一系列参数设定,可以得到不同格式的显示结果,如_col(♯)表示从第♯ 格开始显示(♯在 Stata 语法中常用语表示整数数字),_s(♯)表示跳过 ♯ 格开始显示,_n(♯)表示从第 ♯ 行开始显示,_c 表示顺次显示而无须另起一行,_dup(♯)表示重复显示♯ 次。display 命令常常简写为 di。

```
di 3 + 4           //返回 7
di "长安三万里"     //返回字符串的内容
dis _n(2) _dup(3) "What?" _s(3) " Oh my god!"  //空两行重复显示"What?"三次,再隔三个字符开
                                               //始显示" Oh my god!"
dis in red "龙行龘龘"  //以红颜色显示文字, in read 定义字体的颜色为红色
```

1.2.4　清空命令

在 Stata 的操作中,只有首先清空内存中旧的数据才能导入新的数据,因此清空命令是最常用的命令之一。清空命令主要包括 clear、cls 及 drop 命令。其中,clear 命令可以清空内存中的所有数据、变量和标签,cls 命令可以清空结果窗口的内容,drop 命令用于删除变量,因此也可以用于清空内存中的数据。另外一个不常使用的命令是 exit,该命令常与 clear 命令搭配,如在命令窗口输入 exit,clear 表示清空内存并关闭 Stata。

```
clear          //清空内存中的数据信息
drop _all      //同 clear
clear all      //清空内存中的所有信息
cls            //清空结果窗口
exit,clear     //清空内存并关闭 Stata(重要数据和代码请在退出前保存好)
```

1.3 命令的安装与更新

虽然 Stata 软件内置了许多可直接使用的命令,但对于数据处理和分析而言,这些内置的命令是远远不够的,而一些外部命令则可以有效地帮助用户提升数据分析的效率。此外,随着 Stata 软件版本的变化或者数据模型的发展,许多命令不断推出新的版本,而用户则需要及时对相关命令进行更新。

1.3.1 命令的安装

外部命令在使用前需要先进行安装,其安装方式大致分为两类:第一类是从官方网站下载并进行安装,主要使用 ssc install 命令,其格式为 ssc install command,replace。关于 ssc 的更多功能,可以使用 help ssc 查看。第二类是从特定的网站下载,主要使用 net install 命令,其格式为 net install command,replace。命令安装后,可以使用 which 命令查看其所在的安装路径,如 which cdout 可以查看 cdout 命令所在的位置。

```
ssc install estout, replace        //安装 estout 命令
which estout                       //查看安装路径与命令版本信息
ssc describe r                     //显示以 r 开头的来源于 SSC 的命令
ssc hot, n(50)                     //查看 SSC 上最热门的 50 个命令
ssc new                            //查看近一个月内发布的最新命令
ado                                //查看已安装的所有命令
ado describe                       //列示已安装命令的信息
mypkg                              //查看已安装的所有外部命令
ado update                         //对已安装的命令进行更新,具体参考 help adoupdate
net install github, from("https://haghish.github.io/github/") replace   //安装 github
github install Stata-Club/varsplit  //使用 github install 安装 varsplit 命令,该命令为李春
                                   //涛教授团队所开发
```

1.3.2 命令的更新

外部命令会不断迭代和优化,想要获得更新后的功能,需要及时对软件和外部命令进行更新(help update)。更新相关的命令如下:

```
update                             //Stata 软件更新状态显示
adoupdate                          //更新本机上所有的外部 ado 命令
adoupdate command, update          //更新特定的命令,command 指代某一个命令
adoupdate outreg2, update          //更新 outreg2 命令
```

ssc 网站服务器在国外,常导致国内用户使用 ssc 下载命令时出现下载超时或者因为外部命令文件过大无法下载的问题。为解决这一问题,连玉君教授团队开发了 cnssc 系列命令,用户可以使用 cnssc install 命令通过国内服务器的镜像链接来下载命令。

```
ssc install cnssc          //安装 cnssc 命令
cnssc install command      //使用 cnssc 安装命令,command 指代某一个命令
```

1.4　帮助命令与相关资源

作为命令驱动式的软件,Stata 包含的命令数量众多。读者初次接触某些命令时,可能完全不清楚这些命令的使用格式和语法。Stata 的方便之处在于读者可以借助帮助文档学习这些命令的用法。所有的官方命令都可以直接找到对应的帮助文档,外部命令也可以下载到对应的帮助文档。帮助文档虽然是全英文的表达但表述都有固定的格式规范,且比较简洁明了,非常有利于学习。

1.4.1　帮助文档

寻找帮助文档的方式一般有两种。

一是 help 命令,使用 help command 精确打开对应命令的帮助文档,如 help xtreg 可以打开 xtreg 的帮助文档。

二是 search 命令,该命令可以搜索某个命令的帮助文档,search 命令的语法为 search word [word ...] [, search_options]。

word 表示待搜索的关键词,可以通过 help searchadvice 来查看相关命令的关键词。搜索结果中既有 Stata 手册中的命令,也有外部命令,甚至还包括 Stata 官方的培训、书籍、视频和 FAQ 等信息。search_options 主要包括 all、net、faq、manual、sj 等,对应上文提到的各种类型的信息,有利于缩小搜索范围。此外,findit word 相当于 search word [word ...], all。

1.4.2　官方资源

help 命令不仅能够找对命令对应的帮助文档,还可以提供 Stata 相关的官方资源以用于深入学习。

```
help resources    //查找所有 Stata 相关的官方资源
help net_mnu      //查找 Stata 期刊和社区发布的相关命令
help whatsnew     //查找 Stata 更新细节以帮助了解更新的命令以及相关功能
```

1.4.3　国内资源

国内也存在很多研究 Stata 命令、分享数据分析方法的团队,其中比较有代表性就是连享会、爬虫俱乐部以及 RStata,这些团队推出了很多重要的 Stata 资源,用户只要安装相关命令就可以轻易获取。

1. lianxh 命令

lianxh 命令是连玉君教授团队出品的命令,输入该命令即可呈现一系列的 Stata 资源集合,包括 Stata 书籍、Blogs、论文重现网站链接、Stata JournalPDF 等。

```
ssc install lianxh        //命令安装
help lianxh               //查看帮助文档
```

2. songbl 命令

songbl 命令可以搜连享会、爬虫俱乐部,甚至是《中国工业经济》的论文原文和附件数据、程序。

```
ssc install songbl        //命令安装
help songbl               //查看帮助文档
```

3. 爬虫俱乐部网站

爬虫俱乐部是由李春涛教授指导下的研究生及本科生组成的大数据分析和数据挖掘团队,专注于 Stata 与 Python 在数据分析领域的前沿和应用,在其网站和相关公众号上有较多的 Stata 特色命令和相关案例等资源。

视频讲解

1.5 do 文档及其注释

数据分析工作的必备特征之一是可验证性,这就要求我们在数据处理时能够使用可重复的 Stata 命令和代码。do 文档类似于脚本文件,用于编写和存放多条 Stata 命令,使得数据分析的流程模块化。利用 do 文档,可以将一系列相关的 Stata 命令打包在一起,方便重复执行,这为我们的数据分析工作带来可重复性,大大提升 Stata 的使用效率。

可以手动单击 Stata 界面上方工具栏的第七个图标打开新的 do 文档编辑器,也可以在命令窗口输入 doedit,按 Enter 键后打开 do 文档编辑器,或者使用 doedit "filename.do" 打开一个已存在的 do 文档。在 do 文档编辑完成后,可以单击 do 文档右上角的运行按钮进行运行,也可以使用快捷方式运行,如使用键盘的 Ctrl+D 运行选中的 do 文档内容,使用 Ctrl+R 运行整个 do 文档程序。对于已经存档的 do 文档,可以通过在命令窗口输入 do "filename.do"或者 run "filename.do" 进行运行。

由于 do 文档的命令一般比较多,为了代码具有可读性,往往需要添加注释。这样不仅增强了代码的可读性,而且有利于未来的修改和优化工作。do 文档的注释方式一般分为三种。

(1)使用"∗"进行注释,只能单独使用,其前后不能有 Stata 命令。

(2)使用"//"进行注释,一般在命令后面进行注释。

(3)使用"/∗ Stata 代码 ∗/"进行注释,一般用于范围注释,适合总结性、结构性或大纲式的注释。

例 1-2　do 文档的注释方法。

```
* 读者可以将每个例题中的代码及其注释复制到 do 文档中进行运行
/ * 以 auto 数据为例,展示不同的 do 文档的注释方法 * /
clear
sysuse auto, clear
* 导入数据
sum price mpg length          //描述性统计
pwcorr price mpg length      / * 相关性分析 * /
```

如果需要处理的变量比较多或者命令格式比较复杂而导致单条命令过长,可以使用续行的方式优化 do 文档的格式。第一种方式用"///"在行尾续行,用"///"续行注意前面必须留空格,以"///"连接的语句表示同一个完整的语句("///"同时兼具注释的功能)。

例 1-3　三条斜线续行。

```
sysuse "auto", clear
twoway (scatter price weight)   ///
        (lfit price weight), ///Stata 默认使用 Enter 键断行,对于复杂的代码,使用///续行使
                           ///得代码结构看起来更规整
        title("散点图和线性拟合图")
```

第二种方式是用 ♯delimit 命令断行,♯delimit 命令可以重新定义换行符。do 文档默认以 Enter 键断行,在按下 Enter 键之前的所有代码都默认为一行。如果想改为其他方式断行,如用分号";"断行,则可以使用 ♯delimit ; 进行设置。如果想恢复默认的断行方式,可以使用 ♯delimit cr 进行还原。

例 1-4　♯delimit 命令断行方式。

```
* 断行方式设置
♯delimit;                    //设置为分号断行
sysuse "auto", clear;
twoway (scatter price wei)
      (lfit price wei),
    title("散点图和线性拟合图"); //分号";"之前的语句表示同一个完整的语句
♯delimit cr                  //恢复为 Enter 键断行
```

1.6　系统文件路径与 profile 设置

在安装命令时,Stata 默认将命令安装到系统盘内,不方便查阅和调用。用户可以通过设定安装路径把需要安装的命令放到目标位置,方便查阅和调用,而 profile.do 文件可以实现对系统文件路径的永久设定。

1.6.1　系统文件路径

系统文件路径操作涉及的命令主要包括 sysdir、sysdir set、personal 以及 adopath。其

中 sysdir 用于显示系统文件路径，personal 用于显示 personal 文件路径，sysdir set 用于进行系统文件路径的设定。

```
sysdir list        //显示系统文件路径
personal dir       //显示 personal 文件夹里面的文件
adopath            //显示 ado 文件路径(ado 文件即 Stata 的官方命令函数包)
* 系统文件路径设定：sysdir set 命令
sysdir set PLUS "D:\stata\ado\plus\"          //将外部命令存放在"D:\stata\ado\plus\"路径下
sysdir set PERSONAL "D:\stata\do\personal\"//将个人命令存放在"D:\stata\do\personal\"路径下
sysdir set OLDPLACE "D:\stata\ado\"           //将自己编写的命令存放在"D:\stata\ado\"路径下
```

对于下载好的外部命令，读者除了可以直接将外部命令复制到默认的 ado/plus 文件夹下，还可以使用 adopath ＋文件路径增加 ado 文档的搜索路径，如 adopath ＋ "D:\stata18\ado\plus2 可以把 plus2 加入 ado 文档的搜索路径。使用 adopath － 文件路径可以删除一个文件的搜索路径，如 adopath - "D:\stata18\ado\plus2 可以把 plus2 从 ado 文档搜索路径中删除。

1.6.2 profile 设置

上面的设定只能临时执行一次，重启 Stata 之后需要重新设定。为便于永久使用，读者可以构建一个 profile.do 的文档。在每次 Stata 启动时，系统都会自动运行该 profile.do 文档，执行里面的设定。

例 1-5 profile 设置。

```
doedit                                        //打开 do 文档编辑器
cd "'c(sysdir_stata)'\ado"    //'c(sysdir_stata)'是一个暂元，用于存放 Stata 目录下 ado 文件的
                             //安装路径，通过此命令可以定位 ado 文件的路径
sysdir set PLUS "'c(sysdir_stata)'\ado\plus" //设定 plus 存放位置，或改为其他自定义的 ado 路
                             //径，如"D:\stata\ado\plus"
sysdir set OLDPLACE "'c(sysdir_stata)'\ado\oldplace"  //设定 oldplace 存放位置
sysdir set PERSONAL "'c(sysdir_stata)'\ado\ personal " //设定 personal 存放位置
* ado 文档查找路径 (可选)
* adopath + " D:\stata18\ado\plus2"                    //加入搜索路径(重启后生效)
* 设置工作路径(可选)
cd D:\Stata 数据分析与建模
save profile.do                               //给这个文件取名 profile.do
```

将该 profile.do 文件另存在 Stata 的安装路径下，重新启动软件即可自动运行 profile.do 文档。

1.7 日志命令

统计数据分析工作涉及大量的数据处理和分析步骤，包括大量的数据结果和统计图表。记录这些数据和图表不仅有利于让团队的其他人理解处理思路，提高沟通和合作的效

率,而且有利于回顾工作流程,查漏补缺,不断优化结果。Stata 软件附带了日志命令,用于
生成日志文件,可以全程记录数据处理的每个步骤。

日志功能可以使用工具栏快捷方式打开,单击 Stata 界面工具栏的第四个选项即可打
开日志功能。日志功能也可以使用 Stata 命令在命令窗口打开。日志文件的操作有两类命
令,一类是 log 系列命令,另一类是 cmdlog 系列命令。cmdlog 及其子命令的功能和 log 类
似,但它们之间也存在一些区别。

log 命令不仅记录命令窗口的全部结果,还可以将结果导出为 txt 文档,log 命令最多可
以同时打开 5 个 text 日志,而 cmdlog 一次只能打开一个命令日志,因此 cmdlog 多用于交
互式。下面以 log 命令为例,详细介绍日志功能的用法。

```
log                              //查看当前内存中日志的状态(打开还是关闭)
cap log close [logname | _all]   //关闭日志,[logname | _all]为可选项,logname 为日志名称
log {off|on} [logname]           //暂时打开/关闭日志,{off|on}为二选一的必选项,选择 on 时,
                                 //logname 必须指定
set logtype text, perm           //修改日志类型为文本型
```

创建日志命令的语法为 log using filename [, append replace [text | smcl] name
(logname) nomsg]。其中 filename 为创建的日志文件名称;append 为可选项,如果文件
已经存在,则表示使用该日志文件继续进行记录;replace 为可选项,如果文件已经存在,
则表示替换该文件,如果文件不存在,append、replace 都会自动创建一个新的日志文件;
smcl 为可选项,是 Stata 默认的 log 文件格式,可以保存各种信息(包括报错、标记等);
text 为可选项,生成文本型日志,便于在文本编辑器中打开;name(logname)为可选项,表
示可以生成并打开一个日志文件,并对该日志文件进行自定义命名;nomsg 为可选项,可
以把日志文件顶部和底部默认存在的日志名称、日志路径、日志类型、打开和关闭的日期
等信息隐藏。

使用 cmdlog 可以实现相似的功能,相关命令包括 cmdlog using filename [, append
replace](创建日志)、cmlog(查看日志状态)、cmdlog close(关闭日志)以及 cmdlog on/off
(暂时打开/关闭日志)。

例 1-6 日志命令的运用。

```
cap log close                    //确保其他无关日志文件已关闭
log using log0313.log, replace   //创建一个 log 日志文件
sysuse auto, clear               //日志开始记录
sum
log off                          //临时关闭,日志暂停记录
log on                           //开启
pwcorr price mpg length
reg price mpg length
log close                        //永久关闭
log                              //状态显示
shellout log0313.log             //打开文本文件的内容(需要安装 outreg2 命令)
log using log0313.log, append    //继续使用该日志
```

习题

1. Stata 界面窗口主要由什么组成？
2. 首选项的功能包括哪些？
3. creturn list 是什么命令？
4. Stata 的语法命令由什么组成？
5. 寻找 Stata 帮助资源的方式有哪些？
6. lianxh 命令是什么含义？
7. do 文档的注释方式有哪些？
8. 通过设定系统的文件路径可以把需要安装的命令放到目标位置，涉及哪些问题？
9. about 命令主要用于什么？
10. 日志功能可以通过哪些操作实现？

第2章

数据导入导出与基本分析

数据的导入导出是进行数据分析的基本操作。在进行数据的导入导出时,要注意不同的数据类型在操作上需要使用不同的命令。本章主要介绍手动操作、dta 格式文件、文本文件以及 Excel 文件的导入和导出等常见的操作。在数据导入软件之后,还需要对数据的质量进行初步的检查、筛查和分析,以确保数据本身是"无污染的"。在本章的最后,进一步介绍统计报表与统计分析的常见操作,如描述性统计报表分析、频数分析、分位数分析、相关性分析、参数估计、假设检验、方差分析、正态性检验以及初级线性回归分析等。显而易见,这些操作贯穿于初级统计学的整个学习流程。通过本章的学习,读者不仅能够掌握常见文件的导入与导出的操作,而且能够对数据的质量进行全方位的诊断,并在此基础之上将初级统计学的基本理论应用于实践操作。

2.1　手动导入数据

在 Stata 中,可以通过 input...end 命令手动导入数据。该命令默认的变量类型为数值型,如果导入的数据是字符型,则需要使用 str♯ 符号定义字符型变量的长度(♯ 在 Stata 软件中表示自然数字)。数据导入后,可以通过 list 命令将导入的数据以表格的形式展示在结果窗口中。

例 2-1　手动导入数据。

```
clear
cd "D:\Stata 数据分析与建模\数据代码\第 2 章"
input str20 name age str6 gender    //输入字符型变量需要定义字节长度,str20 定义了字符型变量
                                    //name 的长度,变量 age 前面没加 str 默认是数值型变量(float),
                                    //str6 是定义字符型变量 gender 的长度
"shu qi" 24 female    //字符串的中间没有空格可以不加引号,有空格必须加引号,代表一个整体
John 38 male
"feifei" 1 female
end                   //end 命令表示输入结束
```

```
list              //在结果窗口展示输入的数据
edit              //打开数据窗口,可以直接编辑数据
br                //打开数据窗口,浏览数据
save family.dta, replace   //用 save 保存数据,replace 防止同名文件的冲突
```

2.2 dta 格式文件的导入与导出

Stata 软件默认的数据格式为 dta 格式,打开 dta 格式文件的命令包括 sysuse、webuse 以及 use。

2.2.1 sysuse 和 webuse 命令

sysuse 命令用于加载 Stata 软件自带的示例数据集,其语法格式为

```
sysuse [dataset], clear
```

其中,dataset 指代特定的数据集名称,该数据存储于 Stata 的安装路径下,通过 help dta_examples 命令可以查看这些数据集。这些数据集可以用 sysuse 命令导入,也可以直接单击蓝色链接打开。例如,sysuse auto. dta, clear 语句会加载自带的 auto. dta 数据集。此外,使用 sysuse dir 命令也可显示所有的可以用 sysuse 导入的数据集的名称。

webuse 命令用于调用 Stata 手册中的数据,其语法格式为

```
webuse [dataset], clear
```

其中,dataset 指代数据集的名称,这些数据存储在特定的网站上,通过 help dta_manuals 命令可以查看这些数据集。这些数据集可以用 webuse 命令导入,也可以单击蓝色链接打开。例如,webuse lifeexp,clear 表示加载存储在 stata-press 网站上的 lifeexp. dta 数据。

例 2-2 使用 sysuse 与 webuse 命令导入数据。

```
cd "D:\Stata 数据分析与建模\数据代码\第 2 章"   //设定工作路径
sysuse auto,clear         //导入 auto. dta 数据,clear 选项用于清空当前内存中的数据
save auto.dta, replace    //保存数据到当前工作路径,replace 的功能是避免同名文件的存在而发生错误
webuse sp500.dta,clear    //使用 webuse 命令导入 sp500. dta 文件
save sp500.dta, clear     //保存数据到当前工作目录
```

视频讲解

2.2.2 use 命令

use 命令用于加载硬盘上已经存在的 dta 格式的数据集,其语法格式有两种情况。
导入整个数据集

```
use filename [, clear nolabel]
```

导入数据集中的部分变量

```
use [varlist] [if] [in] using filename [, clear nolabel]
```

其中,filename 指代数据文件的路径和名称;clear 表示清空当前内存;nolabel 表示不显示变量标签;varlist 代表变量名,为可选的参数,表示要导入的变量。如果未指定 varlist,默认导入数据集中的所有变量。需要注意的是,如果数据集在当前工作目录下可以不指明文件所在的路径,但若数据集不在当前的工作目录下,则必须指明文件所在的路径才能成功导入。一个便捷的操作是先指定数据文件所在的路径,进而直接导入数据。

例 2-3 使用 use 命令导入硬盘中的 dta 数据。

```
cd "D:\Stata 数据分析与建模\数据代码\第 2 章"    //设定工作路径
use auto.dta,clear                    //从当前工作路径导入 auto 数据文件
use "D:\Stata 数据分析与建模\数据代码\第 2 章\myauto.dta",clear //导入指定路径的数据文件
use make rep78 foreign using myauto  //从 myauto 数据集中导入部分变量
use "上市银行 2005 - 2020 年数据.dta",clear //对于含有特殊字符的数据文件名,可以加双引
                                      //号"",防止出错
```

另外,存储在硬盘中的 dta 格式的数据也可以通过 Stata 软件菜单栏的"文件-打开"操作直接打开。值得一提的是 bcuse 命令,该命令提供了 Wooldridge 的《计量经济学导论》这一经典教科书中的范例数据。该命令可以使用 ssc install bcuse,replace 命令下载并安装。

2.3　文本文件的导入与导出

通常而言,原始数据的格式不一定都是 dta 格式,很多从数据库中下载而来的数据集是以 text 格式或者 excel 格式存储的,这类文件在导入时需要使用不同的命令。下面首先介绍文本文件(txt/csv)的导入与导出。

2.3.1　字符分隔文本的导入

与 dta 格式的数据一样,文本数据也可以单击菜单栏的"文件-导入"功能直接导入,但这种操作方式效率较低,一般推荐使用 import delimited 命令进行导入。这种方法对于 txt 文件、csv 文件等字符分隔的类型文件(以纯文本格式储存的表格文件)都适用,该命令还可以自定义分隔符以及要导入的文本的行和列范围。

导入整个数据集

```
import delimited [using] filename [, import_delimited_options]
```

导入部分变量

```
import delimited [varlist] using filename [, import_delimited_options]
```

其中,filename 表示要导入的数据文件的路径和名称;varlist 表示要导入的变量列表,默认导入文件中的所有变量;import_delimited_options 为命令功能的选项,下面对其所包含的主要参数及功能进行详细介绍(使用 help import delimited 可以查阅所有的选项参数,

读者可以对照帮助文档和下面的介绍进行学习,以加深理解)。

delimiters("chars"[, collapse|asstring])表示用于分隔符的字符。chars 是包含一个或多个字符的字符串,为字段之间的分隔符。collapse 和 asstring 是可选参数,用于指定处理分隔符的方式。

varnames(♯|nonames)表示将数据文件中的第几行作为变量名。♯代表数据文件的行号,nonames 表示数据文件中没有变量名。

case(preserve|lower|upper)用于指定读取变量名时是否保留原始大小写。preserve 表示保留原始大小写,lower 表示将变量名转换为小写(默认),upper 表示将变量名转换为大写。

asfloat 表示将所有浮点型数据作为单精度浮点数导入。

asdouble 表示将所有浮点型数据作为双精度浮点数导入。

encoding(encoding)表示导入文本文件的编码方式。

stripquotes(yes|no|default)表示是否删除数据中的双引号。yes 表示删除,no 表示保留。

bindquotes(loose|strict|nobind)表示如何处理数据中的双引号。loose 表示宽松模式,strict 表示严格模式,nobind 表示不处理。

maxquotedrows(♯ | unlimited)表示当使用 bindquote(strict)时,允许在引号中包含的数据行数。

rowrange([start][:end])表示导入数据文件的行范围。

colrange([start][:end])表示导入数据文件的列范围。

favorstrfixed 表示将字符串变量存储为 str♯ 而不是 strL,即更短的字符串类型。

例 2-4 使用 import delimited 命令导入文本数据。

```
cd "D:\Stata 数据分析与建模\数据代码\第 2 章"        //设定工作路径
shellout 汽车制造业.csv                          //导入数据前先观察数据,观察后要关闭数据
import delimited 汽车制造业.csv, clear varnames(1)
import delimited 汽车制造业.txt, clear varnames(1)
import delimited auto.txt, clear varnames(1)
browse                                          //浏览导数据
```

2.3.2 固定格式文本的导入

固定格式的文本文件(如文本网页)的导入较为特殊,常用的命令主要有 insheet、infile 和 infix。

(1) insheet 命令。

insheet 的命令语法格式为

```
insheet [varlist] using filename [, options]
```

其中,[varlsit]代表数据文件中的某个变量,可以省略,filename 是文本文件的名称。options 为选项功能,其内容主要如下(可以使用 help insheet 查阅选项说明,并对照下文的介绍进行学习,后续内容的学习读者要善于使用 help 命令):

［no］double 用于设置变量的存储类型。

tab 表示设置制表符为数值变量的分隔符。

comma 表示设置逗号为数值变量的分隔符。

delimiter("char")设置自定义的"char"为数值变量的分隔符。

［no］names 用于设置文件中的第一行为变量名称。

注：如果想用 insheet 命令导入 txt 格式文件需要将文件另存为编码为 ANSI 的新文件才能正常导入。

（2）infile 命令。

infile 命令在某种程度上可以完成与 insheet 命令相同的功能，最大区别是 infile 命令必须指明变量名称。infile 命令语法为

```
infile varlist [_skip[(#)] [varlist [_skip[(#)]...]]] using filename [if] [in] [, options]
```

（3）infix 命令。

当遇到有固定的位数、前面用 0 补齐的固定格式数据时，一般用 infix 命令导入。infix的命令语法为

```
infix using dfilename [if] [in] [, using(filename2) clear]
```

由于此类数据较少涉及，这里不再赘述，读者可自行使用 help 命令查询详细功能。

2.3.3　文本文件的导出

文本文件可以转化为 dta 格式的文件，与之相对的 dta 格式的文件也可以导出为文本文件，对应的命令为 export delimited。下面对其语法功能进行介绍。

导出整个数据集

```
export delimited [using] filename [, export _delimited_options]
```

导出部分变量

```
export delimited [varlist] using filename [, export _delimited_options]
```

其中，import_delimited_options 为命令功能选项，主要包括如下：

delimiter("char"|tab)表示导出数据时使用的分隔符。可以选择将字符 "char" 或制表符 tab 作为分隔符。

novarnames 表示在导出数据时不在第一行写入变量名。

nolabel 表示对于具有标签的变量，输出数值而不是标签值。

datafmt 表示在导出数据时，使用变量初始的显示格式。

quote 表示将所有字符串数据都用双引号括起来。

replace 表示如果输出文件已经存在，覆盖现有的文件。

例 2-5　将 auto.dta 文件导出为文本格式。

```
sysuse auto, clear
export delimited using auto.txt, quote replace    //export delimited 导出字符型变量默认没有引
                                                  //号,但文本型是有引号的,数值之间默认以逗
                                                  //号分隔
shellout auto.txt                                 //打开 txt 文档
```

视频讲解

2.4　Excel 文件的导入与导出

2.4.1　Excel 文件的导入

Excel 格式的文件可以通过 Stata 界面的文件菜单栏导入。单击"文件",选择"导入",在扩展选项中选择"Excel 电子表格",选择要导入的工作表,并设置相应的参数即可。同前面一样,这里依然推荐命令式导入,读者可以使用 import excel 命令导入 Excel 文件。下面对其语法功能进行介绍。

导入整个 Excel 文件

```
import excel [using] filename [, import_excel_options]
```

导入部分变量

```
import excel varlist using filename [, import_excel_options]
```

其中,filename 是 Excel 文件的路径和文件名,varlist 用于指定要导入的变量列表。如果未指定此参数,则默认导入文件中的所有变量。如果只想导入某些特定的变量,可以指定它们的名称并用空格分隔。import_excel_options 为命令功能的选项,其中:

sheet("sheetname")指定要导入的 Excel 工作表的路径和名称。默认情况下,如果 Excel 文件中只有一个工作表(sheet),Stata 会自动选择它。如果有多个工作表,可以使用 sheet()选项来指定具体的工作表名称。

cellrange([start][:end])指定要导入的 Excel 的单元格范围,可以使用 Excel 风格的单元格引用,例如"A1:B10",指定数据的范围为 A1~B10。

firstrow 将 Excel 数据的第一行指定为变量名。

case(preserve|lower|upper)指定变量名的大小写处理方式。preserve 表示保持原样(默认选项),lower 表示将变量名转换为小写,upper 表示将变量名转换为大写。

allstring[("format")]表示强制将 Excel 中的所有数据导入为字符串类型,括号中的可选参数 format 指定将数值数据转换为字符串数据的显示格式。

为深入理解 import excel 命令的应用场景,例 2-6 和例 2-7 分别介绍了如何导入单个 sheet 和多个 sheet 的 Excel 文件中的数据。

例 2-6　单个 sheet 的 Excel 文件的导入。

```
clear
cd "D:\Stata 数据分析与建模\数据代码\第 2 章"    //定位到文件所在路径
```

```
import excel using auto.xls, first case(lower) clear //first 表示将第一行设为变量名,case
                                                      //(lower)表示以小写字母形式显示变量
import excel using auto.xlsx, first case(upper) clear //case(upper)表示以大写字母形式显示变量
```

由于 Excel 文件包含了多个工作簿(sheet),在导入数据时常常需要考虑将不同工作簿的数据分别进行导入。例 2-7 介绍了如何导入多个 sheet 的 Excel 文件中的数据。

例 2-7　多个 sheet 的 Excel 文件的导入。

```
clear
cd "D:\Stata 数据分析与建模\数据代码\第 2 章" //定位到需要导入文件所在路径
dir                                         //查看当前目录下文件
shellout 商业银行数据.xlsx                   //观察数据,观察后关闭
import excel "商业银行数据.xlsx", clear sheet("财务信息") firstrow
//sheet()指定要导入的工作表,若不指定 sheet(),默认导入第一个 sheet
save "商业银行数据 1.dta", replace           //存储财务信息表数据,命名为商业银行数据 1
import excel "商业银行数据.xlsx", describe    //查看 excel 表信息
import excel "商业银行数据.xlsx", clear sheet("存贷款信息") firstrow
save "商业银行数据 2", replace                //存储存贷款信息表数据,命名为商业银行数据 2
dir
```

2.4.2　Excel 文件的导出

从 Stata 中导出数据到 Excel 中可以使用 export excel 命令,其语法格式为

```
export excel [using] filename [if] [in] [, export_excel_options]
```

其中 export_excel_options 主要包括 firstrow(variables|varlabels)、nolabel、datestring ("datetime_format")以及 missing("repval")等选项功能,分别介绍如下。

firstrow(variables|varlabels)决定了将变量名还是变量标签保存到 Excel 工作表的第一行。如果选择 variables,则会保存变量名称;如果选择 varlabels,则会保存用户定义的变量标签(若有)。

nolabel 由于在默认情况下将数据导出到 Excel 时,会包含变量标签或数值标签(若有)。使用这个选项可以选择只导出实际的变量值,而不使用用户定义的标签。

replace 选项用于指定导出的数据是否覆盖已有的 Excel 同名文件,如果指定了这个参数,之前的 Excel 同名文件的内容将被新的数据替换。

datestring("datetime_format")表示在保存日期到 Excel 工作表时,这个选项允许指定特定的日期时间格式,日期将以字符串形式保存,并使用"datetime_format"的日期时间格式(日期时间格式的相关内容在后文进行介绍)。

missing("repval")表示在导出的数据中,缺失的数值将被替换为指定的"repval"值。

例 2-8　将 dta 格式的数据导出为 Excel 文件。

```
sysuse auto, clear
export excel using auto.xlsx, replace                //直接导出
export excel using auto1.xlsx, replace first(variables) //导出时设定第一行为变量名
export excel using auto2.xlsx, replace first(varlabels) //导出时设定第一行为变量标签
```

在对 Excel 文件进行导入时,Stata 对文件大小有不超过 40MB 的限制,若超过 40MB 则需要先使用 set excelxlsxlargefile on 命令进行声明,进而正常导入即可。Stata 对于 csv 等文件无此限制,因此可以考虑先将 Excel 文件转换为 csv 或 txt 格式再导入 Stata 文件。

2.4.3 labone 命令与 nrow 命令

很多数据库(如 Wind 数据库、国泰安数据库)在存储数据时,前面几行都是对变量的说明,适合作为标签(label)。如何将前面几行通过命令转换为变量的 label 呢? 如果变量比较少,可以考虑手动处理,但如果变量过多则比较浪费时间,本章介绍的 labone 命令可以快速实现标签的转化工作。labone 命令的语法格式为

```
labone [varlist] [,options]
```

如果没有指定变量名 varlist,则默认是全部变量,options 选项功能如下。

nrow(numlist)用于指定把哪一行数据的内容作为变量的标签,例如,labone,nrow(1)是把第一行作为变量标签;labone,nrow(1 2)是把第一、二行作为变量标签,两行内容之间用空格连接;如果没有指定 nrow(numlist),默认把第一行数据作为标签。

concat(concat_strings)表示通过某个特定的字符把不同行的数据内容连接起来,如果没有指定该参数,则默认通过空格连接。

nospace 表示在把两行内容一起作为标签时,中间没有空格。

另外,在导出数据时可能想要把某一行直接作为变量名,而非作为标签。单独的 nrow 命令(注意这里指的是 nrow 命令,不是 labone 的 nrow(numlist)选项)可以把某一行的内容直接作为变量名称。该命令的语法格式为

```
nrow [#][, keep varlist(varlist)]
```

nrow 表示默认将第一行作为变量名,并删除原来的第一行;nrow,varlist(A B)表示把第一行作为变量 A 和变量 B 的名称,并删除原来的第一行;nrow 2,varlist(C) keep 表示把第二行作为变量 C 的名称且保留原来的第二行。

例 2-9 labone 命令和 nrow 命令的使用。

```
cd "D:\Stata 数据分析与建模\数据代码\第 2 章"    //设定工作路径
import excel 汽车制造业.xlsx,clear              //导入数据
br                                              //观察数据
nrow                                            //将第一行作为变量名,并删除第一行
labone, nrow(1)                                 //将第一行(原表格的第二行)作为变量的标签
drop in 1                                       //删除第一行
import excel DM_ListedCoInfoAnlY.xlsx,clear
br
nrow                                            //将第一行作为变量名,并删除第一行
labone, nrow(1 2)
drop in 1/2                                      //删除第一、二行
```

2.4.4　xls2dta 命令

上文介绍的 import excel 命令一般用于导入单个 Excel 文件。当需读取多个 Excel 文件时，可以使用 xls2dta 命令。该命令在处理多个 Excel 文件时具有显著优势，不仅可以读取和保存，还可以进行合并等其他操作。

2.5　数据检查与数据校对

视频讲解

在得到原始数据后，第一步就是检查数据，即数据的清洗和校对，在这之后再进行数据的统计分析工作。这项工作虽然基础，但却非常重要。数据初步检查与分析的主要命令有 describe、codebook、summarize、sumup、inspect、count、distinct、tab、fre、center、assert、unique、lookfor、list 及 lecelsof 等，这些命令虽然较为简单，但仍然建议在初次使用时多参考 help 文档。

2.5.1　describe 命令

describe 命令能够描述变量的类型和格式，同时给出表头信息，但不汇报数值统计信息。其命令的语法格式为

```
describe [varlist] [, memory_options]
```

describe 命令是 Stata 的官方命令，它还有一个升级版的外部命令 des2。des2 命令可以显示数字-文字对应表，其语法格式为

```
des2 [varlist | string] [, options]
```

例 2-10　describe 命令的运用。

```
cd "D:\Stata 数据分析与建模\数据代码\第 2 章"    //设定工作路径
use 上市公司财务信息.dta, clear
des                                           //describe 的简称
des year area prov_new
des2
des2 year area prov_new
```

2.5.2　codebook 命令

对于数值型变量，codebook 命令可显示变量的名称、标签、类型、取值范围、异常值、缺失值、均值、标准差以及分位数等信息。相较于其他描述性统计命令，codebook 命令提供的信息最为全面。codebook 的语法结构为

```
codebook [varlist] [if] [in] [, options]
```

例 2-11 codebook 命令的运用。

```
cd "D:\Stata 数据分析与建模\数据代码\第 2 章" //设定工作路径
use 上市公司财务信息.dta,clear
codebook
codebook finratio debt tang cash
codebook A *                              //显示以 A 开头的变量信息
codebook finratio,header                  //增加关于整个数据集的基本信息显示
codebook finratio debt tang cash, compact
```

2.5.3 summarize 命令

summarize 命令(简称 sum)主要用于对变量进行描述性统计,该命令能够显示变量的均值、标准差、最大值和最小值等信息,其语法结构为

```
summarize [varlist] [if] [in] [weight] [, options]
```

例 2-12 summarize 命令的运用。

```
cd "D:\Stata 数据分析与建模\数据代码\第 2 章" //设定工作路径
use 上市公司财务信息.dta,clear
sum finratio debt tang cash              //对变量进行描述性统计
sum finratio debt tang cash, d           //对变量进行详细的描述性统计
format finratio debt tang cash %9.3f     //设置变量格式
sum finratio debt tang cash, format      //按变量原来格式对变量进行描述性统计
bysort year:sum finratio                 //根据 year 进行分类后进行描述性统计
```

2.5.4 sumup 命令

sumup 为外部命令,也是描述性统计分析中的常用命令。在数据分析中往往会进行分组描述,sumup 命令是专为快捷分组统计而量身定做的。此外,该命令可以直接列示缺失值的情况并且将分组结果输出保存。该命令语法结构为

```
sumup [varlist] [if] [in] [weight], [options]
```

例 2-13 sumup 命令的运用。

```
cd "D:\Stata 数据分析与建模\数据代码\第 2 章"      //设定工作路径
use 上市公司财务信息.dta,clear
sumup debt finratio cash                         //对变量进行描述性统计
sumup debt ,by(year)                             //对变量进行分组描述性统计
sumup debt ,by(area) d                           //对变量分组并进行详细的描述性统计
sumup cash ,by(area year)                        //将变量按多个变量分组进行描述性统计
sumup debt finratio cash,by(area) s(n mean sd iqr) //选取特定指标分组统计
sumup debt finratio cash,by(area) s(n mean sd iqr) save(sumup.dta) replace   //保存结果
```

2.5.5 inspect 命令

相对于 codebook 命令,inspect 命令还可以进一步绘制出直方图,并将结果直接展示在

结果窗口中,以便更直观地了解样本的分布,其语法结构为

```
inspect [varlist] [if] [in]
```

例 2-14　inspect 命令的应用。

```
cd "D:\Stata 数据分析与建模\数据代码\第 2 章" //设定工作路径
use 上市公司财务信息.dta,clear
inspect finratio
inspect age
```

2.5.6　count 命令

count 命令用于计算符合特定条件的观测值的数量,一般结合 if 语句使用,其语法结构为

```
count [if] [in]
```

例 2-15　count 命令的运用。

```
cd "D:\Stata 数据分析与建模\数据代码\第 2 章" //设定工作路径
use 上市公司财务信息.dta,clear
count if debt > 0.5                          //对 debt 大于 0.5 的值进行计数
bysort year: count if debt > 0.5
```

2.5.7　distinct 命令

distinct 命令用于报告不同观测值的数量。它可以单独报告每个变量包含的非重复值的数量,也可以报告多个变量联合组中非重复值的数量。变量既可以是数值型,也可以是字符型。默认情况下,distinct 命令不将缺失值记为一类,除非在命令中附加了 missing 选项。例如,某个变量的观测值为 (1,2,2,3,3,3,4,4,4,4),则 distinct 命令返回 4,即该变量仅存在 4 个不同的观测值,其语法结构为

```
distinct [varlist] [if] [in] [, missing abbrev(♯) joint]
```

例 2-16　distinct 命令的运用。

```
*应用 1:统计变量的非重复值
cd D:\Stata 数据分析与建模\数据代码\第 2 章 //路径若无空格等特殊字符,也可以不用""
use "上市公司财务信息.dta",clear            //导入面板数据
distinct id       //id 为企业的证券代码,该语句显示数据中共有 28165 个观测值,但只有 4005 家企业
distinct year     //year 为年份,该语句显示数据共有 28165 个观测值
distinct id year            //同时对多个变量统计非重复值
distinct id year sic_men     //同时对多个变量统计非重复值
*应用 2:判断企业的行业是否发生了变化
clear
input code year str10 indcd //手动导入数据
```

```
1 2015 N78                        //企业 1 在 2015 年属于 N78 行业
1 2016 N78                        //企业 1 在 2016 年属于 N78 行业
1 2017 N78                        //企业 1 在 2017 年属于 N78 行业
1 2018 N77                        //企业 1 在 2018 年属于 N77 行业
1 2019 S90                        //企业 1 在 2019 年属于 S90 行业
1 2020 S90
2 2015 K30                        //企业 2 在 2015 年属于 K30 行业
2 2016 K30
2 2017 K30
2 2018 K30
2 2019 K30
2 2020 K30
end
bysort code: distinct indcd //返回结果显示,在 code=1 这一组,共有 6 个观测值,其中非重复值有
                            //3 个,说明企业 1 隶属于 3 个不同的行业;在 code=2 这一组,共有
                            //6 个观测值,其中非重复值有 1 个,说明企业 2 隶属于 1 个行业。因
                            //此,可以判断在给定的时间期间内,企业 1 所在的行业发生了变化
```

2.5.8　tab 与 fre 命令

tab 与 fre 命令均可以查看类别变量的频数和频率分布情况,区别在于 fre 命令会同时显示值和标签,而 tab 则不会。此外,tab 还常用来生成虚拟变量。

例 2-17　tab 与 fre 命令的运用。

```
sysuse auto,clear
tab foreign
fre foreign
tab foreign, gen(df)    //生成虚拟变量
br                      //查看数据
```

2.5.9　center 命令

center 命令用于对变量进行中心化处理,即去除均值的影响。中心化是将变量的值减去其平均值,使处理后的变量均值为 0 的过程。通过中心化处理,可以消除变量均值对描述变量分布的影响。此外,center 命令还可以用于对变量进行标准化处理,即去除变量分布的尺度效应。标准化是将变量的值减去变量的平均值,并除以变量的标准差,使处理后的变量均值为 0、标准差为 1 的过程。通过标准化处理,可以消除变量分布的尺度效应(量纲),使变量的分布更加对称和稳定。

例 2-18　中心化与标准化。

```
help center //查看帮助信息
sysuse auto,clear
center mpg price weight
center mpg price weight, prefix(z_) standardize
bysort rep78: center mpg price weight, replace
center mpg, generate(mpg0)
bysort foreign: center price mpg , prefix(c_)
```

2.5.10　assert 命令

assert 命令是条件确认命令,用于查看变量的值是否等于某个数值或者在某个区间内。当判断条件为真时,命令没有返回值,但当判断条件为假时,则返回错误代码 9。assert 命令的语法结构为

```
assert exp [if] [in] [, rc0 null fast]
```

例 2-19　assert 命令的运用。

```
cd "D:\Stata 数据分析与建模\数据代码\第 2 章" //设定工作路径
use 上市公司财务信息.dta,clear
assert debt > - 1
assert debt > 0.5                        //确认变量范围
```

2.5.11　unique 命令

unique 命令与 distinct 命令作用相同,也用于检查不同变量取值的数量,但 unique 命令的功能更多,其语法结构为

```
unique varlist [if] [in] [, by(varname) generate(newvar) detail]
```

例 2-20　unique 命令的运用。

```
cd "D:\Stata 数据分析与建模\数据代码\第 2 章" //设定工作路径
use 上市公司财务信息.dta,clear
unique id                    //汇报变量 id 的非重复值的个数
unique year                  //汇报变量 year 的非重复值的个数
unique id year               //不同于 distinct,这里汇报的是 id 和 year 整体的非重复值的个数
unique id, by(year)          //先根据 year 进行分组,然后分别统计每组 id 的数量
unique id,by(year) gen(num)  //先根据 year 进行分组,然后分别统计每组 id 的数量,并生成新变
                             //量 num 对结果进行保存
bysort year:gen number = _N  //先根据 year 进行分组,然后分别统计每组 id 的数量
tab number                   //与 unique id, by(year)进行比较,有何异同?
```

2.5.12　lookfor 命令

lookfor 命令可以快速查询包含某些关键信息的变量是否存在,如果变量存在就详细展示变量的相关信息,否则无返回结果,其语法结构为

```
lookfor string [string [...]]
```

例 2-21　lookfor 命令的运用。

```
cd "D:\Stata 数据分析与建模\数据代码\第 2 章" //设定工作路径
use 上市公司财务信息.dta,clear
lookfor turn                 //查询 turn 变量是否存在
```

```
lookfor year                          //查询 year 变量是否存在
lookfor t                             //查询包含字母 t 的变量是否存在
```

2.5.13 list 命令

list 命令可以将指定的变量列示出来,其语法结构为

```
list [varlist] [if] [in] [, options]
```

例 2-22 list 命令的运用。

```
cd "D:\Stata 数据分析与建模\数据代码\第 2 章" //设定工作路径
use 上市公司财务信息.dta,clear
list in 1/10        //列示前 10 条数据
list A * in 1/20    //A * 表示只列示 A 开头的变量,in 1/20 表示列示前 20 条数据
list debt in 1/20 if year == 2011              //加入 if 条件语句,只列示符合条件的数据
```

2.5.14 levelsof 命令

levelsof 命令可以快速查看变量的取值情况,并且能够实现对变量取值的存储和调用,其语法为

```
levelsof varname [if] [in] [, options]
```

例 2-23 levelsof 命令的运用。

```
cd "D:\Stata 数据分析与建模\数据代码\第 2 章" //设定工作路径
use 上市公司财务信息.dta,clear
levelsof area
levelsof prov_new
levelsof city1
```

2.6 统计报表与统计分析

统计报表是一种用于收集和整理数据的工具,它通常用于从不同的数据源获取信息,并将其组织成一种可以分析和解释的形式。在 Stata 中,可以使用各种命令生成不同类型的统计报表,如前面提到的 sum、sumup 等。除此之外,还有一些功能更为丰富的命令,能够帮助用户创建不同形式的统计报表。

2.6.1 tabstat 命令

与 sum 和 sumup 命令相比,tabstat 命令输出的结果更为丰富,常用于生成简明统计报表。tabstat 命令默认只输出变量的均值,且默认按行输出各统计指标。如果想要更多的数据特征或想要改变表格格式则需要添加 options 的相关参数。tabstat 的语法结构为

```
tabstat varlist [if] [in] [weight] [, options]
```

其中,options 为参数选项,主要功能分别介绍如下。

by(varname)表示根据指定的变量对数据进行分组,计算每个组别的统计量。

statistics(statname […])指定需要计算的统计量,可以包括一个或多个统计量名称(statname),在 Stata 中,statname 主要包括 mean(均值)、median(中值)、count(非缺失值的数量)、n(观测值的数量,有时同 count)、sum(总和)、max(最大值)、min(最小值)、range(极差,最大值减去最小值)、sd(标准差)、variance(方差)、cv(标准差除以均值)、skewness(偏度)、kurtosis(峰态)、iqr(四分位数)以及各分位数(p1、p5、p10、p25、p50、p75、p90、p95、p99)等。

labelwidth(♯)指定分组变量 by()标签的宽度,默认宽度为 labelwidth(16)。

varwidth(♯)指定变量名称的宽度,默认宽度为 varwidth(12)。

columns(variables)表示按行输出统计指标,默认选项。

columns(statistics)表示按列输出统计指标。

format[(%fmt)]指定在表格中显示统计量的格式,默认格式为 %9.0g。

casewise 用于执行个案删除(casewise deletion),在计算统计量时排除含缺失值的个案。

nototal 表示不显示总体统计量,通常与 by()同时使用,用于显示每个分组的统计量而不包括整体的统计量。

noseparator 表示在使用 by()分组时不使用分隔线。

save 表示将计算得到的汇总统计量保存在 r()结果中,以便后续使用。

通过使用这些选项,tabstat 命令可以按照指定的方式计算和显示统计量,并对数据进行分组和汇总,便于对数据进行简要的描述和分析。

例 2-24 tabstat 命令的运用。

```
clear
cd "D:\Stata 数据分析与建模\数据代码\第 2 章"        //设定工作路径
use 上市公司财务信息.dta,clear
tabstat debt finratio debt tang cash tagr                //tabstat 后不能缺少变量名
tabstat debt finratio debt tang cash tagr, stats(count min mean sd max)
tabstat debt finratio debt tang cash tagr, stats(count min mean sd max) columns(s)
                                                //以列输出各统计指标
tabstat debt finratio debt tang cash tagr, stats(count min mean sd max) columns(s) format(%9.3f)
                                                //以列输出各统计指标
tabstat debt finratio debt tang cash tagr, stats(count min mean sd max) columns(s) format(%9.3f)
by(area)                                        //分组输出各统计指标
```

2.6.2 table 命令

table 命令用于生成数据的交叉表和汇总统计信息,可以方便地查看变量之间的关系和总结数据的分布情况,该命令也允许从任何 Stata 的命令收集结果,创建自定义表格布局和

样式。table 命令的语法结构为

```
table (rowspec) (colspec) [(tabspec)] [if] [in] [weight] [, options]
```

其中,rowspec 是指行变量名,colspec 是指列变量名,tabspec 是指表头变量名,用于多个多维统计表中,效果类似分组变量。常用的 options 选项如下:

nottotals 用于删除默认输出的行和列总计信息。

totals()用于显示特定行或列变量的总计。

statistic()用于指定特定的统计指标。例如可以分别使用 statistic(frequency)和 statistic(percent)选项显示频率和百分比,还可以使用选项只显示某些变量的某些统计指标。例如,statistic(mean age)和 statistic(sd height)显示年龄的平均值和身高的标准差。

nformat()指定表中统计数据的数字显示格式,如选项 nformat(%9.0fc frequency)显示频率,逗号分隔千位且小数点右侧没有数字;选项 nformat(%6.2f mean sd)显示平均值和标准偏差,小数点右侧有两位数字。

sformat()用来将字符串添加到表中的统计指标中,以标记特别的统计指标。如选项 sformat("%s%%" percent)将"%"添加到统计百分比,选项 sformat("(%s)" sd)将括号放在标准偏差周围。

例 2-25　table 命令的运用。

```
webuse nhanes2l, clear                      //打开一个数据集
table highbp                                //创建只有行变量为 highbp 的统计表
table ( )(highbp)                           //创建只有列变量为 highbp 的统计表
* table 还可以创建二维统计表
table (sex) (highbp),nototals               //创建 sex 变量和 highbp 的交叉表
table (sex highbp) (),nototals              //table 命令可以进行变量间的嵌套
table () (sex highbp),nototals
table () (highbp sex),nototals              //括号内变量的顺序会影响嵌套的顺序
table () (highbp sex diabetes),nototals     //指定三个或更多行或列变量,不断嵌套
```

2.6.3　tabulate 命令

tabulate 命令也是很好用的命令之一,能够生成频数列联表,该命令不仅能列出目标变量的所有取值类别、频次和百分比等信息,还能快速生成虚拟变量,其语法为

```
tabulate varname1 [varname2] [if] [in] [weight] [, options]
```

例 2-26　tabulate 命令的运用。

```
sysuse census,clear
* 一维变量操作
tabulate region                 //单个变量频数统计表
tabulate region, sort           //降序排序
tabulate region, gen(reg)       //生成虚拟(组别)变量
* 二维变量操作
tabulate region reg1            //tabulate 命令也可以创建多维频数统计表
```

```
tabulate region reg1, row        //显示行百分比(每行百分比之和为 1)
tabulate region reg1, column     //包括列百分比(每列百分比和为 1)
tabulate region reg1, cell       //包括单元格百分比(所有单元格百分比之和为 1)
tabulate region reg1, chi2       //卡方检验
```

2.6.4 分位数命令

分位数是重要的统计指标之一,通过分位数可以了解整个数据集的大致分布情况。在 Stata 中可以使用命令直接生成不同分位点的分位数,相关的命令包括 pctile、xtile 和 astile。

pctile 命令可以直接产生分位数,还可以生成对应的百分位标识,其语法结构为

```
pctile [type] newvar = exp [if] [in] [weight] [, pctile_options]
```

例 2-27 pctile 命令的运用。

```
sysuse auto, clear
pctile p_price = price, nq(10)  //nq(#) 指定分 9 个分位数,把样本切割为 10 组
list p_price in 1/9, sep(0)       //将 9 个分位数都展示在结果窗口中
pctile p_price2 = price, nq(10) gen(percent)  //gen()选项用于生成对应的百分位标识
list percent p_price2 in 1/12, sep(0)          //sep(n):是指以 n 行为一组,sep(0)即输出结果不
                                               //分组。默认 5 行为一组
```

xtile 为创建分位数命令,可以根据指定的百分位数定义类别变量,例如把 25% 定义为 1,50% 定义为 2,等等,其语法结构为

```
xtile newvar = exp [if] [in] [weight] [, xtile_options]
```

例 2-28 xtile 命令的运用。

```
sysuse auto, clear
xtile price2 = price, nq(4)     //将数据分为四组并创建分位数
list price price2 in 1/5         //展示前五个 price 数据及其分位数
```

astile 是一个外部命令,和 pctile 和 xtile 相比,astile 命令效率更高,可以通过 bys 或 by 命令分组完成多维变量的分组工作,在处理较大的数据集时更具优势,其语法格式为

```
astile newvar = exp [if] [in] [, nquantiles(#) qc(string) by(varlist)]
```

例 2-29 astile 命令的运用。

```
sysuse auto,clear
astile price2 = price, nq(10)                  //基于 price 排序分成 10 个分组生成新的变量 price2
bys foreign:astile mpg10 = mpg, nq(10)
astile mpg_10 = mpg, nq(10) by(foreign)  //按 foreign 变量分组重复创建分位数
```

如果分位数断点需要以数据的子集为基础,可以用选项 qc(),使得整个数据集中的观察值以这些断点进行分位数划分,这样的计算在统计分析中也是很常见的。

2.6.5 相关性分析

相关性分析一般用于衡量变量间的相关程度,其取值范围从 -1 到 1,代表从负相关到正相关,取值为 0 时代表不存在相关性。Stata 进行相关性分析的官方命令是 pwcorr,该命令用于计算一组变量中两两变量的相关系数,同时还可以对相关系数的显著性进行检验,缺点是仅能对指定的显著水平列印一个显著性水平。pwcorr 有一个改进的外部命令 pwcorr_a 可以分别对 1%、5%、10% 的显著水平列印 $***$ 、$**$ 和 $*$,使用更加方便。另外,graph matrix 可以直接输出变量的相关系数矩阵散点图,看起来更加直观和具体。

例 2-30 相关性分析。

```
sysuse auto,clear
pwcorr price wei len mpg,star(0.05) //相关系数矩阵
pwcorr_a price wei len mpg          //相关系数矩阵,外部命令需要安装
graph matrix price wei len mpg      //相关系数矩阵(散点图)
```

2.6.6 点估计与区间估计

参数估计是统计学中的重要内容,参数估计主要包括点估计与区间估计两种形式。Stata 进行参数估计相关的命令包括 mean、ameans 与 ci。其中,mean 命令用于计算变量的平均值和标准误差,如 mean price。ameans 命令可以同时计算算术平均值、几何平均值与简单调和平均值,并显示样本量与置信区间,如 ameans price。ci 命令可以用于计算置信区间(help ci 查看更多信息),如 ci mean price,level(95)。

2.6.7 假设检验

与参数估计相对应,Stata 也提供假设检验相关的命令,主要有 ztest 命令、ttest 命令、ttable2 命令、ttable3 命令和 prtest 命令,以帮助用户快速完成不同情况下的假设检验。

例 2-31 综合假设检验。

```
sysuse auto,clear
ztest mpg == 20, sd(6)                              //已知总体方差的 z 检验
ttest mpg == 10                                     //未知总体方差的 t 检验
ttest mpg, by(foreign)                              //独立样本 t 检验
ttable2 price weight length mpg, by(foreign)        //可同时对多个变量进行 t 检验
ttable2 price weight length mpg, by(foreign) f(%6.4f) //定义输出的数据格式
ttable3 price weight length mpg,by(foreign) pvalue  //ttable3 可以显示假设检验的 p 值
ttable3 price weight length mpg,by(foreign) tvalue  //将显示的 p 值替换为 t 值
prtest foreign == 0.5                               //比例均值检验
```

2.6.8 方差分析

方差分析也称 F 检验,可以用于分析两个及两个以上样本均数差别的显著性检验。在

Stata 中进行方差分析可以使用 sdtest 和 anova 命令。

例 2-32　方差分析。

```
sysuse sp500, clear
sdtest open = 100          //公式:chi2 = [(n－1)sd^2] / [100^2]
sdtest open = close        //检验两个变量的方差是否相等, 公式:F = (s1^2)/(s2^2)
sysuse auto,clear
anova price rep78          //方差分析
```

2.6.9　正态分布检验

正态分布检验是一种通过比较数据的实际分布情况和理论正态分布的情况,判断数据是否符合正态分布的检验方法。正态分布的检验方法比较多,常用的包括雅克-贝拉检验法、D'Agostino 检验法、非参数 Shapiro-Wilk 检验法以及非参数 Shapiro-Francia 检验法。

例 2-33　正态分布检验。

```
sysuse sp500, clear
histogram change, normal       //图形展示
jb6 open close change          //雅克－贝拉检验法
sktest open close change       //D'Agostino 检验法
swilk open close change        //非参数 Shapiro－Wilk 检验法
sfrancia open close change     //非参数 Shapiro－Francia 检验法
```

2.6.10　线性回归分析

回归分析用于检验一个因变量和一个或多个自变量之间是否存在显著的相关(因果)关系,也常用于预测分析。由于普通的线性回归分析建立在一系列严格的假设之上,所以 Stata 也附带了很多对回归的假设进行检验的命令。

例 2-34　回归分析。

```
sysuse auto,clear
regress price mpg weight                   //OLS 回归
regress price mpg weight if foreign == 0   //选择子样本,OLS 回归
estat hettest mpg weight                   //异方差诊断
estat ovtest                               //遗漏变量诊断
estat vif                                  //多重共线性诊断
rvfplot, yline(0)                          //残差图
```

更多信息请参考 help regress 和 help regress_postestimation。

习题

1. 打开 dta 格式文件的命令有哪些?

2．sysuse 命令和 webuse 命令分别是什么含义？

3．use 命令有何作用？

4．与 dta 格式的数据一样，文本数据也可以单击菜单栏的"文件-导入"功能直接导入，但由于这种操作方式效率较低，不推荐使用，那应该推荐使用什么命令？

5．Excel 格式的文件可以怎样导入？

6．import excel 命令一般用于导入单个 Excel 文件。当需读取多个 Excel 文件时，可以使用什么命令？

7．什么是 sumup 命令？

8．center 命令有何作用？

9．table 命令的功能是什么？

10．Stata 参数估计相关命令包括哪些？

第 3 章

变量的生成与设定

变量是 Stata 软件进行数据处理的基本单元,对变量的运算涉及不同的操作符,如算术运算符、比较运算符以及逻辑运算符。数据整理中涉及大量的变量操作,如生成新的变量、变量的保留与删除、变量的提取、变量之间的数学运算、变量的重新命名、变量标签的设定以及变量分组等。本章首先介绍 Stata 软件中的各类运算符,这类运算符是变量运算的基础数学符号,其次介绍单值变量即标量的概念及其操作要点,接下来对变量的常用操作进行系统化介绍,最后介绍如何利用不同的命令生成不同情景下的分组变量。

3.1 运算符

运算符(operator)是一种特殊的符号,用于告诉计算机软件如何执行特定的数学运算或逻辑运算。在 Stata 软件的操作中,常见的运算符主要包括赋值运算符、算术运算符、比较运算符以及逻辑运算符四类(可以通过 help operator 命令查阅详细信息)。

(1) 赋值运算符,Stata 中的赋值运算符为单个"="的形式,用于将表达式(exp)的值赋值给变量。

(2) 算术运算符,Stata 中的算术运算符用于执行基本的算术运算,如加(+)、减(−)、乘(∗)、除(/)以及求幂(^)等。除了运算符,用户还可以通过数学函数实现变量的转换,如开方 sqrt()、取对数 log() 以及求余 mod() 等。此外,符号"+"还可以用于字符串之间的连接。

(3) 比较运算符,Stata 中的比较运算符用于数值或字符之间的比较,如大于(>),大于或等于(>=),小于(<),小于或等于(<=),等于(==),不等于(! = 或者 ~= 均表示不等于)。比较运算符的结果为布尔值(True 时为 1,False 为 0)。

(4) 逻辑运算符,Stata 中的逻辑运算符用于判断变量的逻辑关系,如与(&)、或(|)、非(! 或者 ~)等。

运算符通常出现在表达式(exp)中,一个典型的表达式包含运算对象(变量、值、函数等)和运算符。运算符决定了运算对象之间的交互方式。运算符之间有优先顺序,但不主张死记硬背,当无法确定优先顺序时,用括号将优先序表达出来即可,在最里层括号中的表达式将被优先执行。特别需要注意的是,在 Stata 中,一个等号(＝)表示赋值,而两个等号(＝＝)为比较关系,表示判断两个对象是否相等。

3.1.1 算术运算

算术运算符可以直接应用于数字之间的四则运算,并用 display(简称 di)命令显示运算结果(要注意 Stata 软件中的所有操作都是以命令开头的,即命令驱动式)。更多的时候,算术运算符被用于变量之间的代数运算。特别地,运算符"＋"还可以用于字符串或字符变量之间的连接。

例 3-1 显示了算术运算符如何应用于数字之间的运算。

例 3-1 数字之间的运算。

```
di 4 - 2                 //输出结果 2
di 3 * 5                 //输出结果 15
di 8/2                   //输出结果 4
di 2^3                   //输出结果 8
di (3 + 6)^2/sqrt(2 * 2) //输出结果 40.5
di mod(5,4)              //计算余数
di mod(5,5)              //整除的余数为 0
di log(3.14)             //求对数
di 3/0                   //当遇到缺失值或者运算不可行时(比如除数为零)均会得到缺失值
```

例 3-2 显示了算术运算符如何应用于变量之间的运算,通过这些运算可以生成不同的新变量。

例 3-2 变量之间的运算。

```
cls
sysuse auto,clear
gen nprice = price * 100   //用 gen 生成一个新的变量 nprice,该变量表示将 price 乘以 100
list nprice price in 1/10  //列示前 10 个观测值
gen lnweight = log(weight) //用 gen 生成一个新的变量 lnweight,该变量表示对 weight 取对数
list lnweight price in 1/10
gen sprice = nprice - price //用 gen 生成一个新的变量 sprice,该变量表示 nprice 与 price 相减的差值
list sprice nprice price in 1/10
```

3.1.2 比较运算

比较运算包括大于、小于、等于、不等于、不小于、不大于等多种比较关系。特别要注意 Stata 中的等于符号为＝＝,是两个等号连写在一起。

例 3-3 比较运算。

```
cls
di 3 < 5      //输出结果为 1,意味着 3 小于 5 为真
di 3 > 5      //输出的结果为 0,意味着 3 大于 5 为假
```

```
di 3 == 4        //输出的结果为 0,意味着 3 不等于 4
di x < .         //比较 x 与缺失值的大小,返回结果为 1,表示 x 小于.
```

在 Stata 软件中,默认缺失值(以".")表示)为一个无穷大的数,因此当数据中含有缺失值时要谨慎处理。

3.1.3　逻辑运算

逻辑运算包括非(! 或者～)、和(&)、或(|)三种,主要用于条件语句中。

例 3-4　逻辑运算。

```
cls
sysuse auto, clear
list price foreign if price > 200000 | price < 100000 & forei == 0 //列出价格大于 200000 元的任
                                                                    //何车,或者小于 100000 元的
                                                                    //国产车
* 在 Stata 中,和(&)优先于或(|),因此上述命令与下面的命令等价
list price foreign if price > 200000 | (price < 100000 & forei == 0)
reg price foreign if price > 200000 | price < 100000 & forei == 0
* 试一试下面的命令,这里列示的是国产车中价格高于 200000 元或者低于 100000 元的车
list price foreign if (price > 200000 | price < 100000) & forei == 0
```

3.2　标量及操作

视频讲解

命令 di 可以直接将运算的结果显示在结果窗口中,但有时需要将计算的结果存储起来,以备后面进一步调用,这个操作往往通过标量(scalar)来实现。在 Stata 中,标量可以存储单个值,其对应的操作命令是 scalar,对单个值的操作又称为标量操作。作为一种特殊的变量,标量存储的单个值可以是数字也可以是字符串。scalar 的语法格式为

```
scalar scalar_name = exp
```

上述命令定义了标量的操作格式,其中 scalar 声明了语句的计算是标量数据类型,exp 为运算表达式,该表达式可以是数值表达式(整数、浮点数等),也可以是字符串表达式。具体来说,这个语句定义了一个名为 scalar_name 的标量,并将它的值设置为 exp 的结果。标量生成以后,可以进行显示或删除操作。

标量显示操作

```
scalar { dir | list } [ _all | scalar_names ]
```

该语法命令中{ dir | list }表示 dir | list 二者必有其一,[_all | scalar_names]为可选项,_all 为 Stata 官方关键字,表示所有的变量,该命令用于显示全部的标量名称,scalar_names 为具体的标量名称。

标量删除操作

```
scalar drop { all | scalar_names }
```

例 3-5 标量操作。

```
scalar a = 3 + 4 //用 scalar scalar_name = exp 的格式定义标量 a,将 3 + 4 的结果赋值给 a
scalar dir a
scalar list a
scalar a = "study" + "STATA"   //当加号(+)出现在两个字符之间时,两个字符将被连成一个字符。
                                //要特别注意,引号必须是半角和英文模式
scalar list a      //scalar 命令将两个字符运算后的结果赋予 a,然后显示 a,这里的 a 覆盖了前面
                    //一个 a
scalar 中国 = "中国"
scalar list 中国
scalar 中国 = "中华" + "人民共和国"
scalar list 中国
scalar china = "中华" + "人民共和国"
scalar list china
```

3.3 变量的命名

变量是 stata 操作的基本单元,变量名是引用变量的符号。一个好的变量名,不仅要符合 stata 软件的规则,而且要易于识别。

视频讲解

3.3.1 变量命名的基本规则

生成变量的第一步是对变量进行命名,在 Stata 中变量命名需要遵循以下规则。

(1) 变量名可以包含字母、数字和下画线,但必须以字母开头,不能以数字开头且变量名长度不宜超过 32 个字符。

(2) 变量名区分大小写且变量名不能包含空格或特殊符号(如" * "或"@"等)。

(3) 变量名不宜与 Stata 软件中的命令、保留字或函数等相同(如 clear 或 edit 等)。

除了上述三个基本规则,还有一些其他需要注意的地方。首先变量名应该具有示意性,能反映变量的真实含义,如用 year 表示年份,用 code 表示股票代码,用 cost 表示成本等。较长的变量名虽然可解释性好,但不方便使用,应适度使用简短命名,但也应避免使用单字母作为变量名,以提高代码可读性。对于生成的新变量,可在变量名中体现其计算方式。如 income_log 表示取对数后的 income。另外,虽然_可以作为变量的开头,但一般建议不使用 _ 作为变量的第一个字符,因为许多 Stata 的内部变量都是以 _ 开头的,如_all、_n、_N、_cons、_b、_se 等(可通过 help _variables 命令查阅更为详细的信息),这些变量称为系统变量(System variables 或_variables),其中常见的系统变量及其说明如下所示。

_all 代指全部变量;

_n 表示当前观测值的顺序;

_N 表示所有观测值的数量;

_cons 是回归方程中的截距项;

_b[_cons]代表提取模型截距项的估计值；

_b[varname]常用于回归之后，提取模型中 varname 的估计参数；

_se[varname]用于提取模型 varname 的标准差。

例 3-6 系统变量。

```
sysuse auto, clear
sum _all
reg price mpg          //对 price mpg 进行回归
di _b[mpg]             //提取回归模型中 mpg 截距项的估计值
di _se[mpg]            //提取模型中 mpg 的标准差
```

与大多数编程软件类似，Stata 的变量名在使用时可以结合通配符"＊""～""?"以及"-"使用。如 myvar＊表示以 myvar 开头的所有变量，＊var 表示以 var 结尾的所有变量，my＊var 表示以 my 开头和以 var 结尾的所有变量(中间可以有任意数量的其他字符)，my～var 表示以 my 开头和以 var 结尾的一个变量(中间可以有任意数量的其他字符)，my?var 表示以 my 开头和以 var 结尾的一个变量(中间有一个字符)，myvar1-myvar6 表示 myvar1、myvar2、…、myvar6 等。

3.3.2 _n 与_N

系统变量_n 与_N 是最为常用的两个变量，这里有必要做进一步的详细说明。_n 表示变量中每个样本或观测值的序号，即第 n 个观测值。_N 表示变量的样本数或观测值的总数。

例 3-7 理解_n 和 _N。

```
clear
set obs 100                          //设定 100 个观测值
gen id = _n                          //生成观测值序号变量
gen id_N = _N                        //生成样本数变量
＊[]可以用于对变量的观测值进行提取
di id[1]
di id[55]
gen v1 = id[_n + 1]
gen v2 = id[_n + 2]
gen v3 = id[_n + 1] - id[_n + 2]     //让变量 v 加上下一行和下两行的内容,用分号隔开
gen z = mod(id, 2)                   //2 的余数只能是 0 或 1
sort z
bysort z: gen a = _n                 //bysort 为分组的意思
bysort z: gen b = _N
bysort z: gen xx = v1 * 100
sort id
gen xxx = id[_n]                     //提取 id 的第[_n]个元素
＊比较
sysuse auto,clear
gen price22 = _n
gen price33 = price[_n]
di price[_n]                         //默认显示第一个值
di price[_n + 1]                     //显示第二个值
di price[2]                          //显示第二个值
di price[_N]                         //默认显示最后一个值
```

可以看出,在没有 bysort 分组时,_n 表示观测值的行数,_N 表示观测值的总行数;在 bysort 分组时,_n 表示每组内的观测值行数,_N 表示每组内的观测值总行数。

例 3-8 _n 和_N 的应用。

```
sysuse sp500.dta, clear
sort open                                      //把 open 从小到大进行排序
sum open                                       //变量 open 的描述性统计
dis r(max)                                     //显示 open 的最大值
gen o_max = open[_N]                           //设定 open 的最大值为变量 o_max
gen o_diff = open[_n] - open[_N]               //计算每个值与最大值的差
gen o_diff2 = open - o_max                      //同上
gen b_diff = open[_N] - open[1]                //计算最大值与最小值的差
sort date
gen d_open = open[_n] - open[_n-1]             //计算差分
gen open1 = open[_n]                           //复制 open 的值到 open1
gen open2 = open[_n-1]                         //滞后一期
gen dopen_2 = open1 - open2
gen dln_open = ln(open[_n]) - ln(open[_n-1])  //对数差分,相当于计算增长率
```

3.3.3　Stata 文档中的变量符号

在 Stata 的帮助文档和语法中,常有一些通用的变量符号,掌握这些变量符号对于理解 Stata 的帮助文档和语法十分有帮助。这些通用的变量符号如表 3-1 所示。

表 3-1　Stata 文档和语法中的通用变量符号

变 量 符 号	释 义
varname	单个变量
varlist	变量组或一系列变量
newvarname	生成的新的单个变量
newvarlist	生成的新的变量组
statname	统计量指标
depvar	因变量
indepvars	自变量或自变量列表
xvar	一个连续实数变量,通常在图表的 x 轴上绘制
yvar	一个关于 xvar 的函数的变量,通常在图表的 y 轴上绘制
clustvar	一个数值变量,用于标识观察值所属的聚类或组别
panelvar	一个数值变量,用于标识面板数据或混合截面-时间序列数据
timevar	一个使用 %td、%tc 或 %tC 格式的数值变量

3.4　gen、replace 与 egen 命令

gen 命令是 generate 命令的简写,该命令用来创建新变量(newvar),其语法格式为

```
gen newvar = exp [if] [in] [, before(varname) | after(varname)]
```

其中 newvar 为新生成的变量名称,exp 为表达式,＝为赋值号,表示把 exp 表达式的运算结果赋值给 newvar;if 为条件筛选语句,后跟一个逻辑条件表达式,只有条件为真的样本才会被保留下来参与运算;in 为观测值的范围选择命令,一般格式为 in ♯/♯,♯表示具体的数字;[,before(varname)｜after(varname)]为可选项,表示将新生成的变量 newvar 放在某一变量之前 before(varname)或者之后 after(varname)。

replace 命令用来替换已有的变量(oldvar),其语法格式为

```
replace oldvar = exp [if] [in]
```

例 3-9　gen 与 replace 的用法。

```
clear
cd "D:\Stata 数据分析与建模\数据代码\第 3 章"
use "上市银行 2005－2020 年数据.dta" , clear
gen ROA ＝ 总资产净利率 ROA * 100
gen ln 资产 ＝ log(资产)                        //对资产取自然对数
gen 利润比 ＝ 利润总额/资产
gen 存贷差 ＝ 贷款总额 － 存款总额
replace 存贷差 ＝ 存贷差/100
replace 利润比 ＝ 利润总额/ 资产 * 100
* 以均值为界,根据不良贷款比例,对银行分成 2 类:有风险、无风险
sum 不良贷款金额                               //得到不良贷款的均值
drop if 不良贷款金额 ＝＝ .                     //删除缺失值,注意.表示无限大的数
gen risk ＝ 1 if 不良贷款金额 > 1.713354       //生成第 1 类,高于均值用 1 表示
replace risk ＝ 0 if 不良贷款金额 <= 1.713354  //生成第 2 类,低于均值用 0 表示
* 以中位数为界,根据不良贷款比例,对银行分成 2 类:有风险、无风险
sum 不良贷款比例,d
gen riskm ＝ (不良贷款比例> 1.35)             //一个精练写法,()为真返回 1,为假返回 0
```

egen 命令是 gen 命令的扩展,其特点是能够使用函数功能生成一些 gen 命令无法生成的变量。相比于 gen 命令,egen 命令相对复杂一些,但功能更强大和丰富。其语法格式为

```
egen newvar = fcn(arguments) [if] [in] [, options]
```

其中 fcn(arguments)可以是表达式、变量列表、数值列表以及函数表达式,选项 options 也依据 fcn(arguments)的具体内容而定。

在 Stata 中,gen 和 egen 都是用于创建新变量的命令,但它们有一些区别。gen 与 egen 的区别如下。

(1)生成范围不同。gen 命令创建新变量时会根据指定的表达式对每行观测值进行计算,新变量可以是已有变量的简单变换,也可以是已有变量的重新组合或计算。egen 命令用于执行一些高级的数据转换和统计计算,通常是对整个变量的整合计算,例如汇总数据、分组统计等,生成一个汇总后的新变量。

(2)运算规则不同。使用 gen 生成的新变量,其变量值由给定的表达式计算所得,表达式可以是 Stata 中的任意运算符,如算术运算符"＋""－""＊""/",比较运算符">""<"、逻辑运算符"|""＆""!"等,开方 sqrt(),取对数 log(),以及求余数 mod()。egen 只能使用

专属的 egen 函数来为新变量计算变量值。与 egen 常搭配的函数非常多,这里仅通过几个例子做简要介绍,egen 相关的函数信息可以参考附录。

例 3-10 egen 的用法。

```
clear
cd "D:\Stata 数据分析与建模\数据代码\第 3 章"
use egenxmpl,clear                //使用 egenxmpl 数据集
describe                          //查看数据集的结构
egen avg = mean(cholesterol)      //计算胆固醇变量的均值,并将结果保存在 avg 变量中
generate deviation = chol - avg   //计算每个观测的胆固醇水平与均值的偏差,将结果保存在
                                  //deviation 变量中


use egenxmpl2,clear
describe                          //查看数据集的结构
by dcode, sort: egen medstay = median(los) //计算每个诊断代码组别中长度的中位数,并将结果
                                  //保存在 medstay 变量中
generate deltalos = los - medstay //计算每个观测的长度与中位数长度的偏差,并将结果保存在
                                  //deltalos 变量中
clear
set obs 5                         //清除当前数据集并生成包含 5 个观测的数据集
gen x = _n if _n != 3             //生成 x 变量,其中_n 表示当前观测的序号,如果观测的序号不
                                  //等于 3,则将_n 赋值给 x 变量
generate runsum = sum(x)          //计算 x 变量的累积和,并将结果保存在 runsum 变量中
egen totalsum = total(x)          //计算 x 变量的总和,并将结果保存在 totalsum 变量中


use egenxmpl3,clear
describe
egen byte differ = diff(inc1 inc2 inc3) //利用 diff()函数比较 inc1、inc2 和 inc3 是否完全
                                  //相等,并将结果保存在 differ 变量中
list if differ == 1              //列出 differ 变量值为 1 的观测,即 inc1、inc2 和 inc3 不全相
                                  //等的观测


sysuse auto,clear
egen rank = rank(mpg)            //计算 mpg 变量的排序,并将结果保存在 rank 变量中
sort rank                        //对数据集按照 rank 变量进行排序
list mpg rank                    //列出 mpg 和 rank 变量的值


use states1, clear
describe
egen stdage = std(age)          //计算年龄变量的标准化值,并将结果保存在 stdage 变量中


use egenxmpl4,clear
egen hsum = rowtotal(a b c)      //计算每行 a、b 和 c 的和,并将结果保存在 hsum 变量中
egen havg = rowmean(a b c)       //计算每行 a、b 和 c 的平均值,并将结果保存在 havg 变量中
egen hsd = rowsd(a b c)          //计算每行 a、b 和 c 的标准差,并将结果保存在 hsd 变量中
egen hnonmiss = rownonmiss(a b c) //计算每行 a、b 和 c 的非缺失值数量,并将结果保存在 hnonmiss
                                  //变量中
egen hmiss = rowmiss(a b c)      //计算每行 a、b 和 c 的缺失值数量,并将结果保存在 hmiss 变量中
```

```
use egenxmpl5,clear
egen rmin = rowmin(x y z)    //计算每个观测中 x、y 和 z 的最小值,并将结果保存在 rmin 变量中
egen rmax = rowmax(x y z)    //计算每个观测中 x、y 和 z 的最大值,并将结果保存在 rmax 变量中
egen rfirst = rowfirst(x y z) //计算每个观测中 x、y 和 z 的第一个非缺失值,并将结果保存在
                              //rfirst 变量中
egen rlast = rowlast(x y z)  //计算每个观测中 x、y 和 z 的最后一个非缺失值,并将结果保存在
                              //rlast 变量中

sysuse auto,clear
egen highrep78 = anyvalue(rep78), v(3/5)   //创建新变量 highrep78,如果变量 rep78 等于 3、4
                                           //或 5,则 highrep78 包含该值,否则 highrep78 包含
                                           //缺失值(.),并将结果保存在 highrep78 变量中

use egenxmpl6,clear
egen racesex = group(race sex)    //计算 race 和 sex 组合的组别值,并将结果保存在 racesex 变量中
list race sex racesex in 1/7      //列出前 7 个观测的 race、sex 和 racesex 值
egen rs2 = group(race sex), missing //计算 race 和 sex 组合的组别值,将结果保存在 rs2 变量中
list race sex rs2 in 1/7          //列出前 7 个观测的 race、sex 和 rs2 值
```

3.5 变量操作

视频讲解

变量操作涉及变量的保留与删除、对变量某一取值的提取、变量顺序的调整以及观测值的排序等操作,这些操作是进行数据分析最为基础也是必不可少的环节。

3.5.1 变量的保留与删除

在 Stata 中,可以使用 keep 和 drop 两个命令对变量的观测值进行保留和删除。keep varlist 代表保留 varlist 中的变量,drop varlist 代表删除 varlist 中的变量。如果想要依赖一定的条件或范围删除某些观测值,可以与 if 和 in 结合进行操作,drop if/in 删除满足条件(范围)的所有观察值,keep if/in 保留满足条件(范围)的所有观察值。

例 3-11 变量的保留与删除。

```
sysuse auto,clear
keep price rep78         //保留 price 和 rep78 这两个变量
keep in 1/10             //保留第 1~10 个观察值
sysuse auto,clear
keep if price > 4500     //保留 price > 4500 的观察值
keep if foreign == 1
sysuse auto,clear
drop price weight        //删除 price 和 weight 两个变量
drop in 1/15             //删除 1~15 行的观测值
drop if rep78 < 4        //删除 rep78 < 4 的观察值
drop if missing(rep78)   //删除缺失值
drop _all                //删除所有变量
```

3.5.2 变量值的提取

除了使用 if 或者 in 对变量进行范围提取,还可以使用 varname[♯]实现对变量单个值的提取。

例 3-12 单个观测值的提取。

```
sysuse auto,clear
keep if price > 5000
drop if rep78 == 3
keep price
gen x1 = price[1]
gen x2 = price[2]
gen x3 = price[_n]
gen x4 = price[_n-1]
gen x5 = '= price[1]'   //相当于:gen x1 = price[1]; gen x2 = x1
gen x6 = "'= price[1]'" //生成的结果为字符串
des x1 - x6
list x1 - x6 in 1/10
```

3.5.3 变量顺序的调整与观测值的排序

在使用 Stata 整理数据时经常遇到变量顺序混乱的情况,手动调整既麻烦又容易出错,可以使用 order 命令调整变量顺序。order 的语法格式为

```
order varlist [, options]
```

其中 varlist 为变量列表,表示一个或多个变量。options 为可选项,包括 first、last 等多个选项,用于实现更为细节的功能。

first 表示将变量列表移动到数据集的开头,这是默认的方式。

last 表示将变量列表移动到数据集的末尾。

before(varname)表示将变量列表移动到指定变量(varname)之前。

after(varname)表示将变量列表移动到指定变量(varname)之后。

alphabetic 表示按照字母顺序对变量列表进行排序,并将其移动到数据集的开头。

sequential 表示按照字母顺序对变量列表进行排序但保持数字顺序,将其移动到数据集的开头。

例 3-13 变量顺序的调整。

```
sysuse auto,clear
order _all, alphabetic              //所有变量按字母顺序排序
order price weight mpg,first        //将变量 price、weight、mpg 放在变量列表最前面
order make,last                     //将变量 make 放在变量列表的最后
order rep78, before(price)          //将变量 rep78 放在 price 之前
order rep78,after(price)            //将变量 rep78 放在 price 之后
```

除了变量顺序的排列,有时候还经常需要对变量中的观测值按大小进行排序,涉及的命令包括 sort、gsort 及 rsort 等。

例 3-14　观测值的大小排序。

```
sysuse auto,clear
sort price                  //从小到大排序
sort rep78 foreign
gsort - weight              //从大到小排序
gsort rep78 - foreign
rsort                       //随机排序
gen id = _n
list if _n >= 10
rsort, id(id) seed(12345)   //数据打乱,随机排序,seed(12345)是设定随机数种子
rsort, id(id) seed(12345) by(rep78)
```

3.6　变量重命名与变量标签

正如前所述,变量名应该具有示意性,能反映变量的真实含义。通常而言,变量的名称是我们识别变量的重要标识。在数据分析中涉及的变量比较多,为便于识别,通常需要把变量命名为更具有实际意义的字词符号,同时可以通过给变量增加标签的形式对变量的具体含义或者定义方式进行说明。

3.6.1　变量的重命名

变量的重命名是指对变量的名字重新设定,使用的命令为 rename。
单个变量重命名

```
rename old_varname new_varname
```

多个变量重命名

```
rename (old_varname_varlist) (new_varname_varlist)
```

例 3-15　rename 命令的应用。

```
clear
sysuse auto,clear
rename price jiage                        //将 price 重命名为 jiage
rename ( weight mpg rep78 )(重量 历程 维修次数)   //用括号将多个变量进行重命名
```

3.6.2　变量标签的设定

为了更直观地了解变量的定义方式,通常需要对变量或数据添加标签,标签的主要功能是对变量和数据的含义进行解释和说明。下面对添加标签的命令及变量标签操作的相

关命令进行介绍。

label data 为当前内存中的数据集添加一个标签(长度最多 80 个字符)。数据集的标签将在使用 describe 命令查看数据集信息时显示出来。如果没有指定标签内容,将移除任何已有的数据集标签,语法为

```
label data ["label"]
```

label variable 为指定的变量添加一个标签(长度最多 80 个字符)。如果没有指定标签内容,将移除任何已有的变量标签,语法为

```
label variable varname ["label"]
```

label define 创建一个值标签,该值标签包含一组数字值和对应的标签内容。语法为

```
label define lblname # "label" [ # "label" ...] [, add modify replace nofix]
```

label values 将一个值标签附加到指定的变量(varlist)上。如果用“.”代替 lblname,则会将已存在的值标签从该变量上移除,但是值标签本身不会被删除。当直接使用 label values varname 的语法时(varname 后没有内容),它与“.”的效果相同,其语法为

```
label values varlist lblname [, nofix]
```

其他相关常见操作介绍如下。

label dir 用于列出内存中存储的值标签名称。

label list 用于列出内存中存储的值标签名称及其内容。

label copy 用于复制一个已存在的值标签。

label drop 用于删除值标签。

label save 表示将值标签定义保存在一个 do 文件中。这对于没有附加到变量上的值标签尤其有用,因为这些标签不会随数据一起保存。默认情况下,保存的文件扩展名是.do。语法为

```
label save [lblname [lblname...]] using filename [, replace]
```

例 3-16 label 系列命令的应用。

```
clear
cd "D:\Stata 数据分析与建模\数据代码\第 3 章"
use 上市银行 2005－2020 年数据.dta,clear
label data "2015－2020 国有商业银行数据"  //给数据集贴标签
label var t year                        //label var 是 label variable 的简写,给变量 t 添加标签
label var i 银行代码                      //在变量标签已存在的情况下,相当于修改原标签
label var 资产负债率 总负债除以总资产
* 添加变量标签
sysuse nlsw88.dta, clear                //使用 nlsw88.dta
gen ln_wage = log(wage)
label var ln_wage "ln(wage)"
label var race "1 = blak; 0 = otherwise"
```

```
* 增加标签变量值:label define 和 label values
sort wage                                  //对 wage 进行升序排序
gen gwage = group(3)
tab gwage
label define gwage 1 "低" 2 "中" 3 "高"    //label value 可以与变量同名
label value gwage gwage
label list gwage                           //方法一:显示特定变量的数字 - 文字对应关系
labelbook gwage                            //方法二:显示所有变量的数字 - 文字对应关系
des2 gwage                                 //方法三:更容易记忆
* 标签显示与删除:dir 和 drop
label dir                                  //显示标签
label list                                 //显示标签的赋值含义
label drop _all                            //删除标签
* 外部命令 labvarch 可对变量标签批量添加前缀和后缀
ssc install labvarch                       //安装 labvarch 命令
labvarch 证券代码 证券名称 企业性质, prefix(属性_)
help labvarch                              //更多信息参考 help 文档
```

3.7　生成分组变量

视频讲解

变量分组是指将连续变量(有时候也包括分类变量)依据一定的条件或标准分为不同的类别。如根据收入将观测值分为"高收入"、"中等收入"和"低收入",根据年龄将人口分为"老年人"、"中年人"、"青年人"以及"儿童"等,根据地区将我国不同的省份(一般认为省份是分类变量)分为"东部地区"、"中部地区"和"西部地区",根据企业所处的行业(行业也是分类变量)将企业进一步分为"制造业企业"和"非制造业"两组。可见,科学、合理、高效地进行变量分组是数据分析中的重要工作之一。

3.7.1　利用 gen 与 replace 生成分组变量

gen 命令可以用于生成新的变量,replace 命令可以实现对已有变量的覆盖,将 gen 和 replace 命令与 if 条件相结合,很容易实现对变量的分组操作。

例 3-17　利用 gen 和 replace 进行分组。

```
sysuse auto,clear
keep make price rep78 foreign           //保留 keep 后面的变量
sort price                              //对 price 变量下的内容进行排序
replace price = . in 1                  //把 price 第一行的值替换为缺失值"."
* 结合逻辑表达式,将 price 分为 2 组
gen price_group1 = (price > 4000)       //生成一个新变量 newprice,如果 price > 4000 显示为
                                        //1,否则为 0。注意如果 price 中有缺失值,则缺失值
                                        //放到第 1 组
tab price_group1                        //显示各组的频数
tab price_group1,gen(dum)               //生成虚拟变量
* 结合 gen,replace 以及 if 和逻辑表达式,分为多组
```

```
gen price_group2 = 1 if price < 4000        //生成一个新变量p1,如果price<4000则显示为1
replace price_group2 = 2 if price > 4001 & price < 5000 //& 是并且的意思,如果 price 处于 4001～
                                            //5000,那么p1变为2
replace price_group2 = 3 if price > 5001    //如果 price 大于 5001,那么 p1 变为 3。注意如果 price
                                            //中有缺失值,则缺失值也被放到第3组了,这点尤为
                                            //注意
tab price_group2                            //显示各组的频数
replace price_group2 = 3 if price > 5001 & price < .    //这是更为合理的写法,使用比较运算符一
                                            //定要注意剔除缺失值的影响
```

3.7.2 利用 cond() 函数生成分组变量

cond() 函数可以根据给定的条件返回相应的值。使用 cond() 函数时,要特别注意缺失值的处理,该函数的语法为

```
cond(x, a, b[, c])
```

其中 x 为条件表达式,判断条件为真还是为假,或是否缺失。a 表示如果 x 为真且不缺失,返回值为 a,a 可以是数值或字符串。b 表示如果 x 为假,则返回值为 b,如果 a 是字符串,则 b 也必须是字符串。c 为可选参数,表示如果 x 缺失,则返回值为 c,如果 a 是字符串,则 c 也必须是字符串。例如,cond(x>2,50,70)表示如果 x 大于 2,则返回 50,否则返回 70。

可以看出,cond() 函数是一个根据条件判断返回值的函数,能够处理真、假和缺失值三种情况。它的用法非常灵活,可以根据具体情况返回不同的值,将数组快速分组。在使用时需要注意条件表达式和值的类型,以确保函数的正确运行。如果第一个参数是逻辑表达式,则第四个参数将不会被触发。需要注意的是,由于缺失值(.)在 Stata 中被视为无限大的数,因此类似于 x>2 的表达式,若 x 是缺失值则永远不会被判断为缺失,所以在使用比较关系表达式且 x 存在缺失时,可以使用的语法为 cond(missing(x), . , cond(x>2,50,70))。这里面第一个参数是 missing(x),函数 missing(x) 在 x 为缺失值时为真(返回 1),否则为假(0)。第二个参数是 . ,第三个参数是 cond(x>2,50,70)。如果 x 是缺失的,则返回真值,执行第二个参数(.),否则执行第三个参数 cond(x>2,50,70);如果 x 大于 2,则返回 50;如果 x 小于或等于 2,则返回 70。

另外,对于第一个参数 x 是一个可能包含缺失值的标量或变量的情况,第四个参数 c 会自动起作用。

cond(wage, 1, 0, .)表示如果 wage 不为零且不缺失,则返回 1;

cond(wage, 1, 0, .)表示如果 wage 为零,则返回 0;

cond(wage, 1, 0, .)表示如果 wage 是缺失的,则返回缺失值。

例 3-18 cond() 函数的应用。

```
sysuse auto,clear
keep make price rep78 foreign              //保留 keep 后面的变量
```

```
sort price                                      //对 price 变量下的内容进行排序
sumup price rep78                               //观察缺失值情况以及 price 的均值大小
gen priceg1 = cond(price > 6165.3,1,0)          //将 price 分为两组
tab rep78
gen rep78g = cond(missing(rep78), . , cond(rep78 > 3, 1, 0)) //将 rep78 分为两组,但去除缺失值
                                                //的影响
```

3.7.3　利用 recode 命令生成分组变量

recode 命令又称为编码命令,可以将连续变量或分类变量重新编码为分组变量,其语法为

```
recode varlist (erule) [(erule) …] [if] [in] [, options]
```

其中 options 选项主要是 gen(newvar),用于定义转码后的新变量;pre(str)表示给变量添加前缀;label(name)用于添加标签。recode 的编码规则归纳如表 3-2 所示。

表 3-2　recode 的编码规则

编 码 规 则	举　　　例	释　　　义
♯ = ♯	3 = 1	3 编码为 1
♯ ♯ = ♯	2 3 = 2	2 和 3 编码为 2
♯/♯ = ♯	1/5 = 1	1~5 编码为 1
nonmissing = ♯	nonmiss = 8	其他非缺失值编码为 8
missing = ♯	miss = 9	缺失值编码为 9

例 3-19　recode 命令的应用。

```
sysuse auto,clear
keep price rep78                                //保留 keep 后面的变量
* 连续变量的编码
recode price (0/4000 = 1) (4001/5000 = 2) (5001/. = 3), gen(newprice)
//生成新变量 newprice,若 price 等于 0~4000 则取值为 1;若 price 等于 4001~5000 则取值为 2;若
//price 等于 5001 及以上则取值为 3
sort rep78                                       //对 rep78 变量下的内容进行排序
* 分类变量的编码
recode rep78 (1 = 0) (2/3 = 1) (4 . = .),gen(newrep)//生成新变量 newrep,若 rep78 等于 1,则取
                                                //值为 0;若 rep78 等于 2 或 3,则取值为 1;
                                                //若 rep78 等于 4 或.,则取值为.
```

3.7.4　inlist()、inrange()函数与 inlist2 命令

inlist($z,a,b,c,…$)适用于对多个分类变量,特别是字符类型的分类变量进行分组,如将不同的省份分为不同的地区。其语法格式为

```
inlist(z,a,b,...)
```

该语法表示如果 z＝a,b,c,…中的任何一个,则取值为 1,否则为 0。需要说明的是,参

数 z,a,b,…可以为实数或字符串。若 z 为实数,则后续参数个数必须介于 2~250;若 z 为字符,则后续参数的个数必须介于 2~10。inlist() 函数还可以用 & 和|连接使用,以拓展参数数量的限制。

inrange(z,a,b) 适用于对连续变量的范围进行编码,其语法为

inrange(z,a,b)

该语法表示如果 a≤z≤b,则取值为 1,否则为 0。inrange(z,1,.) 表示 z 取值从 1 到正无穷;inrange(z,.,.) 表示 z 取值从负无穷到正无穷;inrange(z,.,1) 表示 z 取值从负无穷到 1。

例 3-20 inlist() 函数的应用。

```
sysuse auto,clear
keep make price
split make, p(" ")                       //以空格为分割,对 make 变量进行分列
sort make1                               //对 make1 变量下的内容进行排序
levelsof make1                           //列示 make1 的取值
gen dmake = inlist(make1, "AMC", "Audi")  //生成新变量 dmake,如果 make1 与"AMC", "Audi"变量
                                         //中的任何一个相等,则取值为 1,否则为 0
 * 注意:inlist 后面最多加 10 个字符串,或 250 个以内的数字;但外部命令 inlist2 没有限制
gen newmake = inlist(make1,"AMC","Chev.","Olds") | inlist(make1, "Volvo")
                                         //如果 inlist 后面的变量超过 10 个写不下,可以在后
                                         //面继续用|符号进行扩充
sort price
gen price2 = inrange(price, 5000,8000)    //若 price 在 5000~8000 取值为 1,否则为 0
```

inlist2 命令是对 inlist() 函数的升级,能够处理的参数容量更大,其语法格式为

inlist2 varname, values(a,b,c,…) [name(string)]

该语法表示当 varname 满足 a,b,…中任何一个,其返回值为 1,否则为 0(当 values 为数值)或"."(当 values 为字符),并生成一个新变量 name(string)。其中,varname 为需要处理的变量,类似于 inlist 命令中的 z。选项 values(a,b,c,…) 和 name(string) 的解释如下。

values(a,b,c,…) 表示所有参数必须是实数或者字符串。如果是字符串,需要区分大小写,且字符串中不能包含双引号(inlist 中的字符串需要加双引号)。

name(string) 用于生成一个新的变量,默认变量名是 inlist2,也可通过改变 string 赋予新的变量名。

例 3-21 inlist2 命令的应用。

```
sysuse auto,clear
keep make price
split make, p(" ")         //以空格为分割,对 make 变量进行分列
sort make1                 //对 make1 变量下的内容进行排序
levelsof make1             //列示 make1 的取值
gen ddmake = inlist(make1, "AMC", "Chev.", "Olds") | inlist(make1, "VW")
                          //生成新变量 ddmake,如果 make1 与 AMC、Chev.、Olds、VW 这 4 个变量中的任
                          //何一个相等,则取值为 1,否则为 0
```

```
inlist2 make1, values(AMC, Chev., Olds, VW) //生成一个新变量 inlist2,如果 make1 与 AMC、Chev.、
                                              //Olds、VW 4 个变量中的任何一个相等,则取值为 1,
                                              //否则为 0
sort rep78         //对 rep78 变量下的内容进行排序
gen newrep78 = inrange(rep78, 1, 3)   //生成新变量 newrep78,如果 1 <= rep78 <= 3,则取值为 1,
                                       //否则为 0
sort price         //对 price 变量下的内容进行排序
* inrange(),inlist()配合逻辑表达式使用
gen newv = inrange(price, 1, 4000) & inlist(make1, "AMC", "Chev.", "Olds","VW")
                   //生成新变量 newv,如果 price 在 1~4000,且 make1 与 AMC、Chev.、Olds、VW 4 个
                   //变量中的任何一个相等,则取值为 1,否则为 0

cd "D:\Stata 数据分析与建模\数据代码\第 3 章"
use "上市公司基本信息数据.dta", clear
drop in 1/2
keep Symbol ShortName EndDate PROVINCE
levelsof PROVINCE   //查看有哪些省份
drop if PROVINCE == "开曼群岛" | PROVINCE == "香港特别行政区"   //去除样本量极少的数据
inlist2 PROVINCE, values(北京市, 天津市, 河北省, 辽宁省, 上海市, 江苏省, 浙江省, 福建省, 山
东省, 广东省, 海南省) name(东部地区)
replace 东部地区 = 0 if 东部地区 == .
inlist2 PROVINCE,values(山西省,内蒙古自治区,吉林省,黑龙江省,安徽省,江西省,河南省,湖北
省,湖南省,广西壮族自治区) name(中部地区)
replace 中部地区 = 0 if 中部地区 == .
inlist2 PROVINCE, values(四川省, 重庆市, 贵州省, 云南省, 西藏自治区, 陕西省, 甘肃省, 青海
省, 宁夏回族自治区, 新疆维吾尔自治区) name(西部地区)
replace 西部地区 = 0 if 西部地区 == .
codebook 东部地区 中部地区 西部地区
```

3.7.5　利用 mod()函数实现顺序分组

mod(x,y)函数实现 x 对 y 的求余数功能,由于余数是 $1,2,3,\cdots,y-1$ 中的一个,而整除的结果是 0,因此可以实现特定情形下的顺序分组功能。

例 3-22　使用 mod()函数实现顺序分组。

```
clear
set obs 1000
gen x = _n
gen x1 = mod(x,2)        //分成 1 和 0 两组
gen x2 = mod(x,3)        //分成 0,1,2 三组
gen x3 = mod(x,4)
gen x8 = mod(x,9)

clear
set obs 1000
gen x = _n
rsort, id(x) seed(1234)  //随机排序
gen x1 = mod(x,2)        //随机分成 1 和 0 两组
```

```
gen x2 = mod(x,3)              //随机分成 0,1,2 三组
gen x3 = mod(x,4)
gen x8 = mod(x,9)
```

3.7.6　利用 egen 命令与 group()函数实现交叉分组

egen 是 Stata 中非常实用的一个命令,包含大量功能丰富的函数。使用 egen 命令与 group()函数可以实现交叉分组。group 的语法格式为

```
group(varlist) [, missing autotype label[(lblname[, replace truncate(♯)])]]]
```

该命令根据 varlist 中的变量创建一个新变量,新变量的值表示所属的组别。varlist 可以包含数字变量、字符串变量或两者的组合。组别的顺序根据 varlist 中变量的顺序确定。如果 varlist 中包含缺失值(missing values),可以通过使用 missing 选项来指定处理方法。默认情况下,任何包含缺失值的观测值都会被分配到新变量的缺失值组(数字型确实以.表示,字符型缺失以""表示,注意""中间无空格)。使用 autotype 选项可以指定新变量采用的数据类型(byte、int、long 或 double),以节省存储空间。label 选项可以为新变量创建值标签。新变量的整数值与 varlist 中的值或值标签进行关联,可以指定一个名称作为 label (lblname)来命名值标签。如果只使用 label 而不指定 lblname,值标签的名称将默认为新变量的名称。使用 label(…,replace)可以重新定义现有的值标签,而使用 label(…,truncate(♯))可以截断从 varlist 中的每个变量贡献给值标签的值长度,将其限制为一个整数参数♯指定的长度。不足之处在于 group(varlist)不能与 by 选项一起使用。

例 3-23　egen 命令组合 group()函数的应用。

```
sysuse auto,clear
keep make rep78 foreign         //保留 keep 后面的变量
split make, parse(" ")          //利用空格,将 make 变量下的内容分离
drop make2 make3                //将 make2 和 make3 两个变量去掉
egen group1 = group(make1)      //生成新变量 group,根据变量 make1 下的内容进行分组
egen group2 = group(make1),label //生成新变量 group,根据变量 make1 下的内容进行分组,若不
                                //加 label 选项直接显示数字
recode rep78 (1 2 = 1) (3/5 = 2) (. = 3) ,gen(newrep) //生成新变量 newrep,若 rep78 等于 1 或 2,
                                //则取值为 1;若 rep78 等于 3～5,则取值
                                //为 2
sort foreign newrep             //对 foreign 和 newrep 两个变量下的内容进行排序
egen newgroup = group(foreign newrep) //生成新变量 newgroup,根据变量 rep78 和 foreign 下的内
                                //容实现交叉分组


clear
set obs 20
gen x = _n
gen x1 = mod(x,2)               //分成 1 和 0 两组
gen x2 = mod(x,3)               //分成 0,1,2 三组
sort x1 x2
egen xg12 = group(x1 x2)
```

```
sort x2 x1
egen xg21 = group(x2 x1)          //注意变量顺序不同,分组也不同
tab xg12
tab xg21
```

习题

1. 在 Stata 软件的操作中,常见的运算符主要包括哪些?

2. 在 Stata 中变量命名需要遵循什么原则?

3. 系统变量_n 与_N 是最为常用的两个变量,分别代表什么含义?

4. 在 Stata 中,gen 和 egen 都是用于创建新变量的命令,但它们有一些区别,区别是什么?

5. 除了使用 if 或者 in 对变量值提取,还可以使用什么实现对变量值的提取?

6. cond( )函数是什么?

7. inlist 命令中的 z,其选项 values(a,b,c,...)和 name(string)的解释是什么?

8. recode 命令是什么?

9. 对变量中的观测值按大小进行排序,涉及的命令包括哪些?

第4章

变量的类型与操作转化

不同于一般的编程语言,Stata 的主要功能是实现对数据的统计和分析,因此其变量类型相对简单。在 Stata 中主要有三种变量类型,分别是数值型、字符型和日期型,还有一种比较特殊的,称为缺失值。在 Stata 主界面的属性窗口或数据编辑器中都可以看到变量的类型,也可以通过 des 命令进行查看。

(1) 数值型分为整数和浮点数,整数主要包括字节型(byte)、整型(integer)和长整型(long);浮点数包括浮点型(float)和双精度类型(double)。

(2) 字符型变量分 str * 和 strL 两种类型,其中 str * 的长度为 1~2045 字节;strL 的长度为 0~20 亿字节,字符串的使用要加双引号。

(3) 日期型(date)数据用于存储日期信息,包括年份、月份和日期等。另外,时间型(time)数据用于存储时间信息,包括小时、分钟和秒。Stata 中的时间变量通常表示从午夜开始的秒数。

(4) 缺失值通常以 . 表示。

4.1 变量类型转化

4.1.1 变量类型转化的命令

视频讲解

外部数据导入 Stata 软件之后,可能变量的类型(有时也称为数据的类型)并不符合要求,为此通常需要对不同的数据类型进行转化,如将数值型数据转化为字符型,或者将字符型数据转化为数值型,或者将日期型数据转为数值型等。

若变量本身是纯数字,但显示为字符型,则可以使用 destring 命令将字符型变量转化成数值型变量,而对于字符串变量,若想重新编码为数值型,则可以使用 encoder 命令。

destring 命令的语法为

```
destring [varlist] , {generate(newvarlist)|replace} [destring_options]
```

其中,generate(newvarlist)表示对 varlist 中的每个变量生成 newvar_1,newvar_2,…,newvar_k;replace 表示将数值变量替换 varlist 中的字符变量,generate()与 replace 指定一个即可。

destring_options 为可选项,包括 ignore("chars" [, ignoreopts]),force 等参数。

ignore("chars" [, ignoreopts])用于移除指定的非数字字符,可以是字符或字节以及非法的 Unicode 字符。

force 表示强制将纯数字字符转换成数字,将非数字字符串转换为缺失值(missing values)。

float 表示以 float 类型生成数值变量。

percent 用于去除变量中的百分号,并将该变量的所有值除以 100,将其转换为分数(小数)形式。在 percent 选项中,默认百分号(％)是 ignore()函数的参数,因此在转换前会先将百分号忽略掉。如果想要在数据中保留百分号而不进行转换,可以单独使用 ignore()函数而不使用 percent 选项。

dpcomma 表示将带有逗号作为小数分隔符的变量转换为点-小数格式。由于有些国家使用逗号(,)作为小数分隔符,而有些国家使用点(.)作为小数分隔符,dpcomma 选项用于指定将使用逗号作为小数分隔符的变量转换为使用点作为小数分隔符的变量。这样做是为了确保在不同国家或文化背景下,小数表示方式是统一的,如将 123,4 转换为 123.4。

例 4-1　纯数字的字符型变量转化为数值型变量。

```
clear
cd "D:\Stata 数据分析与建模\数据代码\第 4 章"
import excel using "城市银行.xlsx",clear first
destring, replace //将纯文字的字符型数据列转化为数值型
destring 年度, ignore("年") replace //忽略字符"年"后,数据就变成了纯数字的字符型,因此可以
                                    //转化为数值型
sort 加权平均净资产收益率
sort 流动性比率   //对数值型数据进行从小到大排序
destring 加权平均净资产收益率 流动性比率, ignore("缺失 - ") replace
                //ignore 选项可以忽略选定字符,将字符型数据转化为数字型
```

变量为数值型字符串时可以用 destring 转化,那么如果变量本身就是文字型字符串,如何转化呢?文字型字符串一般不能直接转为数值,但可以对文字进行重新"编码",如将"江苏省"编码为 1,"青海省"编码为 2 等。这里介绍的 encode、encoder 和 rencode 命令可以实现对文字型字符串的自动编码(这三个命令功能相似),并自动产生"数字-文字对应表",从而将字符型"编码"为数值型。

encode 命令的语法为

```
encode varname [if] [in], generate(newvar) [label(name) noextend]
encoder varname [if][in],[generate(newvar) label(name) noextend replace setzero]
rencode varname [if] [in], [generate(newvar) label(name) noextend replace]
```

可以看出,encode 命令没有 replace 选项,若想在"编码"后直接替换原来的变量,可以

使用 encoder 命令。encoder 命令与 encode 命令具有以下差别：encoder 命令包括 replace 选项，可以直接替换现有变量；encoder 命令的编码值默认从 0 开始，encode 从 1 开始。此外，encoderall 命令可以一次性批量转换多个字符型变量，并替换原有的字符型变量。类似的还有 rencode 命令，多个变量的"编码"可以用 rencodeall 命令。

例 4-2　纯文字的字符型变量"编码"为数值型变量。

```
cd "D:\Stata 数据分析与建模\数据代码\第 4 章"
import excel 城市银行.xlsx, clear firstrow
gen year = substr(年度,1,4)            //根据字符型数据直接生成一个纯数字的字符型数据
destring year, replace                //数字值用 destring 命令
encode 银行名称, gen(code) label(code) //重编码将字符型数据变为数值型
encoder 银行名称, replace             //实现直接替换功能
```

当然在某些情况下，需要先把数字转换成字符，然后利用处理字符的函数进行处理比较方便。这时候就需要反向操作，将数值型数据转化为字符型。Stata 提供了 tostring 命令以及 decode 命令完成这一操作。

tostring 语法结构为

```
tostring varlist, {generate(newvarlist)|replace} [tostring_options]
```

decode 的语法格式为

```
decode varname [if] [in], generate(newvar) [maxlength(#)]
```

例 4-3　数值转化为字符。

```
clear
cd "D:\Stata 数据分析与建模\数据代码\第 4 章"
shellout 年月日组合.xlsx                              //打开数据进行观察,观察后要关闭数据
import excel 年月日组合.xlsx, clear sheet("组合") firstrow   //导入数据
gen date = year + "-" + month + "-" + day           //为何出错
tostring year month day, replace                    //将数值型数据变为字符型
gen date = year + "-" + month + "-" + day
order date                                          //将变量进行排序,将 data 变量提前到第一列
gen newdate = date(date, "YMD")                     //使用 date()转为日期型类型
format newdate % td                                 //用 format 定义格式
format newdate % tdCCYY.NN.DD
browse                                              //浏览
save newdate, replace                               //保存
```

4.1.2　变量类型转化的函数

除了上面讲到的几个常用命令，Stata 还提供了不同的函数以实现数据类型的转化，包括 real(s)函数、string(n)函数、string(n,s)函数、strofreal(n)函数以及 strofreal(n,s)函数等。这些函数需要搭配 gen 命令使用，其一般语法结构为 gen newvar＝函数()，如 gen age1＝real(age)。

（1）real(s)函数可以将字符型数据转换为数值型数据或者缺失值。具体而言，如果 s 是纯数字的字符，则可以转换为数值；若 s 为字符串，则转换为缺失值。例如，real("5.2")＋1＝6.2 将字符"5.2"转化为数值 5.2，而 real("hello")＝.将字符转化为缺失值。

（2）string(n)函数可以将数值型数据转化为字符型数据，例如 string(1234567)＝"1234567"，string(4)＋"F"＝"4F"。另外，如果 string(.)＝"."缺失值也可以用 string 命令进行转化。

（3）string(n,s)函数与 string(n)函数作用类似，但可以指定转化后字符型数据的格式，例如 string(4,"%9.2f") ＝ "4.00"，string(123456789,"%11.0g") ＝ "123456789"。

（4）strofreal(n)函数是另一个将数值型数据转化为字符型数据的函数，其作用和 string(n)基本相同，如 strofreal(1234567) ＝ "1234567"，strofreal(4)＋"F" ＝ "4F"以及 strofreal(.) ＝ "."。

（5）strofreal(n,s)也是将数值 n 按照 s 规定的显示格式进行转化，其作用和 string(n,s)相同。例如，strofreal（4,"%9.2f"） ＝ "4.00"，strofreal（123456789,"%13.0gc"） ＝ "123,456,789"，strofreal(225,"not a format")＝""。

例 4-4 数值型变量转化为字符型变量。

```
clear
cd "D:\Stata 数据分析与建模\数据代码\第 4 章"
shellout 年月日组合.xlsx
import excel 年月日组合.xlsx, clear sheet("组合") firstrow
gen syear = string(year)
gen smonth = strofreal(month)
gen sopen = string(open, "%9.3f")    //注意这里虽然设置了 format,但依然是字符类型
gen copen = real(sopen)
```

4.2　特殊数据的处理

特殊数据主要是指重复值、缺失值和极端的离群观测值。在将数据类型转化为所需要的类型后，为了保证最后实证结果的可靠性，需要对这些特殊的数据进行进一步的处理。

4.2.1　重复值的处理

重复值是指数据的观测值重复出现。造成重复值的原因大多是数据采集或录入时出现重复录入的情况。在进行统计分析时，对于不需要的或者因错误导致的重复值必须去除，以保证分析结果的真实可靠。

1. 检查变量的唯一标识符：isid

isid 命令可以检查变量的唯一性，isid 允许同时检查多个唯一识别符，如果没有返回值，就说明是唯一的；如果变量的取值不唯一，就会出现红色提示 variable varlist does not uniquely identify the observations。其语法结构为

```
isid varlist [using filename] [, sort missok]
```

例 4-5 使用 isid 命令检查变量取值的唯一性。

```
cd "D:\Stata 数据分析与建模\数据代码\第 4 章"
use 上市公司财务信息.dta,clear
isid foreign          //检查单个变量
isid foreign price     //联合检查多个变量
```

2. 探查与删除重复观测值：duplicates

duplicates 系列命令可报告整个数据集或者特定变量的重复值情况，包括 duplicates report、duplicates examples、duplicates tag、duplicates list、duplicates drop 等。

duplicates report 用于报告重复值情况，其语法格式为

```
duplicates report [varlist] [if] [in]
```

duplicates examples 用于列示重复项的某一个具有代表性的观测值，并显示其所在行数及出现次数，其语法格式为

```
duplicates examples [varlist] [if] [in] [, options]
```

duplicates tag 通过生成新变量的方式标记重复项与非重复项，其语法格式为

```
duplicates tag [varlist] [if] [in], generate(newvar)
```

其中 newvar 为新产生的变量，用于定义所在行对应观测值的多余次数。

duplicates list 用于直接列出所有重复的观察结果，其语法格式为

```
duplicates list [varlist] [if] [in] [, options]
```

duplicates drop 用于删除重复值，其语法格式为

```
duplicates drop varlist [if] [in], force
```

当不加变量名时，表示对整个数据集进行剔重；反之，则表示仅对给定变量的取值进行剔除。其后跟的 force 选项，表示强制删除选定变量的重复项。

例 4-6 duplicates 系列命令的应用。

```
clear
cd "D:\Stata 数据分析与建模\数据代码\第 4 章"
use 上市公司财务信息.dta, clear
duplicates report year                  //报告变量重复情况
duplicates examples year                //列示代表性观测值
duplicates tag age, gen(copy)           //生成对应观测值重复次数变量
list age copy in 1/20                   //展示前 20 行对应变量观测值
duplicates list year                    //列出对应变量所有重复值
duplicates drop id year,force           //删除变量重复值
duplicates drop year,force              //删除变量重复值
```

在处理面板数据时,也会经常出现公司-年份重复的情况,这种情况也需要对重复值进行处理。一个代表性的例子如表 4-1 所示。在表 4-1 中第 4 行和第 5 行、第 7 行和第 8 行、第 13 行～第 15 行、第 16 行～第 18 行均出现了不同类型的观测重复。

表 4-1　重复值去除

num	code	year	type	var1	var2	var3
1	1	2015	A	140	−83	91
2	1	2016	A	120	−480	37
3	1	2017	A	105	−454	34
4	**1**	**2018**	**A**	**65**	**−112**	**171**
5	**1**	**2018**	**A**	**65**	**−112**	**171**
6	1	2019	A	117	−497	136
7	**2**	**2015**	**B**	**95**	**−32**	**−133**
8	**2**	**2015**	**B**	**95**	**−32**	**234**
9	2	2016	B	110	−152	76
10	2	2017	B	63	14	254
11	2	2018	B	79	191	90
12	2	2019	B	121	210	34
13	**3**	**2015**	**C**	**126**	**18**	**112**
14	**3**	**2015**	**C**	**126**	**18**	**112**
15	**3**	**2015**	**C**	**126**	**18**	**112**
16	**4**	**2016**	**C**	**80**	**−20**	**−220**
17	**4**	**2016**	**C**	**80**	**−20**	**−220**
18	**4**	**2016**	**C**	**80**	**−20**	**−220**

对于表中不同情形的重复值如何处理呢? 下面结合每个具体情形给出对应的处理方案和代码。

例 4-7　去除重复值。

```
* 情况一:当一条样本的观测均与另一条或多条样本重复时,如数据集中的第 4 行和第 5 行,完全重复了,使用对应的重复变量进行删除,删除的程序如下:
clear
cd "D:\Stata 数据分析与建模\数据代码\第 4 章"
use 重复值去除.dta, clear
duplicates drop code year, force     //这里直接使用 duplicates drop code year
* 情况二:如果样本的重复值是规律性的,如 code 中 3 和 4 的情况,此时使用
use 重复值去除.dta, clear
bysort code :gen nn = _n
keep if nn == 1    //注意 code 中 1 和 2 的变化,因此这种做法需要所有数据在类别内的取值都完全重复
* 或者
use 重复值去除.dta, clear
duplicates drop code year, force     //效果更好,但默认保留重复的第一个值,如 code 中的 2 保留
                                     //了第 7 行,删除了第 8 行
* 如需要保留 code 中代码 2 中 var3 重复值的最大值,可以使用命令先排序 sort code year var3,再
删除
```

```
use 重复值去除.dta, clear
gsort code year - var3                //倒序排序
duplicates drop code year, force
sort code year
*情况三:当一条样本的部分观测与另一条或多条样本重复时,且无法判断哪一条更为重要或不在
意保留哪一条时,由于不同个体(对应不同 code year)可能在某个变量 keyvar 有相同的取值,而想要
删除的是同一个个体(相同 code 的不同样本)出现多条样本时,keyvar 的取值不同,此时可以使用
duplicates tag 命令标记重复的观察值,并使用 gen() 选项产生新变量用以记录标记情况删除重复
的观察值 (这两步可以合为一步)
use 重复值去除.dta, clear
duplicates tag code year, g(dtag)     //生成重复次数变量
bys code year : gen count = _n        //生成重复组的顺序变量
keep if count == 1
```

4.2.2　缺失值的处理

视频讲解

缺失值是数据处理过程中常见的一种类型。在 Stata 中数值型变量一般用".."表示缺失值,字符型变量一般用空值""表示缺失值且缺失值被认为是无限大的数(在逻辑关系比较中要特别注意)。有些命令如 sum、regress、generate 等会自动忽略缺失值;有些命令如 count 和 keep 则会将缺失值视为一个无穷大的数值,使用过程中要特别注意。

1. 缺失值的转化

在有些原始数据文件中,缺失值不是用"."或者空值来表示的,而是用-9996、-95、"-"等符号来表示。为了便于 Stata 的处理,一般要将其全部替换为".",当然也可以将"."替换为-9996,对应的命令为 mvencode,示例如下:

```
mvencode _all, mv( - 9996)     //将缺失值改为数值 - 9996,_all 表示所有变量
mvdecode _all, mv( - 9996)     //将数值 - 9996 改为缺失值
```

2. 查找缺失值

查找缺失值的命令比较多,比如前面介绍过的 codebook、sumup 等均可以显示缺失值的信息。比较简洁且常用的命令是 mdesc(外部命令,需要安装),另外一个常用的查找缺失值的命令是 misstable summarize,该命令还可以进行缺失值的基本统计,其语法结构为

```
misstable summarize [ varlist ] [ if ] [ in ] [, summarize_options]
```

例 4-8　查找缺失值。

```
cd "D:\Stata 数据分析与建模\数据代码\第 4 章"
use 上市公司财务信息.dta,clear
mdesc                         //查看所有变量的缺失情况
misstable summarize           //所有变量
misstable sum finratio        //指定变量
*此外,mistable pattern 命令可以列示缺失值的具体形式,语法结构为
* misstable patterns [ varlist ] [ if ] [ in ] [, patterns_options]
```

```
misstable pattern                    //列示所有变量缺漏值的具体形式
misstable pattern, bypat             //对缺漏类型进行分类
* misstable tree 命令可以详细列示缺失值的具体形式,语法结构如下:
* misstable tree [varlist] [if] [in] [, tree_options]
misstable tree age in 1/1000, freq   //用于详细列示 age 变量缺失值的具体形式及各个缺失值
                                     //的频数
```

3. 删除(标记)缺失值

删除缺失值没有直接的命令,但可以使用 missing()、rmiss()以及 rowmiss()三类函数对缺失值进行处理和删除。

例 4-9 删除(标记)缺失值。

```
clear
cd "D:\Stata 数据分析与建模\数据代码\第 4 章"
use 上市公司财务信息.dta,clear
misstable summarize             //所有变量
* missing()函数
drop if missing(roa)            //missing(x1,x2,...,xn),参数中有缺失值则返回 1,否则为 0
* rmiss()函数
egen miss = rmiss(tobin roa roe) //rmiss()参数中存在缺失值则返回 1
list finratio debt in 1/50
drop if miss!= 0                //!= 表示不等于,删除 miss 变量中不为 0 的数
* rowmiss()函数
egen mis = rowmiss(_all)        //按行统计缺失值
```

4. missings 命令

missings 命令的主要作用是对数据变量的缺失情况进行统计、列示、标记以及删除,在处理表格时大大简化了人工处理流程,提升了处理效率。其语法格式为

```
missings report [varlist] [if] [in] [, common_options observations minimum(♯) percent format
(format) identify(varlist) sort show(♯) list_options]
```

主要功能可以使用如下命令实现:

```
missings report            //报告变量中缺失值情况
missings list              //列出观察值中缺失值的情况
missings table             //按照变量中缺失值的个数报告表格
missings tag               //生成一个变量,其中包含变量中每个观察值中缺失值的数量
missings dropvars          //删除变量中所有值都缺失的任何变量
missings dropobs           //删除所有变量在同一观察值都缺失的观察值
```

4.2.3 离群值

所谓离群值没有统一的定义,一般是指比较大或者比较小的极端值,如大于平均值 3 倍标准差以外的值。离群值对实证结果的可靠性有很大的影响,需要谨慎处理。对于离群值的处理一般有三种方法:一是直接删除;二是对变量进行对数变换;三是使用 winsor2 命

令进行缩尾处理,winsor2 的语法结构为

```
winsor2 varlist [if] [in], [ suffix(string) replace trim cuts( # # )by(groupvar) label]
```

例 4-10 离群值的处理。

```
clear
cd "D:\Stata 数据分析与建模\数据代码\第 4 章"
use 上市公司财务信息.dta,clear
drop if debt >= 1                    //直接删除
gen logincome = log(income)          //取对数
winsor2 debt tang, replace cuts(1 99)    //在 1% 和 99% 分位数处进行缩尾,即将小于 1% 分位的
                                     //数值替换为 1% 上的数值,而将大于 99% 分位的数值替
                                     //换为 99% 上的数值
sum debt, d                          //以 debt 为例查看处理后的数据
```

4.3　变量格式的设定

变量的格式包括显示格式、对齐方式、小数点位数等,可以使用 Stata 提供的 format 命令进行设置。format 命令用于控制数据在输出结果中的显示格式。通过使用不同的格式,可以自定义在 Stata 中生成报告、表格或图形时数据的呈现方式。选择合适的格式对于准确有效地显示数据非常重要。允许定义变量的外观,包括数字格式、日期格式以及字符串格式等。

4.3.1　format 命令简介

在 Stata 中,变量的格式可以通过 format 命令进行设定,其语法结构为

```
format varlist % fmt 或 format % fmt varlist
```

其中,varlist 是一个或多个要设置格式的变量的列表,可以使用通配符来指定多个变量。例如,var * 表示所有以 var 开头的变量,var1-var5 表示从 var1 到 var5 的所有变量。%fmt 可以是数字、日期或字符串格式中的任意一种。

数字格式用于数值型变量,包括整数和浮点数,可以控制在输出结果中如何显示数字,可以指定数字的总宽度以及小数位数(如果适用)。例如,%9.2f 是一种数字格式,显示浮点数,总宽度为 9 个字符,其中有 2 位小数。

字符串格式用于字符串型变量,存储文本或字符数据。它可以控制在输出结果中如何显示字符串,可以指定字符串的总宽度。例如,%10s 是一种字符串格式,显示一个长度为 10 个字符的字符串。

日期格式用于日期型变量,表示以不同格式展示日期。可以控制在输出结果中如何显示日期,可以指定日期中天、月、年的顺序以及分隔符,例如连字符或斜杠。例如,%td 是一种日期格式,以 "年-月-日" 的形式显示日期。

工作日历格式这是日期格式的一种扩展，专门用于处理工作日或营业日，不包括周末和假期。Stata 提供特殊的工作日历格式，例如%tq(季度工作日历)或%tw(周工作日历)。

4.3.2 format 设定格式的常见类型

在 format varlist %fmt 的语法结构中，%fmt 的常见设定可以归纳如表 4-2 所示。

表 4-2 数据格式设定说明

数值型格式设定

%fmt 格式	说　　明	举　　例
%#.#g	常规格式(general)	format varlist%9.0g
%#.#f	定点数格式(fixed)	format varlist%9.2f
%#.#e	科学记数法格式(exponential)	format varlist%10.7e
%#.#gc	常规格式(general)，并使用千位分隔符	format varlist%9.0gc
%#.#fc	定点数格式(fixed)，并使用千位分隔符	format varlist%9.2fc
%0#.#f	定点数格式(fixed)	format varlist%09.0f

上面%fmt 格式中的第一个♯表示占据的宽度，第二个♯表示小数点个数，如%9.2f 将以总宽度 9 个字符显示浮点数，并保留 2 位小数

日期型格式设定

%tc[details]	日期时间格式(datetime)	format datevar %tc
%tC[details]	日期时间格式(datetime)	format datevar%tC
%td[details]	日期格式(date)	format datevar%td
%tw[details]	周格式(week)	format datevar%tw
%tm[details]	月格式(month)	format datevar%tm
%tq[details]	季度格式(quarter)	format datevar%tq
%ty[details]	年格式(year)	format datevar%ty

字符型格式设定

%#s	string	format strvar%15s

注：① ♯表示数值，如 1,2,3,…；②format 默认右对齐，如设置为左对齐则在%后面加"-"，如%-9.3f；③关于日期/时间型格式更详细的设定参考 help datetime_display_formats。

例 4-11 数值型变量格式的设定。

```
clear
sysuse auto,clear
format price %10.3f        //将变量的列宽固定为10,取三位小数
format mpg %10.3g         //将变量的列宽固定为10,有效数字取三位
format weight %10.3e       //将变量的列宽固定为10,采用科学记数法
format rep78 %02.0f        //将变量的列宽固定为2,不足部分以 0 补齐
gen price2 = price * price
format price2 %10.3fc      //将变量的列宽固定为10,取三位小数,加入千分位分隔符
format headroom %-8.2f     //将 price 变量的列宽固定为8,取两位小数,左对齐
edit                      //查看数据
```

字符型变量格式的设定与数值型变量格式的设定大同小异。

例 4-12 字符型变量格式的设定。

```
clear
sysuse auto,clear
format make %23s
format make %-23s
edit    //查看数据
```

日期的 format 以%t 打头,主要包括%ty[detials],表示年份;%th[detials],表示半年;%tq[detials],表示季度;%tm[detials],表示月份;%tw[detials],表示周;%td[detials],表示天;%tc(%tC)[detials],表示秒。上述均默认右对齐,左对齐加上-即可,如%-td[detials]。具体日期[detials]的设置,参考 help datetime_display_formats。

例 4-13 日期型变量格式的设定。

```
clear
cd "D:\Stata 数据分析与建模\数据代码\第 4 章"
import excel 年月日组合.xlsx, clear sheet("组合") firstrow
tostring year month day, replace      //将数值型数据变为字符型
gen date = year + "-" + month + "-" + day
order date                             //将变量进行排序,将 data 变量提前到第一列
gen newdate = date(date, "YMD")        //使用 date()转为日期型类型
format newdate %td                     //用 format 定义格式
format newdate %tdCCYY.NN.DD
browse                                 //浏览
save newdate, replace                  //保存
```

除了变量本身的格式设定,还经常需要对统计的显示结果进行设定,如要求回归的结果均为三位或四位小数。回归结果格式的设定命令和前面变量的数据格式设定命令不同,需要使用 set 命令进行相关格式的设定。set cformat 用于设定回归结果中系数的显示格式,set pformat 用于设定回归结果中 p 值的显示格式,set sformat 用于设定回归结果中标准误差的显示格式。具体语法结构如下:

```
set cformat [fmt] [, permanently]
set pformat [fmt] [, permanently]
set sformat [fmt] [, permanently]
```

例 4-14 回归结果格式设定。

```
clear
sysuse auto,clear
reg price weight mpg          //多元回归
set cformat %4.2f             //固定系数列宽为 4,保留两位小数
set pformat %4.2f             //固定 p 值列宽为 4,保留两位小数
set sformat %4.2f             //固定 se 值列宽为 4,保留两位小数
reg price weight mpg          //多元回归
set cformat                   //恢复默认值
set pformat                   //恢复默认值
set sformat                   //恢复默认值
```

4.4　时间序列变量操作符

时间序列变量是统计学和计量经济学中常见变量类型,指的是在一段时间内按照一定的时间顺序观测或测量得到的数据集合,如一只股票在一个交易日的价格,一个国家在近二十年的 GDP,一个地区每日的平均气温等。时间序列变量具有两个基本的要素:时间点(年、月、日、时等)以及与时间点对应的变量数值。这种数据集合的特点是,各个观测点之间存在时间上的先后关系,并且时间间隔通常是均匀的。时间序列变量广泛应用于经济学、金融学、社会科学、自然科学、气象学等领域。在数据初步处理阶段,对时间序列变量常用的操作有前移、滞后、差分及季节调整等,对应的 Stata 操作命令称为时间算子或时间序列操作符(time-series operators),主要相关操作如表 4-3 所示(可以通过 help tsvarlist 命令查阅详情)。

表 4-3　时间序列操作符

操　作　符	含　　义
L. x	一期滞后:lag(x_t-1)
L2. x	二期滞后:lag(x_t-2)
L♯. x	♯期滞后:lag(x_t-♯)
F. x	一期前移:lead(x_t+1)
F2. x	二期前移:lead(x_t+2)
F♯. x	♯期前移:lead(x_t+♯)
D. x	一阶差分:(x_t－x_t-1)
D2. x	二阶差分:(x_t－x_t-1)－(x_t-1－x_t-2)
D♯. x	♯阶差分:(x_t－x_t-1)－(x_t-1－x_t-♯)
S. x	"seasonal" difference(x_t－x_t-1)
S2. x	lag-2(seasonal)difference(x_t－x_t-2)
…	…

关于时间序列操作符有以下几点说明。

(1) 时间序列操作符可以重复和组合使用。如 L3. gnp 表示变量 gnp 的第三个滞后值,LLL. gnp,LL2. gnp 和 L2L. gnp 同样表示 gnp 的第三个滞后值。

(2) 领先操作符(有时称为前向或前移操作符)F. 是滞后操作符 L. 的补充,因此 FL. gnp 就等于 gnp 本身。

(3) 需要注意的是,D1. gnp 等于 S1. gnp,但是 D2. gnp 不等于 S2. gnp,因为

D2. gnp ＝(gnp_t－gnp_t-1)－(gnp_t-1－gnp_t-2)＝ gnp_t-2 * gnp_t-1 ＋ gnp_t-2

S2. gnp ＝(gnp_t－gnp_t-2)

(4) 操作符可以大小写混合使用,操作符也可以按任意顺序连续使用。

(5) 操作符♯还可以表示为♯/♯的形式,表示一个连续的数值序列。例如,L(1/3). gnp 与 L. gnp L2. gnp L3. gnp 是相同的。

(6) 在操作符♯中,将♯设为零将返回变量本身,因此可以通过输入 L(0/3). x 代替

regress y x L(1/3).x 来节省一些按键。

（7）应用中,注意时间序列操作符中的时间点缺失问题。如无论数据集中是否有缺失观测,L2.gnp 表示 gnp_t-2。下面以表 4-4 的数据集为例,注意 1992 年的观测值缺失了。

表 4-4　时间序列操作符对缺失值的处理

year	gnp	L2. gnp	结 果 解 读
1989	5452.8	.	. 是 1987 年的滞后值
1990	5764.9	.	. 是 1998 年的滞后值
1991	5932.4	5452.8	5452.8 是 1989 年的滞后值
1993	6560.0	5932.4	5932.4 是 1991 年的值
1994	6922.4	.	. 是 1992 年的值
1995	7237.5	6560.0	6560.0 是 1993 年的值

（8）在使用时间序列操作符之前,必须使用 tsset 声明时间变量。此外,时间序列操作符也适用于面板数据。

例 4-15　时间序列操作符的应用。

```
sysuse sp500,clear
tsset date
gen lopen = L.open            //时间序列数据的滞后
gen l2open = L2.open
gen llopen = LL.open
gen l3open = L3.open
gen fhigh = F.high
gen f2high = F2.high
gen ffhigh = FF.high
gen dlow = D.low
gen ddlow = DD.low
gen d2low = D2.low
gen slow = S.low
gen s2low = S2.low

cd "D:\Stata 数据分析与建模\数据代码\第 4 章"
use "上市银行 2005 - 2020 年数据.dta",clear
keep i t 资产负债率
drop if t < = 2015           //为便于观察,少一些年份
rename 资产负债率 debt
xtset i t                     //设定为面板数据
gen ldebt = L.debt           //面板数据的滞后
gen l2debt = L2.debt
gen d_debt = D.debt          //面板数据的差分
gen d2_debt = D2.debt
```

视频讲解

4.5　因子变量操作符

因子变量(factor variables)是对现有变量的扩展。实证分析中,经常需要在模型中加

入反映类别的虚拟变量,以便控制不可观测的组间差异。而在另一些分析中,为了刻画调节效应,需要在模型中加入变量的交乘项或平方项。在 Stata 中,可以使用因子变量简化操作步骤,快捷地在回归模型中加入虚拟变量、交乘项、平方项或高次项。当一个命令允许使用因子变量时,除了输入数据中的变量名称,还可以输入因子变量。虽然这些变量在数据集中并不存在,但可以利用因子变量操作符直接添加到相应的命令中。应用因子变量操作符的分类变量必须包含非负整数。因子变量的运算符及含义如下(更详细的信息可查阅 help fvvarlist):

i. 表示类别变量的一元运算符;

c. 表示连续变量的一元运算符;

♯表示交乘项的二元运算符(在模型中仅包含交乘项);

♯♯表示两个变量及其交乘项的二元运算符(在模型中既包含交乘项,也包含原始变量)。

下面举例说明因子变量操作符的应用。

假如 group、sex、arm 及 cat 为类别变量,age、wt 及 bp 为连续变量,则各因子变量的操作符含义如下。

i. group 表示创建组别 group 的指示(类别)变量,每个组都有一个对应的虚拟变量。

i. group♯i. sex 或 group♯sex 表示创建 group 和 sex 之间的二阶交互项,即组别和性别的每种组合都有一个指示变量。

group♯sex♯arm 表示创建 group、sex 和 arm 之间的三阶交互项,即组别、性别和 arm 的每种组合都有一个指示变量。

group♯♯sex 等同于 i. group i. sex group♯sex,即创建 group 的指示变量和 sex 与 group 之间的二阶交互项。

group♯♯sex♯♯arm 等同于 i. group i. sex i. arm group♯sex group♯arm sex♯arm group♯sex♯arm,即创建 group 的指示变量,sex 与 group 之间的二阶交互项,以及 arm 与 group 和 sex 之间的二阶交互项和三阶交互项。

sex♯c. age 表示创建一个性别的指示变量,同时创建一个与年龄相关的虚拟变量。对于男性,虚拟变量对应于年龄,对于女性,虚拟变量对应于 0。如果模型中也包含年龄变量,Stata 将会将两个虚拟变量中的一个视为基准变量。

sex♯♯c. age 等同于 i. sex age sex♯c. age,即创建性别的指示变量,并且加入一个与年龄相关的虚拟变量。

c. age 等同于 age,即代表年龄本身。

c. age♯c. age 代表年龄的平方。

c. age♯c. age♯c. age 代表年龄的立方。

i. (group sex arm)等同于 i. group i. sex i. arm。

group♯(sex arm cat)等同于 group♯sex group♯arm group♯cat。

group♯♯(sex arm cat)等同于 i. group i. sex i. arm i. cat group♯sex group♯arm group#cat。

　　group#(c. age c. wt c. bp)等同于 i. group group#c. age group#c. wt group#c. bp。

　　group#c. (age wt bp)等同于 group#(c. age c. wt c. bp)。

　　这些示例演示了如何使用因子变量操作符创建虚拟变量、连续变量及其交互项。这些变量在回归分析和其他估计命令中可以被使用。

例 4-16　因子变量操作符的应用。

```
sysuse auto, clear
reg price i.rep78                  //将 rep78 视为类别变量分成 2、3、4、5 分别进行回归
reg price c.rep78                  //将 rep78 视为连续变量进行回归
reg price i.rep78#i.foreign
reg price i.rep78##i.foreign
reg price c.mpg#c.trunk
reg price c.mpg##c.trunk
reg price i.foreign##c.weight      //常用于生成交叉项
```

习题

　　1. 若变量本身是数字但显示为字符型,使用什么命令将其转化为数值型?

　　2. Stata 还提供了哪些函数以实现数据类型的转化?

　　3. real(string)函数的功能是什么?

　　4. 特殊数据的处理包括哪些?

　　5. 处理重复观测值的相关命令有哪些?

　　6. 在 Stata 中缺失值指什么?

　　7. 处理缺失值要注意什么?

　　8. 处理离群值一般有几种方法?

　　9. winsor2 的语法结构是什么?

　　10. format 命令指的是什么?

第**5**章

数 据 重 构

数据重构是指将数据按照一定的规则或要求进行转换、整合，以适应特定的数据分析或数据挖掘任务。数据重构的目的是使数据更具有可分析性、可理解性和可利用性。经过数据重构，原始数据可以被转化为更易于分析和理解的形式，从而使得分析或挖掘的效率更高，结果更准确。本章涉及的数据重构的内容主要包括数据拆分、数据合并、数据长宽转化、数据转置以及数据的变列操作。

5.1 数据拆分

数据拆分主要利用 keep 命令和 drop 命令结合 if 与 in 实现对数据子集或者子样本的提取。数据拆分可以分为横向拆分与纵向拆分两种情形。横向拆分根据变量进行拆分，纵向拆分则根据数据的观测值进行拆分。

5.1.1 横向拆分数据

横向拆分在操作上把满足要求的变量和其对应的数据提取为一个单独的数据集即可。这里以本章数据文件夹下的"上市公司财务信息.dta"数据为例进行说明。上市公司信息相关的数据可以在国泰安数据库、Wind 数据库下载得到。本章使用的"上市公司财务信息.dta"经过了脱敏处理，并对相关变量的数据进行了微调。该数据集包括证券代码(id)、年份(year)等企业基本信息，金融资产持有比例(finratio)、总负债率(debt)、营业收入(income)等财务变量信息，以及所在的地区(area)、省份(prov_new)、行业(sic_men)及股权性质(EquityNatureID_p)等属性变量信息。要求将"上市公司财务信息.dta"数据集分成三个子数据文件，分别为数据信息文件 finance.dta、行业区域信息文件 indusregion.dta 和产权性质文件 property.dta。

例 5-1 横向数据拆分。

```
cd "D:\Stata 数据分析与建模\数据代码\第 5 章"
use 上市公司财务信息.dta,clear    //打开数据文件
drop sic_men sic_da area prov_new city1 Lng Lat city_reg EquityNatureID_p Ownership_p govcon2_p
```

```
                              //将 drop 后的变量数据删掉
save finance.dta, replace     //将删除后的数据集命名,并保存到当前路径

*将"上市公司财务信息.dta"拆分成行业区域信息文件 indusregion.dta
use 上市公司财务信息.dta,clear    //打开数据文件
keep id year sic_men sic_da area prov_new city1 Lng Lat city_reg   //保留 keep 后的变量数据
save indusregion.dta, replace     //将当前数据集重新命名,并保存到当前路径

*将"上市公司财务信息.dta"拆分成产权性质文件 property.dta
use 上市公司财务信息.dta,clear    //打开数据文件
keep id year EquityNatureID_p Ownership_p govcon2_p //保留 keep 后的变量数据
save property.dta, replace     //将当前数据集重新命名,并保存到当前路径
```

5.1.2 纵向拆分数据集

纵向拆分在操作上把满足要求的观测值单独保存为一个数据集即可。这里仍然以"上市公司财务信息.dta"的数据为例,要求根据变量 area 的信息(area 的取值为 1、2、3,分别代表了东部地区、中部地区和西部地区)将整个样本分成三个数据文件,分别代表东部地区数据集 dong.dta、中部地区数据集 zhong.dta 和西部地区数据集 xi.dta。

例 5-2 纵向数据拆分。

```
cd "D:\Stata 数据分析与建模\数据代码\第 5 章"
use 上市公司财务信息.dta,clear          //打开数据文件
keep id year debt tang roa area city_reg      //保留 keep 后的变量数据
preserve //preserve 和下面的 restore 连用,可以在操作结束后恢复 preserve 之前的数据
keep if area == 1                 //1 代表东部地区
save dong.dta, replace            //将当前数据集重新命名,并保存到当前路径
restore
preserve
keep if area == 2                 //2 代表中部地区
save zhong.dta, replace           //将当前数据集重新命名,并保存到当前路径
restore
preserve
keep if area == 3                 //3 代表西部地区
save xi.dta, replace              //将当前数据集重新命名,并保存到当前路径
```

5.2 数据合并

数据合并分为纵向数据合并与横向数据合并,它们是数据拆分的反向操作。纵向数据合并是把变量相同、来源不同的数据纵向合并为一个整体。比如学校要统计期末考试成绩,不同的班级均涉及学生姓名、学生学号及期末成绩三个变量信息,因此将这三个变量所在班级的观测结果进行纵向合并就得到了全校的数据。横向数据合并是以特定的变量为关键词,对数据进行匹配。比如学校的期末考试成绩数据文件有学生的姓名、学号及期末成绩信息,现在学校想把学生的期末考试成绩数据和期中考试成绩数据进行合并(期中考

试成绩数据也包含学生姓名和学号的信息），直接合并是肯定不行的。我们可以根据学生的姓名将期末成绩和期中成绩进行匹配，为防止同名的情况发生，最为保险的方法是根据"学生姓名-学生学号"两个关键词，将学生的期末成绩和期中成绩进行匹配，达到横向合并的目的。

5.2.1　纵向合并数据

纵向合并数据是纵向拆分的反向操作，指将不同来源的数据在观测值的维度上进行合并，一般要求这些不同来源的数据完全具有相同的变量名。

1. 使用 append 命令合并 dta 文件

Stata 软件默认的数据格式是 dta 文件，在 Stata 中纵向合并 dta 文件使用的命令为 append，该命令的语法为

```
append using filename [filename ...] [, options]
```

其中，filename 表示文件名；options 为功能选项，主要包括 force 选项和 gen(newvar) 选项。force 选项用于强制合并两个不同类型的变量，而不报错。gen(newvar) 选项用于生成一个新的变量 newvar，并显示观测值的来源文件，0 为合并之前内存中的数据，1 为第一个合并的数据，2 为第二个合并的数据。

例 5-3　将东部、中部、西部数据进行合并。

```
* 将前面拆分的东部、中部、西部数据进行合并
cd "D:\Stata 数据分析与建模\数据代码\第 5 章"
use dong, clear              //打开数据文件
append using zhong           //append using 加文件名，将数据进行纵向合并
append using xi              //append using 加文件名，将数据进行纵向合并
save area, replace           //将当前数据集重新命名，并保存到当前路径
* 也可以直接用 append
clear
append using dong   //当内存中没有数据时，直接使用 append 相当于读入数据(和一个空数据直接拼接)
append using zhong
append using xi
save area1, replace
* 进一步简写
clear
append using dong zhong xi //东部、中部和西部地区的数据会依次排序衔接下去
save area2, replace
* 选项 force、gen
use dong, clear
tostring debt, replace       //把数值转化为字符型
append using zhong, force gen(appvar)
save area4, replace
```

2. 用 openall 命令合并 dta 与 vcs 文件

openall 为外部命令，可以对 dta 与 csv 格式的多个数据集进行纵向合并，实现批量纵向

合并的功能,在面对海量的文件合并时,能很好地提高工作效率。该命令的语法结构为

```
openall [files], [directory(string)] [storefilename(string)] [insheet]
```

其中,files 表示文件名,可结合通配符 * 和? 使用。需要注意的是,这里不能指定文件的扩展名,如“.dta”“.csv”等。其选项功能主要包括 directory 参数、storefilename 参数以及 insheet 参数等。directory 定义要合并文件所在的路径,若不指定则默认为当前工作目录。storefilename 用于生成一个新的变量,标识数据来源。insheet 用于指定合并文件的类型为 csv 格式。

另外需要注意的是,openall 命令可自动清除当前内存中的数据,然后纵向合并指定的文件。该命令的主要使用方法示意如下。

```
openall *     // * 表示默认路径下所有 dta 文件
openall       //等价于 openall *,合并路径下所有 dta 文件
count         //显示观测值
openall , storefilename(source) //新生成一个变量 source,显示观测值的文件来源
tab source    //将所选数据表格化
openall ?, storefilename(source) //合并当前路径下文件名为一个字符的所有 dta 文件
tab v         //将所选数据表格化
openall *, directory(cd "D:\Stata 数据分析与建模\数据代码\第 5 章\openall")
              //定义要合并文件所在的路径
openall, insheet storefilename(source) directory(cd "D:\Stata 数据分析与建模\数据代码\第 5
章\openall") //合并当前路径下所有的 csv 文件,insheet 用于指定合并文件的类型为 csv 格式
```

类似的命令还有 csvconvert,该命令用于将多个 csv 格式文件合并为一个 dta 格式文件,csvconvert 命令比较适合处理具有时间周期性特点的变量。

3. 合并 xls 或 xlsx 文件

对于 xls 或 xlsx 类型的文件需先使用 import excel 命令转化为 dta 文件,再使用 append 命令进行合并,也可以使用 xls2dta 命令实现批量操作。

例 5-4 合并 xls 文件。

```
clear
cd "D:\Stata 数据分析与建模\数据代码\第 5 章"
shellout FS_Combas－1.xls //shellout 命令可以直接从 Stata 内部打开一个文件
*转化第一个 excel 文件,这里仅以 FS_Combas－1.xls,FS_Combas－2.xls 为例
import excel using FS_Combas－1.xls, first case(lower) clear //打开 Excel 文件,first 表示将
                                                            //Excel 第一行的数据作为变量
                                                            //名,case(lower)表示将所有大
                                                            //写字母变小写

labone , nrow(1)        //将第一行变为标签
drop in 1/2             //删除前两行
save f1.dta, replace    //保存
*转化第二个 excel 文件
import excel using FS_Combas－2.xls, first case(lower) clear
labone , nrow(1)
drop in 1/2
```

```
save f2.dta, replace
* 文件合并
clear                          //合并之前,清空内存
append using f1.dta
append using f2.dta            //这两步可合并为1步:append using f1 f2
count                          //查看内存中观测值总数
save 资产负债表,replace
* 进一步处理
destring , replace             //转化为数值
split accper, p("-")           //根据-的字符将日期新建成字符型的年份、月份、日的数据
destring , replace
encode typrep, gen(type)       //encode(字符编码为数值)
erase f1.dta
erase f2.dta
```

5.2.2 横向合并与匹配

视频讲解

横向数据合并是横向拆分的反向操作,根据关键变量将不同来源的数据文件进行整合。如将来自不同数据库的上市公司信息,根据上市公司的代码和年份实现合并;将来自不同数据库的省份或城市统计指标依据省份或城市进行合并等。

1. 横向合并数据

merge 命令是 Stata 中一个用于横向合并数据的命令。它可以将两个数据集按照某个或某些变量进行合并,其中一个数据集称为"主数据集",另一个数据集称为"副数据集"。如果某个观测值在主数据集中存在但在副数据集中不存在,那么这个观测值将被保留在主数据集中,但是在副数据集中不存在的变量值将被设为缺失值。merge 命令可以对数据进行一对一、一对多、多对一以及多对多等多种类型的合并。

一对一合并:

```
merge 1:1 varlist using filename [, options]
```

一对多合并:

```
merge 1:m varlist using filename [, options]
```

多对一合并:

```
merge m:1 varlist using filename [, options]
```

多对多合并:

```
merge m:m varlist using filename [, options]
```

其中,1:1、1:m、m:1 等为合并类型,分别代表一对一、一对多、多对一以及多对多的匹配。varlist 为合并的依据,即所谓的"关键字"(一个或多个变量)。using 后面是副数据集的文件名,即 filename。options 是一些可选的参数,比如 keep、drop 等。在匹配后,Stata

会生成一个名为_merge的变量,用于标识匹配的结果。_merge=1 表示正在使用的数据,_merge=2 表示合并的数据,_merge=3 表示成功合并的数据。需要注意的是,在使用 merge命令前,要确保两个数据集至少有一个共同变量,否则无法进行匹配。

(1)一对一横向合并。

将上市公司的数据信息文件 finance. dta、行业区域信息文件 indusregion. dta 和产权性质文件 property. dta 按照上市公司的公司代码和年份进行合并。

例 5-5 一对一合并数据。

```
cd "D:\Stata 数据分析与建模\数据代码\第 5 章"
use finance.dta, clear
merge 1:1 id year using indusregion.dta //根据 id year 变量用 merge 1:1 进行一对一合并
keep if _merge == 3 //合并后会生成_merge变量,其中_merge == 3 代表合并成功的观测,keep if _m
                    // == 3 只保留合并成功的数据
drop _merge            //删除_merge 变量
merge 1:1 id year using property.dta
keep if _merge == 3
drop _merge
save hebing1.dta, replace
```

将上市公司的资产负债表、利润表与现金流量表进行横向合并。

例 5-6 横向合并财务报表。

```
cd "D:\Stata 数据分析与建模\数据代码\第 5 章"
use 资产负债表,clear
merge 1:1 stkcd year using 利润表
keep if _merge == 3
drop _merge
merge 1:1 stkcd year using 现金流量表
keep if _merge == 3
drop _merge
save hebing2.dta, clear
```

(2)多对一(一对多)横向合并。

多对一合并中的"多"是指 varlist 中有重复取值的那一个文件,"一"指 varlist 中有唯一取值的那一个文件。

例 5-7 将企业财务信息与行业信息进行横向合并。

```
*1:m 与 m:1 这两个是等价的,区别在于先导入哪个文件
cd "D:\Stata 数据分析与建模\数据代码\第 5 章"
use 上市公司经营活动.dta,clear
merge m:1 stkcd using 行业分类 //m 指 varlist 中有重复取值的那一个文件,1 指 varlist 中有唯一
                            //取值的那一个文件,这里"上市公司经营活动"文件中的股票代码
                            //stkcd 是重复的,而"行业分类"文件中的 stkcd 是唯一的
keep if _m == 3
use 行业分类,clear
merge 1:m stkcd using 上市公司经营活动    //m 指 varlist 中有重复取值的那一个文件,1 指
                                      //varlist 中有唯一取值的那一个文件
keep if _m == 3
```

（3）多对多合并横向合并。

使用 merge 命令进行多对多合并容易出现意料之外的情形，因此不建议使用该命令进行多对多合并，示例如下。

例 5-8 多对多合并 m：m。

```
cd "D:\Stata 数据分析与建模\数据代码\第 5 章"
clear
input id str3 v1
1 "a"
1 "b"
1 "c"
2 "d"
2 "e"
end
save 1.dta, replace
clear
input id str3 v2
1 "f"
1 "g"
2 "h"
2 "i"
2 "j"
end
save 2.dta, replace
* 直接用 merge m:m 横向合并数据
use 1.dta, clear
merge m:m id using 2.dta
drop _m //观察合并结果后发现这个命令合并的结果没有太大意义，一般不建议使用
```

当需要横向合并的数据集比较多的时候，可以使用 mergemany 命令，该命令可以一次性横向合并多个文件数据集，其语法格式为

```
mergemany 1:1 filename1 filename2..., match(varlist) [options]
```

其中 filename1、filename2...，表示文件名；options 表示选择项，包括 match(varlist)、saving(filename)、all、verbose、import(filetype)等。各参数说明如下。match(varlist)指定合并依据(关键字)，此选项必须指定。

saving(filename)表示保存合并结果并指定文件名为 filename；

all 表示合并当前路径中的所有文件；

verbose 用于创建一个变量来标记合并结果，变量名为_merge_filename。

import(filetype)表示允许非.dta 文件直接导入和合并。

例 5-9 合并资产负债表、利润表、现金流量表。

```
cd "D:\Stata 数据分析与建模\数据代码\第 5 章"
* 使用 merge 依次合并
clear
use 资产负债表,clear
```

```
merge 1:1 stkcd year using 利润表
keep if _m == 3
drop _m //不删除要出错,变量名冲突
merge 1:1 stkcd year using 现金流量表
keep if _m == 3
drop _m
save 财务报表 1, replace
count
* 使用 mergemany 一次性横向合并多个文件
* ssc install mergemany,replace
clear
mergemany 1:1 资产负债表 利润表 现金流量表, match(stkcd year) //合并资产负债表、利润表、现金
                                                    //流量表三个 dta 文件
save 财务报表 2,replace
count    //发现与上面 merge 1:1 不一样,原因在于_merge == 1 与_merge == 2 在 mergemany 中保留
         //了,而 merger1:1 的操作只保留了_merge == 3 的观测值
clear
mergemany 1:1 资产负债表 利润表 现金流量表, match(stkcd year) saving(财务报表 3) verbose
         //verbose:显示合并结果,一般要显示结果,然后只保留 == 3 的观测值
keep if _merge_利润表 == 3 & _merge_现金流量表 == 3
drop _m *
mergemany 1:1 , match(stkcd year) saving(财务报表 4) all //合并当前目录下的所有 dta 文件
mergemany 1:1 , match(stkcd year) saving(财务报表 5) all import(csv) //合并当前目录下的所有
                                                                  //csv 文件
```

2. 横向模糊匹配

merge 命令的横向合并实际上就是基于一个或多个关键变量,进行 1∶1、1∶m、m∶1 以及 m∶m 数据精确匹配操作,匹配样本关键变量要求是完全相同的。但在现实操作中,经常会遇到需要合并的变量在两个数据集中并没有完美的对应联系,这时候就需要用到模糊匹配。

比如想按照人名或者学校名或者公司名进行匹配,然而同一个人/学校/公司常常有相似却不完全相同的名称,这种情况尤其常见。例如,一个数据集中人名为"李白",而另一个数据集中是"李太白";一个是"江苏",另一个是"江苏省";或者按照公司名匹配时出现"平安保险(集团)股份有限公司"或"中国平安保险股份有限公司",其实两者代表的是同一个公司,但是在 merge 的精确匹配下是无法匹配成功的,因此"模糊匹配"应运而生。下面对 Stata 自带的 matchit 以及 reclink 两个模糊匹配命令进行简要介绍。

(1) matchit 命令。

matchit 通过执行基于字符串的匹配技术,在两个不同的文本字符串之间提供相似性评分。该命令会返回一个新的匹配程度变量(similscore),其中包含从 0 到 1 的相似性评分。根据所选择的字符串匹配技术,similscore 为 1 意味着完全相似,当匹配不太相似时,相似度会降低。匹配程度是一个相对的度量,它可以根据所选择的技术而改变。该命令的语法结构如下:

同一数据集中两列数据的匹配

> matchit varname1 varname2 [, options]

两个不同数据集中的数据匹配

> matchit idmaster txtmaster using filename.dta, idusing (varname) txtusing(varname) [options]

其中，idmaster 表示来自当前文件（主文件）的数值型变量名（注：idmaster 应该唯一识别 txtmaster，即两者传达的是同一信息）；txtmaster 表示当前文件（主文件）中要进行匹配的字符型变量名；idusing(varname) 与 txtusing(varname)同理，分别指来自 filename.dta 数据集中待匹配的数值型变量以及字符型变量。相关选项和参数说明如下。

similmethod(simfcn) 表示字符串匹配方法。默认为二元组。其他内置 simfcn 有 ngram、ngram_circ、firstgram、token、cotoken、scotoken、soundex、soundex_nara、soundex_fk、soundex_ext、token_soundex 和 nysiis_fk。

score（scrfcn）指定相似度得分，默认为 Jaccard。其他内置选项有 simple 和 minsimple。

weights(wgtfcn)表示权重变换，默认为 noweights。其他内置选项有 simple、log 和 root。

generate(varname)指定相似度得分变量的名称，默认为 similscore。

两个数据集匹配的必需命令选项如下：

idmaster 表示当前文件（masterfile）中的数值型变量，无须唯一识别 masterfile 中样本。

txtmaster 表示当前文件（masterfile）中的字符串，将与 txtusing 匹配。

using(filename)指定要与 masterfile 匹配的 Stata 文件的名称（usingfile）。

idusing(varname)表示 usingfile 中的数值型变量，无须唯一识别 usingfile 中样本。

txtusing(varname)表示 usingfile 中的字符串，将与 txtmaster 匹配。

通用高级命令选项如下：

wgtfile(filename)表示允许从其他 Stata 文件加载权重，而不是基于 masterfile 和 usingfile 计算权重。默认不加载权重。

time 表示在执行期间输出时间戳。

flag(step)用于控制 matchit 返回屏幕的频率。只有通过尝试不同的 simfcn 来优化索引才真正有用，默认值为 step＝20（百分比）。

仅对两个数据集匹配适用的高级命令选项如下：

threshold(num)表示最终结果中保留的最低相似性分数，默认值为 num ＝ .5。

override 表示忽略未保存的数据警告。

diagnose 表示报告有关索引的初步分析，用于通过清理原始数据和尝试不同的 simfcn 来优化索引。

stopwordsauto 用于自动生成停用词列表。它提高了索引速度，但忽略了潜在的匹配可能性。

需要注意的是,matchit 区分大小写以及其他所有符号。虽然 matchit 使用前不需要数据清理,但一定程度的数据清理通常能提高相似度分数,从而提高匹配质量。但是过多的数据清理可能会导致数据信息缺失,降低匹配质量。另外需要注意的是,在软件自动匹配后仍需要人工检查和筛选匹配的结果,以确保不出现错误。

(2) reclink 命令。

reclink 本质上也是一种模糊匹配方法。在无法精确匹配关键字段的两个数据集之间,reclink 使用记录链接方法来匹配观察结果。该命令语法为

```
reclink varlist using filename , idmaster(varname) idusing(varname) gen(newvarname) [ wmatch
(match weight list) wnomatch(non - match weight list) orblock(varlist) required(varlist)
exactstr(varlist) exclude(filename) _merge(newvarname) uvarlist(varlist) uprefix(text)
minscore(♯) minbigram(♯)
```

相关参数和选项说明如下:

idmaster(varname)用于指定唯一识别 masterfile 样本值的变量。如果唯一标识符不存在,可以简单地创建为 gen idmaster=_n。

idusing(varname) 用于指定唯一识别 usingfile 样本值的变量名称,与 idmaster(varname)类似。

gen(newvarname)用于指定由 reclink2 创建的存储匹配分数(分数范围:0~1)的新变量名称。

wmatch(numlist)用于指定参与数据匹配的每个变量的匹配权重。每个变量都需要匹配权重,若未指定,所有变量匹配权重默认为 1。权重通常是 1~20 的整数。权重反映了变量准确匹配后数据样本能够准确匹配的相对可能性。例如,和海关数据匹配时,可以赋予企业名称一个较大的权重(例如 10),而邮编(多个企业使用一个邮编)的权重可能只有 2。

wnomatch(numlist)用于指定参与数据匹配的每个变量的不匹配权重,类似于 wmatch(numlist),但反映了变量无法匹配后数据样本无法匹配的相对可能性。权重越小表明数据样本准确匹配情况下,变量之间的不匹配可能性越大。例如,电话号码的 wmatch 较大,wnomatch 较小(电话号码随时间变化或同一个人/实体拥有多个电话号码)。

orblock(varlist | none)用于通过提供一种从 usingfile 中选择样本子集进行数据匹配的方法来加速匹配。该过程仅保留 usingfile 中与 orblock 中至少一个变量匹配的样本。如果 orblock 指定了 4 个及以上变量,则默认指定了全部变量,等同于设置 orblock(none)。有时可以在 masterfile 和 usingfile 中创建新变量,例如名字和姓氏的首字母、从地址中提取的街道号码和电话区号,同时结合 orblock 选项来提高匹配速度。

required(varlist)允许用户指定一个或多个变量,这些变量必须完全匹配才能将样本视为匹配。

exclude(filename)允许用户指定包含之前匹配样本的文件名称,从而在当前的数据匹配中剔除之前匹配成功的样本。对不同数据样本使用不同匹配方法(例如通过 orblock 指定不同变量),使得匹配过程更加灵活。

_merge(varname)指定标记数据样本来源的变量名称,默认为_merge(_merge)。

exactstr(varlist)允许用户指定一个或多个用于准确比较的字符串变量,比较结果为 0 或 1（二元变量）。

uvarlist(varlist)允许 usingfile 具有与要匹配 masterfile 变量不同的匹配变量名称。使用该选项时,两个数据集中变量数据和对应变量顺序必须相同。

uprefix(string)允许修改来源于 usingfile 中变量的前缀（默认前缀为 U）。例如,如果匹配变量是 name 和 address,则生成的匹配数据集将包含来源于 usingfile 的变量 Uname 和 Uaddress。

minscore(♯)指定两个严格不能匹配的最小匹配得分值（范围为 0～1）,默认为 0.6。usingfile 中只有最高匹配分数并且匹配分数 minscore 的样本才会合并到 masterfile 中。

manytoone 指定 reclink2 将 usingfile 中的样本与 masterfile 中的多条样本相匹配（多对一链接过程）。reclink 首先集中找到并删除两个数据完全匹配的样本对。因此,与 masterfile 中的样本完全匹配的 usingfile 中的样本随后无法链接到 masterfile 中的其他样本。

npairs(♯)指定程序保留 usingfile 中与 masterfile 样本匹配成功前♯个样本（高于最低分数阈值）。relink 仅保留匹配分数最高的样本。

常用的简要命令形式为

```
reclink varlist using filename , idmaster(varname) idusing(varname) gen(newvarname) [required
(varlist)]。
```

其中,reclink varlist 中的 varlist 表示待匹配的一系列变量名称,idmaster(varname)指定主数据集中唯一标识观测值的变量的名称,idusing(varname)与 idmaster 类似,表示 filename 中唯一标识观测值的变量的名称,gen(newvarname)则是创建的一个新变量的名称,该变量用于存储匹配值之间的匹配分数（范围为 0～1）。required(varlist)为可选的命令,其允许用户指定一个或多个必须完全匹配的变量,这样观察才能被视为匹配。

5.2.3　交叉合并

交叉合并是数据多对多合并的一种情形。前文讲到使用 merge 的 m∶m 可以实现多对多合并的功能但容易出错,这里介绍另外两个实现多对多合并功能的命令：cross 命令和 joinby 命令。

1. cross 命令

cross 命令可以创建两个数据集的交叉数据集,这个交叉数据集的每个观测值都是原来两个数据集的观测值的组合,其语法格式为

```
cross using filename
```

注意 cross 后面并没有 varlist,使用的时候需要注意。

视频讲解

例 5-10 cross 命令的理解。

```
* 为了理解 cross 命令的含义,首先运行并理解下面的代码案例
cd "D:\Stata 数据分析与建模\数据代码\第 5 章"
clear
* 创建 sex 数据集
input str6 sex
male
female
end
save sex.dta, replace
drop _all    //清空数据集
* 创建 agecat 数据集
 input agecat
20
30
40
end
* 交叉合并两个数据集
cross using sex
list
* 输出结果如下所示:/ *
      | agecat    sex |
  1. |    20    male |
  2. |    30    male |
  3. |    40    male |
  4. |    20    female |
  5. |    30    female |
  6. |    40    female |
* /
```

cross 命令的交叉合并功能可以用来生成面板数据,这在模拟中常常用到。

例 5-11 使用 cross 命令生成面板数据。

```
clear
cd "D:\Stata 数据分析与建模\数据代码\第 5 章"
set obs 25                  //设定 25 个 obs 观测数据
gen code = _n + 10010       //生成新变量,代表股票代码
save code, replace          //保存


clear
set obs 10                  //设定 10 个观测值
gen year = _n + 2010        //生成年份
cross using code.dta
sort code year              //对变量进行排序
sort year code              //注意变量位置不同,排序结果不同
save "平衡面板数据", replace
```

在经济地理相关的研究中,通常涉及不同地点的匹配与比较,cross 命令的交叉合并功能为实现这一目的提供了便利。

例 5-12 使用 cross 命令生成地理相对位置。

```
clear all
cd "D:\Stata 数据分析与建模\数据代码\第 5 章"
use "university.dta",clear
rename (学校名称 startlng0 startlat0)(学校名称 经度 纬度)   //重命名
save 地址 1.dta, replace

use "university.dta",clear
rename (学校名称 startlng0 startlat0)(schoolname startlng1 startlat1)
cross using "地址 1.dta"
sort schoolname 学校名称   //对变量进行排序
compress
list                      //陈列数据
```

2. joinby 命令

joinby 不仅能够实现 cross 命令的功能,而且能够进行组内交叉合并,其语法格式为

```
joinby [varlist] using filename [, options]
```

下面通过一个例子来阐述该命令的用法。

例 5-13 joinby 命令的应用。

```
cd "D:\Stata 数据分析与建模\数据代码\第 5 章"
* 使用 joinby 进行交叉合并
clear all
set obs 3                 //obs 观测数据
gen privon = "江苏省"      //生成新变量
gen city1 = "常州市" in 1  //生成新变量 city1,并将第一个观测值赋值为"常州市"
replace city1 = "南京市" in 2
replace city1 = "苏州市" in 3
save joinby1,replace

clear all
input str15 privon str15 city2
"江苏省" "徐州市"
"江苏省" "连云港市"
"江苏省" "淮安市"
end
save joinby2,replace

use joinby2,clear
joinby privon using joinby1   //按 privon 进行合并
sort city2 city1
* 使用 cross
use joinby2,clear
cross using joinby1           //cross 后面不接 varlist
sort city2 city1              //可以看出 joinby 与 cross 在这里实现了同样的功能
* 使用 joinby 实现组内合并
```

```
clear all
set obs 6
gen privon = "江苏省" in 1/3
replace privon = "浙江省" in 4/6
gen city1 = "常州市" in 1
replace city1 = "南京市" in 2
replace city1 = "苏州市" in 3
replace city1 = "杭州市" in 4
replace city1 = "宁波市" in 5
replace city1 = "温州市" in 6
save joinby11,replace

clear all
input str15 privon str15 city2
"江苏省" "徐州市"
"江苏省" "连云港市"
"江苏省" "淮安市"
"浙江省" "绍兴市"
"浙江省" "舟山市"
"浙江省" "嘉兴市"
end
save joinby22,replace

use joinby22,clear
joinby privon using joinby11
sort privon city2 city1
* 使用 cross,注意对比结果
use joinby22,clear
cross using joinby11    //cross 后面不接 varlist
sort city2 city1
* 匹配变量不同的情形
use joinby22,clear
joinby privon using joinby1 //当匹配变量不同时,自动寻找相同的进行匹配,并且只保留匹配成功
                            //的数据
```

joinby 命令的这一功能可以在金融领域的研究中用于删除停牌期间的某个事件。

例 5-14 应用 joinby 命令交叉合并数据。

```
clear
cd "D:\Stata 数据分析与建模\数据代码\第 5 章"
use 停复牌, clear                              //查看数据
use 事件列表,clear
joinby stkcd using 停复牌                      //进行代码组内的交叉合并
gen date1 = date(date,"YMD")
format date1 % dCY - N - D
gen num = 1 if date1 > = startdate & date1 < = enddate    //日期判断
keep if num == 1
merge 1:1 stkcd date using 事件列表
keep if _m == 2
keep stkcd date
```

5.3　数据长宽转化

数据的组织方式(如面板数据)有两种形式,分别是长数据和宽数据,其组织方式分别如表 5-1 和表 5-2 所示。

表 5-1　长数据类型

code	year	var1	var2
1	2018	18.4	0.01
1	2019	17.5	0.03
1	2020	19.2	0.04
2	2018	35.5	0.15
2	2019	38.2	0.19
2	2020	40.7	0.21
…	…	…	…

表 5-2　宽数据类型

code	var12018	var12019	var12020	var22018	var22019	var22020	…
1	18.4	17.5	19.2	0.01	0.03	0.04	…
2	35.5	38.2	40.7	0.15	0.19	0.21	…
…	…	…	…	…	…	…	…

在数据处理过程中,往往需要根据分析目的的不同将数据以长数据或者宽数据的方式进行组织,因此涉及数据的长宽转化,即将长数据转换为宽数据或者将宽数据转换为长数据。

5.3.1　reshape 命令

视频讲解

reshape 命令为 Stata 的官方命令,可以实现数据的长宽转换。使用 reshape 将长数据变成为宽数据的命令一般为

```
reshape wide stubnames, i(varlist) j(varname) string
```

其中,stubnames 是要进行转换的主变量;i(varlist)表示作为观测值标识的变量(如表 5-1 中的 code);j(varname)在长数据变宽数据时(如表 5-1 中的 year)表示在长数据中存在但是在宽数据中不存在的变量。

例 5-15　长型变宽型 reshape wide。

```
cd "D:\Stata 数据分析与建模\数据代码\第 5 章"
clear
input code    year    var1    var2
1             2018    18.4    0.01
1             2019    17.5    0.03
1             2020    19.2    0.04
2             2018    35.5    0.15
2             2019    38.2    0.19
2             2020    40.7    0.21
```

```
end
reshape wide var1 var2,i(code) j(year)     //长型变宽型

*将"上市公司财务信息.dta"数据转为宽型数据
clear
cd "D:\Stata 数据分析与建模\数据代码\第 5 章"
use 上市公司财务信息.dta,clear
keep id year finratio debt tang cash tagr tobin roa     //为便于观察,保留部分变量
reshape wide finratio debt tang cash tagr tobin roa, i(id) j(year)
```

从宽数据变成长数据的命令一般为

```
reshape long stubnames, i(varlist) j(varname) string
```

其中,stubnames 表示要进行转换的主变量;i(varlist)表示要作为观测值标识的变量,需要注意这个变量必须是唯一可识别的,不可以有重复值,否则会出错;j(varname)表示在长数据变为宽数据时在长数据中存在但是在宽数据中不存在的变量;在宽数据变长数据时,varname 表示在宽数据中不存在而在长数据中新生成的变量;string 用于声明 j(varname)中的 varname 是字符型。

宽型变长型,分为三种情况。

1. 需要生成 j(varname)的数字位于变量名最后

例 5-16　宽型变长型 reshape long-1。

```
clear all
cd "D:\Stata 数据分析与建模\数据代码\第 5 章"
use hsprice.dta, clear
/*观察发现,这个数据明显是宽型数据,变量名格式为相同的变量名前缀 + 不同的后缀
(hsprice2010, …,hsprice2015),宽型数据一般都可以通过这种方式来判断。如果想把它变成长型
数据,只需要判断 i、j、stub 分别是什么,之后直接套用命令就可以了。本例中,i 是标识变量
province,stub 是特征变量的相同前缀 hsprice,j 是待生成的标识变量,用于存放特征变量的后缀
(2010, …, 2015),可以起名为 year。套用 reshape 宽型数据转长型数据的公式,很容易写出转化命
令*/
reshape long hsprice, i(province) j(year)
*长变宽
reshape wide hsprice, i(province) j(year)
```

2. 需要生成 j(varname)的数字位于变量名中间

例 5-17　宽型变长型 reshape long-2。

```
clear all
cd "D:\Stata 数据分析与建模\数据代码\第 5 章"
import excel using "公司所有权属性.xlsx", clear first
drop in - 2/ - 1                         //删除最后两行
rename 证券代码 stkcd                     //用中文名字也行
replace stkcd = substr(stkcd, 1, 6)      //提取 stkcd 前 6 位,从第 1 个字节开始,长度为 6
destring stkcd, replace                  //提取股票代码并转换为数值型
reshape long 公司属性交易日期, i(stkcd) j(year)     //一般的宽变长
```

```
nsplit year,d(4 4)                       //year 为数值型,nsplit 对数值型变量分列
drop year year2
rename year1 year
order stkcd year


clear all
cd "D:\Stata 数据分析与建模\数据代码\第 5 章"
import excel using "公司所有权属性.xlsx", clear first
drop in -2/-1                       //删除最后两行
rename 证券代码 stkcd               //用中文名字也行
replace stkcd = substr(stkcd, 1, 6)  //提取 stkcd 前 6 位,从第 1 个字节开始,长度为 6
destring stkcd, replace             //提取股票代码并转换为数值型
reshape long 公司属性交易日期@1231, i(stkcd) j(year) //使用@代表中间的符号,年份出现在变
                                                     //量名的中间
rename 公司属性交易日期 1231 公司属性
```

3. 需要生成 j(varname)的不是数字,而是字符

例 5-18 宽型变长型 reshape long-3。

```
webuse reshape4, clear
list
/ * 输出结果
     | id  kids  incm  incf |
 1. | 1    0   5000  5500 |
 2. | 2    1   2000  2200 |
 3. | 3    2   3000  2000 |
* /
reshape long inc, i(id) j(sex) string     //j(varname)中的 varname 是字符型变量
list, sepby(id)
/ * 输出结果如下
     | id  sex  kids  inc |
 1. | 1    f    0   5500 |
 2. | 1    m    0   5000 |
 3. | 2    f    1   2200 |
 4. | 2    m    1   2000 |
 5. | 3    f    2   2000 |
 6. | 3    m    2   3000 |
* /
```

5.3.2 spread 命令与 gather 命令

  spread 命令与 gather 命令为外部命令,相比于 reshape 命令其用法更简洁。spread 有伸展、延伸的意思,能够将长型数据转为宽型数据,gather 有聚合、聚集的意思,能够将宽型数据转为长型数据。gather 与 spread 很好地解决了变量名无规律时不能使用 reshape 进行长宽数据转化的问题,但 gather 和 spread 每次只能转为一个类型的变量。spread 的语法为

```
spread variable value, [label(varname)]
```

其中 label(varname)表示使用字符型变量 varname 为新变量构造变量标签。

例 5-19 长型变宽型 spread。

```
clear
input code    year    var1
1             2018    18.4
1             2019    17.5
1             2020    19.2
2             2018    35.5
2             2019    38.2
2             2020    40.7
end
spread year var1          //长型变宽型
*将"上市公司财务信息.dta"数据转为宽型数据
clear
cd "D:\Stata 数据分析与建模\数据代码\第 5 章"
use 上市公司财务信息.dta,clear
keep id year finratio     //为便于观察,保留部分变量
spread   year finratio    //spread 只能单次转化一个变量
```

gather 接受变量 varlist 的列表,并按照变量名-变量取值(variable-value)的形式进行转换。这是转换为长数据的一个简单版本。gather 的语法格式为

```
gather varlist, [variable(newvar) value(newvar) label(newvar)]
```

其中,varlist 定义当前宽型数据中用于转换的单个或多个变量;variable(newvar)表示变量名转化后的新变量名,默认是"variable";value(newvar)为变量取值生成的新变量名称,默认为"value";label(newvar)用于生成一个新变量来存储 varlist 的变量标签。

例 5-20 宽型变长型 gather。

```
clear all
cd "D:\Stata 数据分析与建模\数据代码\第 5 章"
use hsprice.dta, clear
gather hsprice *          //当然也可以指定变量名,help gather
rename variable year      //重命名
rename   value hsprice    //重命名
replace year = subinstr(year, "hsprice", "", .)
destring year, replace
*长变宽
spread year hsprice
```

下面通过一个实际的案例,对长宽变换中涉及的更为复杂的问题进行综合训练。

例 5-21 长宽变换综合应用。

```
clear all
cd "D:\Stata 数据分析与建模\数据代码\第 5 章"
import excel   汽车制造业.xlsx, first   //可以看出是宽型数据
*用 reshape long 转为长型
split id, p(".")                        //对 id 变量提取代码
```

```
drop id id2
destring id1, replace
order id name
duplicates drop id, force
drop in 103                              //删除最后一行的缺失值
drop yingyeshouru2015 zonggushu2015      //只有两个变量有 2015 年的数据,考虑删除
 * 用 reshape long 转为长型数据
reshape long zongzichan zongfuzhai jinglirun yingyeshouru liudongzichan liudongfuzhai
yanfatouru dagudongchigushuliang zonggushu, i(id) j(year)
 * 用 reshape wide 转为宽型数据
reshape wide zongzichan zongfuzhai jinglirun yingyeshouru liudongzichan liudongfuzhai
yanfatouru dagudongchigushuliang zonggushu, i(id) j(year)

clear all
cd "D:\Stata 数据分析与建模\数据代码\第 5 章"
import excel   汽车制造业.xlsx, first   //可以看出是宽型数据
 * 用 reshape long 转为长型
split id, p(".")                         //对 id 变量提取代码
drop id id2
destring id1, replace
order id name
duplicates drop id, force
drop in 103                              //删除最后一行的缺失值
drop yingyeshouru2015 zonggushu2015      //只有两个变量有 2015 年的数据,考虑删除
 * 用 gather 转为长型数据
keep id name   zongzichan *
gather zongzichan *                      //只能转换一个类型的变量
 * 用 spread 转为宽型数据
spread variable value                    //只能转换一个类型的变量
```

　　长宽数据转化还有另外一个增强的外部命令 sreshape,读者可以自行了解。长宽转换的用处很多,一般而言 Stata 的操作模式为按列操作,在实际工作中,有时候需要进行按行操作,这时可以考虑利用 gather 先把行转为列,然后利用分组功能按列操作,最后再利用 spread 转回来。

　　例 5-22　行转为列的应用。

```
 * 例如,计算每一行的最大值,并给出这个最大值所对应的变量
clear
set obs 100
gen id = _n
gen x1 = uniform()
gen x2 = uniform()
gen x3 = uniform()
gen x4 = uniform()
gather x *
bysort id: egen max = max(value)
gen x = var if max == value
gsort id var
```

```
bysort id: carryforward x, replace
gsort id - var
bysort id: carryforward x, replace
spread variable value
order id x1 x2 x3 x4
```

5.4　数据转置

数据转置是指交换数据的行与列,类似于矩阵转置。由于 Stata 中大部分的命令和函数是针对变量(列为单位)进行操作的,而针对观测值(行为单位)的操作并不多,通过对数据的转置可以利用功能丰富的 Stata 命令实现对行的操作。

5.4.1　数值型变量转置

对数值型变量进行转置的命令是 xpose,其语法格式为

```
xpose, clear [options]
```

选项 options 主要包括 clear(清空原始数据)、format(％fmt,设定数据格式)、varname(使用_varname 保留原始数据中的变量名)等。

例 5-23　xpose 命令的应用。

```
clear
webuse xposexmpl
list
xpose, clear   //转置后变为四行三列数据。clear 这个选项是必需的,是为了提醒转置之后原始数
               //据将不存在
list
osexmpl, clear
xpose, clear varname   //保留原始数据中的变量名称,可以加上 varname 选项
list
xpose, clear           //转置两次之后,又得到了原始数据(第一次转置需要加上 varname)
list
xpose, clear varname format(％6.2f)   //format(％fmt)选项设定数据的显示格式
list
```

5.4.2　字符型变量转置

对字符型变量转置使用的命令是 sxpose,该命令为外部命令,可以使用 ssc install sxpose 进行安装。该命令的语法格式为

```
sxpose, clear [force format(format) firstnames destring]
```

例 5-24　sxpose 命令的应用。

```
clear
sysuse auto
keep make price weight foreign    //保留变量
keep in 1/10          //保留 1～10 行的数据
list
sxpose, clear force   //将含有字符型变量的数据进行转置,由于存在数值型变量,需要加上选项 force
```

5.5　变列操作

变列操作是指将一列数据拆分和转换为多列数据或者将多列数据合并和转换为一列数据。变列操作需要根据变量类型和形式的不同选择使用不同的命令。

视频讲解

5.5.1　一列变多列

1. 利用 reshape 进行变换

长型数据转换为宽型数据,实际上就是一列变多列,因此在特定情形下前面介绍的 reshape 命令可以实现一列变多列的操作。

例 5-25　使用 reshape 变换。

```
clear all
cd "D:\Stata 数据分析与建模\数据代码\第 5 章"
use zazhixinxi.dta, clear
gen id = int((_n - 1)/3) + 1    //生成对应的 i(varname),int()代表取整
egen year = seq(), from(1) to(3)  //生成对应的 j(varname),seq()为顺序函数,重复的数字 1～3
reshape wide v, i(id) j(year)   //将长型数据转换为宽型数据,实际上就是一列变多列
compress              //自动压缩至最小的、合适的长度
rename (v1 v2 v3) (name  host code)
```

2. 使用 split 与 nsplit 变量进行变换

在导入原始数据后,有很多变量都是用连接符连在一起的,如"时间"变量由"年""月""日"变量组成。如果想对其中的变量分别进行处理,或者只需要其中的某个变量,就要进行变量拆分工作,包括对字符变量的拆分和数值变量的拆分,其分别涉及 split 命令以及 nsplit 命令。

spilt 命令用于拆分字符串变量,其语法结构为

```
split strvar [if] [in] [, options]
```

其中 strvar 表示字符型变量,split 的选项较多,下面分别介绍。

generate(stub)表示新变量名开头为 stub,默认是原来的变量名 strvar,简写作 gen(stub)。

parse(parse_strings)指定分列的字符,默认是空格。

limit(♯)表示最多创建的变量个数。

notrim 表示不删除原始变量最前面和最后面的空格。

destring 表示将 destring 应用于新的字符串变量,尽可能用数字变量替换初始字符串变量。使用 destring 这一选项,可以将生成的变量转化为数值型变量。在使用 destring 后,则可以使用剩下的 4 个 options:

ignore("chars")用于删除指定的非数字字符。

force 表示将非数字字符串转换为缺失值。

float 指定新生成的数值变量为浮点型(float)。

percent 表示将百分比变量转换为分数形式。

例 5-26 字符型变量拆分。

```
cd "D:\Stata 数据分析与建模\数据代码\第 5 章"
use splitvar.dta,clear
split Date, p( - )                //会将 Date 拆成三个变量 Date1、Date2、Date3
* 也可以使用 destring Date, replace ignore(" - "),注意区别
destring Date1 Date2 Date3, replace//变量类型转化
list Date Date1 Date2 Date3 in 1/5
```

使用 split 命令可以按照一定的形式将字符型变量进行拆分,以实现换列的功能。

例 5-27 使用 split 命令变换。

```
clear all
cd "D:\Stata 数据分析与建模\数据代码\第 5 章"
use zazhixinxi.dta, clear
replace v = v + ";" + v[_n + 1] + ";" + v[_n + 2]   //让变量v加上下一行和下两行的内容,
                                                    //用分号隔开
keep if mod(_n, 3) == 1          //保留行号除以 3 余数为 1 的观测值
split v, p(";")                  //使用分号作为分隔符进行拆分
drop v                           //删除数据
rename * (name host code)

use 上市公司基本信息数据.dta, clear
drop in 1/2
keep ListedCoID Symbol   EndDate    //为便于观察,只保留部分变量
split EndDate, parse(" - ")

sysuse auto,clear
keep make price rep78 foreign    //保留 keep 后面的变量
split make, parse(" ")           //利用空格,将 make 变量下的内容分离
```

除了字符型变量,还会经常遇到需要拆分数值型变量的情况,数值型变量一般不会有分隔符进行分割,拆分思想是按照数字个数来拆分,使用的命令为 nsplit,其语法结构为

```
nsplit [varname] [if exp] [in range] , digits(digit pattern in existing variable) [generate
(newvarlist or stub) ]
```

其中,digits 选项是一个必选项,用于规定拆分的模式,如将七位数拆分为 2、2、3,则需要写成 digits(2 2 3);如果需要拆分的位数相同,如需将六位数拆分为三个两位数,则只需

写成 digits(2)即可；generate()选项用于生成新变量的变量名。

例 5-28 使用 nsplit 命令变换。

```
clear all
cd "D:\Stata 数据分析与建模\数据代码\第 5 章"
use 上市公司基本信息数据.dta, clear
drop in 1/2
keep ListedCoID Symbol ShortName EndDate IndustryCode Zipcode
destring, replace                          //观察后发现,Zipcode 没有成功转化
compress
sort Zipcode                               //排序后观察,查找原因
drop in 1/25
split Zipcode, p(",")                      //观察数据,发现有些行存在以逗号分隔的两个编码
drop Zipcode2  Zipcode3                     //删除其中一个
destring Zipcode1, replace force
sort Zipcode1                              //排序后查看数据观测值
format Zipcode1 %06.0f
drop if Zipcode1 == .
drop  in -4/-1
nsplit  Zipcode1, d(2 2 2)
format Zipcode11 Zipcode12 Zipcode13 %02.0f//调整格式


clear all
input code str20
130102                                     //河北省石家庄市长安区
130103                                     //河北省石家庄市桥东区
130203                                     //河北省唐山市路北区
140106                                     //山西省太原市迎泽区
220203                                     //吉林省吉林市龙潭区
331082                                     //浙江省台州市临海市
371521                                     //山东省聊城市阳谷县
410105                                     //河南省郑州市金水区
420111                                     //湖北省武汉市洪山区
end
nsplit code, digits(2) gen(a)              //拆分变量
rename a*(provincecode citycode countycode)    //对拆分完的变量进行重命名
format provincecode citycode countycode %02.0f
list code provincecode citycode countycode in 1/9
```

3. 利用观测值所在行数除余数功能进行拆分

例 5-29 利用观测值所在行数除余数功能进行拆分。

```
clear all
cd "D:\Stata 数据分析与建模\数据代码\第 5 章"
use zazhixinxi.dta, clear
gen v1 = v[_n+1]
gen v2 = v[_n+2]
**这两条命令可以用如下循环表示(关于循环,在后面章节介绍)
/* forvalues i = 1/2 {
```

```
        gen v'i' = v[_n + 'i']
} */
gen num = mod(_n, 3)
keep if num == 1
compress
rename * (name host code)
drop num
```

4．varsplit

varsplit 为外部命令，该命令并没有上传到 ssc 上，无法通过 ssc install 进行安装。这个命令上传到了爬虫俱乐部的 github 主页上，可以通过 github install 进行安装。该命令的语法为

```
varsplit number  //表示直接将变量拆分为多少个(number 为具体的数字)
net install github, from("https://haghish.github.io/github/")  //安装 github 命令
github install Stata-Club/varsplit  //使用 github install 安装 varsplit 命令
```

例 5-30　使用 varsplit 命令。

```
clear
input str5 var
    "Sarah"
    "19"
    "89"
    "90"
    "Sam"
    "21"
    "92"
    "89"
end
varsplit 4
rename (var1 - var4) (name age course1 course2)
clear all
cd "D:\Stata 数据分析与建模\数据代码\第 5 章"
use zazhixinxi.dta, clear
varsplit 3  //varsplit 命令没有任何选项,直接在命令后面跟上想要拆成的变量个数
compress
rename * (name host code)
```

5.5.2　多列变一列

视频讲解

1．使用 reshape 命令

使用 reshaple 命令的长宽转换功能将数据多列变一列。

例 5-31　使用 reshape 命令。

```
clear
cd "D:\Stata 数据分析与建模\数据代码\第 5 章"
use 公司名称.dta, clear
```

```
gen id = _n                        //生成对应的 i(varname)
reshape long v, i(i) j(year)       //转换为长型数据,实际上就是多列变一列
keep v                             //保留变量
drop if v == " "                   //删除数据
```

2. 使用 expand 命令

expand 命令是 Stata 中用于复制数据集中观测值的命令。它可以将数据集中的每个观测值复制多次,每次复制的份数由表达式结果决定。如果表达式结果小于 1 或者为缺失,则复制次数为 1,即不进行原数据的复制。expand 命令可以帮助用户在不改变数据集中变量个数的前提下,增加数据集中的观测值数量。对于一些需要重复观测或多次记录数据的情况,这个命令非常实用。需要注意的是,在使用 expand 命令时,用户需要指定一个表达式,用于确定每个观测值的复制次数。这个表达式可以是任何合法的数学表达式,包括算术运算、比较运算、逻辑运算等。

例 5-32　使用 expand 命令。

```
clear
set obs 5                          //设置 5 个观测值
gen company = _n                   //生成公司序号变量 company(1 - 5)
expand 10                          //将各个观测值扩大,每个观测值变为同样的 10 个
sort company
bys company: gen year = _n + 1950  //生成年份变量 year(1951 - 2050)


clear
cd "D:\Stata 数据分析与建模\数据代码\第 5 章"
use 公司名称.dta, clear
expand 3   //将三个变量放在一个变量下面,在没有缺失值的情况下,观测值数量应当为之前的 3
           //倍。使用 expand 命令对观测值数量进行扩充
sort v1
gen num = mod(_n,3)
bysort v1: replace v3 = v1 if num == 1 //通过 v1 变量进行分组,将每组第 1 个观测值的 v3 替换为 v1
bysort v1: replace v3 = v2 if num == 2 //通过 v1 变量进行分组,将每组第 2 个观测值的 v3 替换为 v2
keep v3                            //v3 就是三个变量合并后的变量
drop if v3 == ""                   //删除数据
rename v3 univ                     //重命名
```

3. 使用 stack 命令

stack 命令是 Stata 中用于将不同数据集中的观测值堆叠在一起的命令。它可以将不同数据集中的观测值按照某个变量(或多个变量)进行匹配,并将匹配到的观测值纵向合并起来,形成一个更全面的数据集。

例 5-33　使用 stack 命令。

```
clear
cd "D:\Stata 数据分析与建模\数据代码\第 5 章"
use 公司名称.dta, clear
```

```
stack v1 - v3, into(univ) clear    //通过 stack 命令将变量 v1 - v3 堆在变量 univ 下
keep univ                          //保留变量
drop if univ == ""                 //删除数据
```

习题

    1. 数据重构的含义是什么？

    2. 数据拆分包括哪些形式？

    3. 请描述 merge 命令的含义。

    4. 请描述 matchit 命令的含义。

    5. 两个数据集匹配的必需命令选项有哪些？

    6. reclink 命令的语法是什么？

    7. 使用 reshape 将长数据变成为宽数据的命令是什么？

    8. spread 命令与 gather 命令的含义什么？

    9. 数据转置的含义是什么？

    10. 字符型变量转置的命令是什么？

第6章

函　数

Stata 软件是一款功能强大的数据处理软件,Stata 语言是实现 Stata 功能的基础,其中也包括了各种各样的函数。在 Stata 系统中,函数的参数可以是一个常数,也可以是一个变量或一连串的变量。在调用函数的时候,只需要将函数中的这些参数替换成相对应的对象即可。本章主要介绍一些常见函数的定义及其基本使用方法。读者可以通过 help function 命令来查找函数的帮助文档,以详细了解各个函数的功能。Stata 中常见的函数类型归纳如表 6-1 所示。

表 6-1　Stata 中常见的函数类型

函 数 类 型	对 应 英 文
日期函数	datetime functions
数学函数	mathematical functions
统计函数	statistical functions
随机数函数	random-number functions
字符串函数	string functions
矩阵函数	matrix functions
编程函数	programming functions
时间序列函数	time-series functions
三角函数	trigonometric functions

6.1　日期函数

Stata 提供了各种形式的时间和日期处理函数,下面主要介绍 Stata 中的日期格式以及各种类型的日期型数据的提取及相关函数的应用(详细信息可参考 help datetime)。

6.1.1　日期数据的形式与格式设定

Stata 中日期数据的存储形式有多种类型格式,包括日期时间格式(datetime)、日期格式(date)、周格式(weekly date)、月格式(monthly date)、季度格式(quarterly date)、半年格

视频讲解

式(half-yearly date)以及年格式(year),其类型及其形式如表 6-2 所示。

表 6-2　日期数据的类型及形式

日期类型	格式说明	形式举例
datetime	日期时间格式	20jan2010 09:15:22.120
date	日期格式	20jan2010、20/01/2010…
weekly date	周格式	2010w3
monthly date	月格式	2010m1
quarterly date	季度格式	2010q1
half-yearly date	半年格式	2010h1
yearly date	年格式	2010

注：上面表中的示例仅是该格式的样式之一，在实际应用中其形式非常丰富多样，如 2010.01.20、Jan.20.2010、2010-1 等多种类型的格式。

Stata 的日期起点是从 1960 年 1 月 1 日算起，即所有的日期都是按照距离 1960 年 1 月 1 日的间隔，以数值形式(正数或负数的整型、长整型、浮点数)存储。Stata 将 1960 年 1 月 1 日被定义为第 0 天，因此 1960 年 1 月 2 日被定义为第 1 天，1959 年 12 月 31 日被定义为第 一1 天，以此类推。

由于数值形式的日期变量对于用户而言比较难以读懂，为了更加直接地观察到日期型变量的真实日期，可以使用 format 命令将以数值格式的日期变量转化为用户可识别的日期格式。换句话说，可以使用 format datevar %t[]命令将任何形式的数值变量转换为用户可以“看懂”的时间。对于日期型格式的设定而言，Stata 中的日期格式设定可以归纳为表 6-3。

表 6-3　Stata 中的日期格式设定

日 期 格 式	设 定 形 式		
日期时间格式(datetime)	%tc[details]	format datevar	%tc
日期时间格式(datetime)	%tC[details]	format datevar	%tC
日期格式(date)	%td[details]	format datevar	%td
周格式(weekly date)	%tw[details]	format datevar	%tw
月格式(monthly date)	%tm[details]	format datevar	%tm
季度格式(quarterly date)	%tq[details]	format datevar	%tq
半年格式(half-yearly date)	%th[details]	format datevar	%th
年格式(year)	%ty[details]	format datevar	%ty

注：tc 以及 tC 的区别，可参考 help datetime conversion＃＃whytwo。

表 6-3 中的[details]用于控制日期型格式展现的具体形式，主要形式如表 6-4 所示。

表 6-4　details 形式

details 形式	含　义	输 出 结 果
CC	century-1	01～99
cc	century-1	1～99
YY	2-digit year	00～99
yy	2-digit year	0～99

续表

details 形式	含　义	输　出　结　果
JJJ	day within year	001～366
jjj	day within year	1～366
Mon	month	Jan，Feb，…，Dec
Month	month	January，February，…，December
mon	month	jan，feb，…，dec
month	month	january，february，…，december
NN	month	01～12
nn	month	1～12
DD	day within month	01～31
dd	day within month	1～31
DAYNAME	day of week	Sunday，Monday，…（aligned）
Dayname	day of week	Sunday，Monday，…（unaligned）
Day	day of week	Sun，Mon，…
Da	day of week	Su，Mo，…
day	day of week	sun，mon，…
da	day of week	su，mo，…
h	half	1～2
q	quarter	1～4
WW	week	01～52
ww	week	1～52
HH	hour	00～23
Hh	hour	00～12
hH	hour	0～23
hh	hour	0～12
MM	minute	00～59
mm	minute	0～59
SS	second	00～60（sic，due to leap seconds）
ss	second	0～60（sic，due to leap seconds）
.s	tenths	.0～.9
.ss	hundredths	.00～.99
.sss	thousandths	.000～.999
am	show am or pm	am 或 pm
a.m.	show a.m. or p.m.	a.m. 或 p.m.
AM	show AM or PM	AM 或 PM
A.M.	show A.M. or P.M.	A.M. 或 P.M.
日期连接符		
.	display period	.
,	display comma	,
:	display colon	:

续表

details 形式	含　义	输 出 结 果
-	display hyphen	-
_	display space	
/	display slash	/
\	display backslash	\
! c	display character	c

下面以一个具体的例子来说明 Stata 中日期的存储与格式显示方式。

例 6-1　日期型数据的存储与格式显示。

```
clear all
set obs 10000
gen id = _n                         //生成 10000 个观测值
gen statariqi = _n - 5000           //以 1960 年 1 月 1 日为起点,这个数值型的数字代表了距离
                                    //1960 年 1 月 1 日多少个单位
gen formatriqi = statariqi
format formatriqi % tC              //转化为用户可以识别的格式
format formatriqi % tc
format formatriqi % td
format formatriqi % tw
format formatriqi % tm
format formatriqi % tq
format formatriqi % th
format formatriqi % ty
format formatriqi % tdCCYY. NN. DD
format formatriqi % tdCY. N. D       //可以简写为单个字母的形式
format formatriqi % tdnn/dd/YY
format formatriqi % tdn/d/Y          //可以简写为单个字母的形式
format formatriqi % tdCCYY - NN - DD
format formatriqi % tdCY - N - D      //可以简写为单个字母的形式
format formatriqi % tdCCYY - nn - dd
format formatriqi % tdCY - n - d      //可以简写为单个字母的形式
format formatriqi % twCY - N - D
format formatriqi % tmCY - N - D
format formatriqi % tcCCYY. NN. DD_HH:MM
format formatriqi % tcCY. N. D_H:M    //可以简写为单个字母的形式
format formatriqi % tcMonth_dd,_CCYY_hh:MM_am
format formatriqi % tcDay_Mon_DD_HH:MM:SS_CCYY
```

视频讲解

6.1.2　字符型日期的提取

一般来说,原始数据中的日期型数据(如从 wind、CAMSR 等数据库导入的数据),通常都是字符型,而 Stata 只能识别数值型的日期数据。因此,需要把字符型的日期数据转化或提取为数值型格式。日期型变量在面板数据和时间序列数据中经常涉及,从 Excel 中直接导入的日期型数据,Stata 会定义其为字符型变量。所谓字符型日期的提取实质上就是考虑

如何把一个字符串转化为 Stata 可以识别的数值,在 Stata 中有 3 种基本的方法,下面分别介绍。

1. 利用 split 命令

利用 split 命令,结合 real()函数或 destring 命令实现字符的提取。

例 6-2　字符型日期提取 1。

```
clear all
input str30 date
"12/31/2020"
"12/31/2019"
"12/31/2018"
"12/31/2017"
end
split date, parse("/")  destring
```

2. 利用 substr()函数

利用 substr()函数,结合 real()函数或 destring 命令实现字符的提取,对于更复杂的情况可以考虑正则表达式。

例 6-3　字符型日期提取 2。

```
clear all
input str30 date
"12/31/2020"
"12/31/2019"
"12/31/2018"
"12/31/2017"
end
gen year = substr(date,7,4)    //从第 7 位开始,向后提取 4 字节
gen month = substr(date,1,2)
gen day = substr(date,4,2)
destring, replace
```

3. 利用 date()函数

date()函数的基本语法格式为

```
date(s1,s2[,Y])
```

其中 s1 指的是字符型日期变量,s2 指的是需要被识别的 s1 字符串中的年份、月度、天的排列顺序,s2 常见的形式有 YMD、DMY 等,其对应的意思是“年份月份天”“天月份年份”;Y 为可选项,代表最大年份,即选择最大的不超过 Y 的年份,Y 只有在年份、月份、日期都是两位数的情况下才能够使用,如 date('1/15/08','MDY',1999),该年份为 1908 年。date()函数返回的结果是 Stata 计算了 s1 与 1960 年 1 月 1 日相距的天数,这个相距的天数虽然对于使用 Stata 的人来说不太好理解,但它代表了 Stata 可以识别的日期。

例 6-4　字符型日期提取 3。

```
clear all
input str10 name str15 bday
"John"   "1Jan1960""
"Mary"  "11Jul1955"
"Kate"  "12Nov1962"
"Mark"   "8Jun1959"
end
br //观察数据
gen birthday1 = date(bday,"DMY") //date 把字符型日期转化为 stata 格式的日期
format birthday % dccyy‐nn‐dd
gen birthday2 = date(bday,"DMY")
format birthday2 %dCCYY‐NN‐DD //同 format birthday2 %dCY‐N‐D
gen birthday3 = date(bday,"DMY")
format birthday3 %dNN‐DD‐CCYY //同 format birthday3 %dN‐D‐CY
```

（1）Stata 将 1960 年 1 月 1 日被定义为第 0 天，则 1960 年 1 月 2 日为第 1 天，1959 年 12 月 31 日被定义为第 −1 天，以此类推。如在命令窗口输入 disp mdy(1,28,2023) 的命令，该命令返回的结果是 23038，代表 2023 年 1 月 28 日与 1960 年 1 月 1 日间隔了 23038 天。

（2）对于整数日期变量，可以直接用 format datevar %t[] 命令显示为用户可识别的日期格式，对于字符型日期数据，特别是对于显示格式不统一的字符型日期，需要使用 date() 函数进行转换。Stata 对字符型日期变量的处理分为两个基本步骤。

第一步，使用 date() 函数将字符串变量转化为 Stata 可识别的日期变量。

第二步，使用 format 命令定义用户可识别的显示格式。

date() 函数等同于 daily(s1,s2[,Y]) 函数，类似的有 clock(s1,s2[,Y])、Clock(s1,s2[,Y])、weekly(s1,s2[,Y])、monthly(s1,s2[,Y])、quarterly(s1,s2[,Y])、halfyearly(s1,s2[,Y])、yearly(s1,s2[,Y]) 等，归纳为表 6-5。

表 6-5　Stata 日期格式类型

Stata 日期格式类型	函数类型	要求的数据精度
datetime/c	clock(s1,s2[,Y])	double
datetime/C	Clock(s1,s2[,Y])	double
date	date(s1,s2[,Y])	float or long
weekly date	weekly(s1,s2[,Y])	float or int
monthly date	monthly(s1,s2[,Y])	float or int
quarterly date	quarterly(s1,s2[,Y])	float or int
half-yearly date	halfyearly(s1,s2[,Y])	float or int
yearly date	yearly(s1,s2[,Y])	float or int

在表 6-5 中，s1 指的是字符型日期变量，s2 指的是需要被识别的 s1 字符串中的年份、月度、天的排列顺序，如 YMD、DMY 等，其对应的意思分别是"年份月份天""天月份年份"；Y 为可选项，代表最大年份。s2 的年、月、日以及时间等元素含义如表 6-6 所示。

表 6-6　s2 中的元素含义

s2 中的元素	含　义
D	day
W	week
M	month
Q	quarter
H	half-year
Y	year
19Y	two-digit year in the 1900s
20Y	two-digit year in the 2000s
h	hour
m	minute
s	second

　　date()函数的优势在于能够对格式不统一的字符型日期变量进行转换,date()及其他日期函数的应用如例 6-5 所示。

　　例 6-5　日期函数的应用 1。

```
clear all
input str20 mystrdate
"31/5/1995"
"22 - 7 - 2010"
"10.9.2015"
"01/10/2020"
"12/08/2023"
end
generate eventdate = date(mystrdate, "DMY")
format eventdate %tdY-N-D
format eventdate %tdCY-N-D
format eventdate %tdCY.N.D
format eventdate %tdCY_N_D
format eventdate %tdCCYY.NN.DD


clear all
input str20 mystrdate
"2010.07.12 14:32"
"2015.09.10 16:35"
"2020.10.1 15:45"
"2023.8.12 11:29"
end
gen double eventtime = clock(mystrdate, "YMDhm") //转换为 datetime/c 变量;另外注意 gen 的语
                                                //法格式为 generate [type] newvar[:lblname]
                                                // = exp,即在生成变量时,可以指定变量的
                                                //类型

format eventtime %tcCCYY.NN.DD_HH:MM


clear all
```

```
input str20 mystrdate
"2010.07.12 14:32:12"
"2015.09.10 16:35:55"
"2020.10.1 15:45:34"
"2023.8.12 11:29:8"
end
generate double eventtime = clock(mystrdate, "YMDhms")    //s代表秒
format eventtime % tcDay_Mon_DD_HH:MM:SS_CCYY

clear all
input str20 mystrdate
"2010 Jul 12 14:32"
"2015 Sep 10 16:35"
"2020 Oct 1 15:45"
"2023 Aug 12 11:29"
end
generate double eventtime = clock(mystrdate, "YMDhm")
format eventtime % tcCCYY_Day_Mon_DD_HH:MM
```

日期数据的处理通常会涉及将年份与周数两个变量合并转化成一个时间型的变量,那么如何处理呢? 例 6-6 给出了一个思路。

例 6-6 日期函数的应用2。

```
* 将年份与周数两个变量转化成一个时间型的变量
clear all
input year week
2020 1
2020 2
2020 3
end
gen date = string(year) + "-" + string(week)
gen date2 = weekly(date, "YW")    //第一步,使用 weekly()类函数,字符转数值
format date2 % twCY-N-D          //第二步,使用 format 命令,格式识别
* 如何求两个日期之间的间隔天数
gen td = date(trading_date,"YMD")
gen ed = date(eventdate,"YMD")
form td ed % td
gen d = ed-td
```

6.1.3 数值型日期的提取与合并

视频讲解

1. 数值型日期的提取

对于数值型的日期数据或 date()、monthly()转化后的数值型日期,可以直接利用 year()、halfyear()、quarter()、month()、day()、doy()、week()、dow()等函数对日期型变量进行提取。

year(e_d)表示从数值型日期中得到年份。

halfyear(e_d)表示从数值型日期中得到当前日期属于该年的半年数(1 表示上半年,2 表示下半年)。

month(e_d)表示从数值型日期中得到月份。

day(e_d)表示从数值型日期中得到当前日期在该月的日期数。

doy(e_d)表示从数值型日期中得到当前日期在该年的日期数。

quarter(e_d)表示从数值型日期中得到当前季度。

week(e_d)表示从数值型日期中得到当前日期为该年第多少个星期。

dow(e_d)表示从数值型日期中得到当前日期为星期几。

例 6-7 数值型日期格式的提取。

```
clear all
cd "D:\Stata 数据分析与建模\数据代码\第 6 章"
use 000001.dta
keep stkcd date stknme
* 可以发现 date 变量的类型为 float,显示格式为 % dCY_N_D
gen year = year(date)
gen halfyear = halfyear(date)
gen month = month(date)
gen day = day(date)
gen doy = doy(date)
gen quarter = quarter(date)
gen week = week(date)    //一年 52 个周,1,2,3,4,…,52
gen dow = dow(date)
```

例如 1999 年 11 月 10 日,通过 year()、month()、day()分别提取出了年、月、日,通过 halfyear()提取出了该日处在该年的下半年,通过 quarter()提取出了该日处在该年第四季度,通过 week()提取出了该日处在该年第 45 周,通过 doy()提取出了该日为该年的第 314 天,通过 dow()提取出了该日为星期三。

2. 数值型日期的合并

既然有提取日期的函数,那就有合并日期的函数,只不过合并后的日期是 Stata 格式的。数值型日期合并的函数主要包括 mdy()、mdyhms()、hms()、dhms()等。

mdy(M,D,Y)表示从月、日、年中得到一个 Stata 数值型日期。

mdyhms(M,D,Y,h,m,s):从月、日、年、小时、分、秒中得到一个 Stata 日期时间值。

mdyhms(1,1,1961,1,1,1)=3.163e+10 表示 1961 年 1 月 1 日 1 小时 1 分 1 秒转化为 stata 日期时间值为 3.163e+10 毫秒。

hms(h,m,s):从 1960 年 1 月 1 日的小时、分、秒中得到一个 Stata 日期时间值。

hms(1,1,1)=3661000 表示 1960 年 1 月 1 日 1 小时 1 分 1 秒转化为 Stata 日期时间值为 3661000 毫秒。

dhms(e_d,h,m,s):从日期、小时、分、秒中得到一个 Stata 日期时间值。

dhms(1,1,1,1)=90061000 表示将距离 1960 年 1 月 1 日 00:00:00.000 为 1 天 1 小时

1分1秒的此刻转化为 stata 日期时间值为 90061000 毫秒。（注意：Cdhms、Chms、Cmdyhms 函数与 dhms、hms、mdyhms 函数的区别仅在于前者所得结果经过闰秒调整，后者所得结果未经闰秒调整）。

转化后，可继续利用 format 命令显示为用户可以识别的格式。这里用户可以识别的格式只是形式上的，不管怎么显示，Stata 可识别的日期本质没有发生变化。

6.2 数学函数

Stata 中的数学函数多种多样，可以通过 help math functions 查询详细信息，表 6-7 列示了一些常见的数学函数。

表 6-7 常见的数学函数

数学函数类型	含 义
abs(x)	绝对值函数
exp(x)	指数函数
ln(x)	自然对数函数
log10(x)	以 10 为底的自然对数函数
ceil(x)	向上取整
floor(x)	向下取整
int(x)	仅保留整数部分
round(x[,y])	以 y 为单位 x 最接近的整数
sign(x)	符号函数
sqrt(x)	开根号函数
sum(x)	求和函数
max(x1,x2,…,xn)	最大值
min(x1,x2,…,xn)	最小值
max(exp)	最大值
min(exp)	最小值
sum(exp)	求和函数
mean(exp)	均值函数
median(exp)	中位数函数
sd(exp)	标准差函数
pctile(exp),p(#)	百分位函数
rowmax(varlist)	最大值
rowmin(varlist)	最小值
rowmean(varlist)	均值函数
rowmedian(varlist)	中位数函数
rowsd(varlist)	标准差函数
rowpctile(varlist),p(#)	百分位函数

下面例子给出了数学函数的具体应用形式。

例 6-8 数学函数的应用。

```
clear
set obs 5                          //设定 5 个观察值
gen x = _n                         //生成新变量 x,取值为 1,2,3,4,5
gen xx = _N                        //生成新变量 xx,取值为观测值的总个数
gen xxx = runiform()               //生成 0~1 的均匀分布
replace xxx = xxx * 10
gen expx = exp(x)                  //取指数
gen lnx = ln(x)                    //取对数
gen log10x = log10(x)              //以 10 为底的对数
gen sqrtx = sqrt(_n)               //开方
gen juedui = obs(x)                //绝对值
gen intxxx = int(xxx)              //取整,不论后面的小数是什么,只取小数点前的数值
gen roundxxx = round(xxx)          //取整,四舍五入
gen roundxxx1 = round(xxx,.1)      //四舍五入到十分位
gen roundxxx11 = round(xxx,.01)    //四舍五入到百分位
```

6.3 统计函数

统计函数(或分布函数)是概率统计中重要的函数,它完整地描述了随机变量的统计规律,并决定了随机变量的一切其他概率特征。下面首先介绍分布函数与概率密度函数的概念,接着介绍几类常见的分布函数。

6.3.1 分布函数与概率密度函数

累积分布函数(cumulative distribution function)又称为分布函数,是概率密度函数的积分,能完整描述一个随机变量 X 的概率分布,一般以大写 CDF 标记,与概率密度函数 probability density function(小写 pdf)相对。常见的分布函数与概率密度函数归纳如表 6-8 所示。

表 6-8　各类分布函数及其概率密度函数

名　　称	分布函数(P)	密　度　函　数	分布函数的反函数(分位数,x)
正态分布	normal(z) 即 p(Z<z)	normalden(z) normalden(z,s) 均值 0,标准差 s normalden(x,m,s) 均值 m,标准差 s	invnormal(p) if normal(z) = p, then invnormal(p) = z
t 分布	t(df,t) 即 p(T<t)	tden(df,t)	invt(df,p) if t(df,t) = p, then invt(df,p) = t 下分位数

续表

名　　称	分布函数（P）	密 度 函 数	分布函数的反函数（分位数，x）
reverse t 分布	ttail(df,t) = 1−t(df) 即 p(T>t)		invttail(df,p) if ttail(df,t)＝p, then invttail(df,p)＝t 上分位数
卡方分布	chi2(df,x) 即 p(X<x)	chi2den(df,x)	invchi2(df,p) if chi2(df,x)＝p, then invchi2(df,p)＝x 下分位数
reverse 卡方分布	chi2tail(df,x) = 1 − chi2(df,x) 即 p(X>x)		invchi2tail(df,p) if chi2tail(df,x)＝p, then invchi2tail(df,p)＝x 上分位数
F 分布	F(df1,df2,f) 即 p(F<f)	Fden(df1,df2,f)	invF(df1,df2,p) if F(df1,df2,f)＝p, then invF(df1,df2,p)＝f
reverse F 分布	Ftail(df1,df2,f)=1−F(df1,df2,f) 即 p(F>f)		invFtail(df1,df2,p) if Ftail(df1,df2,f)＝p, then invFtail(df1,df2,p)＝f

对于所有实数 x，累积分布函数定义如下：

$$F_X(x) = P(X \leqslant x)$$

分布函数与其概率密度函数的关系为：

$$F_X(x) = \int_{-\infty}^{x} f_X(t)\mathrm{d}t$$

6.3.2　正态分布

若随机变量 X 服从一个位置参数为 μ、尺度参数为 σ 的概率分布，且其概率密度函数为

$$f(x) = \frac{1}{\sqrt{2\pi}\,\sigma} \exp\left(-\frac{(x-\mu)^2}{2\sigma^2}\right)$$

则称这个随机变量为正态随机变量，正态随机变量服从的分布就称为正态分布，记作 $X \sim N(\mu, \sigma^2)$，读作 X 服从 $N(\mu, \sigma^2)$，或 X 服从正态分布。

当 $\mu=0$，$\sigma=1$ 时，正态分布就成为标准正态分布

$$f(x) = \frac{1}{\sqrt{2\pi}} \mathrm{e}^{\left(-\frac{x^2}{2}\right)}$$

1. 画出正态分布的密度图

画出标准正态分布概率密度图的代码如下：

```
cd "D:\Stata 数据分析与建模\各章节图片\第 6 章"
twoway function y = normalden(x), range( - 5 5)    ///
        title("Standard normal density")           ///
        saving(normal_pdf.emf,replace)
graph export "图 6 - 1 标准正态分布.png"
```

上述代码运行结果如图 6-1 所示。

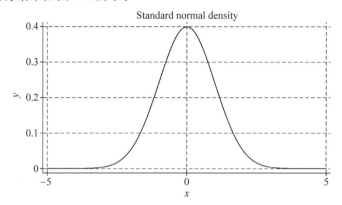

图 6-1 标准正态分布

类似地可以画出其累积分布函数图和分位数图。

```
twoway function y = normalden(x),  range( - 5 5)      //概率密度图
twoway function y = normal(x),  range( - 5 5)         //累积分布函数图
twoway function y = invnormal(x),  range( 0 1)        //分位数图
其他类型的正态分布
twoway function y = normalden(x),   range( - 5 5) ||  ///
        function y = normalden(x,0.8), range( - 5 5) lpattern(dash) ||  ///
        function y = normalden(x,1,0.8), range( - 5 5) lpattern(dash_dot) ||  ///
        ,                                 ///这逗号不能放在||前面
                        title("Normal Densities")            ///
        legend(label(1  "N(0,1)") ///
          label(2 "N(0,0.8^2)") ///
            label(3 "N(1,0.8^2)"))
```

2. 分布的概率计算

利用 normal()函数可以计算出 $\Phi(z) = p(Z \leqslant z)$ 的取值。

```
di normal(1.645)          //小于 1.645 的概率
di 1 - normal(1.645)      //大于 1.645 的概率
scalar low_tail = normal( - 1.645)
di "lower tail propobility N(0 1) < - 1.645 is " low_tail
```

3. 分布的分位数计算

利用 invnormal()函数来实现分位数(z 临界值)的计算,即 $p(Z \leqslant z) = \Phi(z)$。

```
di invnormal(0.005)
di invnormal(0.025)
di invnormal(0.05)
```

6.3.3 t 分布

t 分布（Student's t-distribution），又称学生 t 分布，是由英国统计学家威廉·赖特·斯图德（William Sealy Gosset）化名"学生"（Student）于 1908 年引入的一种概率分布。t 分布用于在样本较小或总体标准差未知的情况下进行统计推断。

t 分布的定义：给定一个随机样本 $X_1, X_2, \cdots, X_n$，其中样本容量为 n，样本均值为 $\bar{x}$，样本标准差为 s。如果这些样本是从一个服从正态分布的总体中抽取的，并且总体标准差未知，那么样本均值 $\bar{x}$ 的标准化变量（即 $(\bar{x} - \mu)/(s/\sqrt{n})$，其中 μ 是总体均值）服从 t 分布。

1. 画 t 分布的概率密度图

画出 t 分布的概率密度图的代码如下所示：

```
cd "D:\Stata 数据分析与建模\各章节图片\第 6 章"
twoway function y = tden(30,x), range(- 5 5) lpattern(dash), title("t(30)")
graph export "图 6 - 2  t 分布的概率密度图.png"
```

上述代码运行结果如图 6-2 所示。

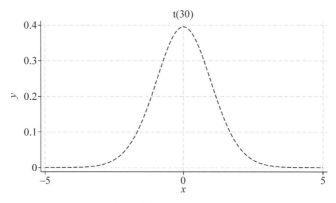

图 6-2 t 分布的概率密度图

与正态分布进行比较：

```
cd "D:\Stata 数据分析与建模\各章节图片\第 6 章"
twoway function y = normalden(x),range(- 5 5)  ||  ///
     function y = tden(15,x),range(- 5 5) lpattern(dash) || ,  ///
     title("Standard normal and t(15)")  ///
     legend(label(1 "N(0,1)") label(2 "t(15)"))
graph export "t 分布与正态分布的比较.png"
```

上述代码运行结果如图 6-3 所示。
类似地可以画出累积分布函数图和分位数图。

```
twoway function y = tden(30,x),   range(- 5 5)      //概率密度图
twoway function y = t(30,x),   range(- 5 5)         //累积分布函数图
twoway function y = invt(30,x),   range(0 1)        //分位数图
```

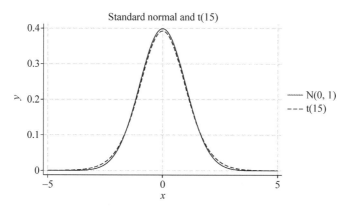

图 6-3　t 分布与正态分布的比较

2．t 分布的概率计算

Stata 中的 ttail 函数可以完成 t 分布的概率计算,计算的结果表示 t 分布的上尾(侧)概率(upper tail),即 T>t。

计算 t(3)中随机变量大于 1.33 和小于 1.33 的概率的代码如下:

```
scalar t_tail = ttail(3,1.33)
dis "upper tail probability t(3)> 1.33 = " t_tail
dis "lower tail probability t(3)< 1.33 = " 1 - ttail(3,1.33)
```

t 分布下百分位数值的计算可以用 t 分布逆运算 invttail()函数实现。比如在 t(3)分布下,分别计算概率为第 95% 分位和第 5% 分位对应的值。

```
scalar t3_95 = invttail(3,0.05)
dis "95th percentile of t(3) = " t3_95
dis "5th  percentile of t(3) = " invttail(3,0.95)
```

3．t 分布的分位数计算

计算下分位数(临界值)的命令为 di invt(30，0.05),计算上分位数(临界值)的命令为 di invttail(30，0.05)。自行计算 di invttail(30，0.95)是多少。

4．画上分位图

由于 di invttail(30，0.05)=1.6972609,可以据此画出上分位图。

```
cd "D:\Stata 数据分析与建模\各章节图片\第 6 章"
twoway function y = tden(30,x),range(1.6972609 5)        ///
       color(ltblue) recast(area)              ||   ///
       function y = tden(30,x),range( - 5 5)        ||  ,  ///
       legend(off) plotregion(margin(zero))         ///
                           ytitle("f(t)") xtitle("t")     ///
       text(0 1.686 "1.686",place(s))            ///
       title("Right - tail rejection region")
graph export "图 6 - 4 上分位图.png"
```

上述代码运行结果如图 6-4 所示。

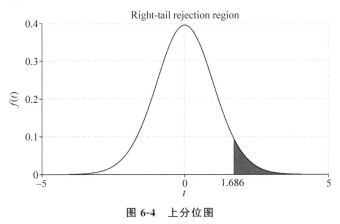

图 6-4　上分位图

5．画双侧分位图

同理，依据 invt(30，0.025)以及 invttail(30，0.025)的值可以画出双侧分位数图形。

```
cd "D:\Stata 数据分析与建模\各章节图片\第 6 章"
di invt(30, 0.025)
di invttail(30, 0.025)
twoway function y = tden(500,x),range(2.0422725 5)         ///
        color(ltblue) recast(area)                 ||  ///
        function y = tden(500,x),range( -5 -2.0422725)     ///
        color(ltblue) recast(area)                 ||  ///
        function y = tden(500,x),range( -5 5)        ||  ///
        ,                                        ///
    legend(off) plotregion(margin(zero))  ///
        ytitle("f(t)") xtitle("t")                 ///
        text(0 -2.0422725 " -2.0422725",place(s))         ///
        text(0 2.0422725 "2.0422725",place(s))         ///
        title("Pr|t(500)|> 2.0422725")
graph export "图 6 -5 双侧分位图.png"
```

上述代码运行结果如图 6-5 所示。

6.3.4　卡方分布

卡方分布(Chi-Square Distribution)是一种常见的概率分布，用于描述一组独立随机变量的和的分布情况。卡方分布最初由英国统计学家卡尔·皮尔逊(Karl Pearson)在 19 世纪末引入，用于处理频率数据的统计分析。

卡方分布的定义：给定一个具有 n 个独立标准正态分布随机变量(X_1，X_2，$\cdots$，X_n)，那么这些随机变量的平方和的分布将服从自由度为 n 的卡方分布。

1．画卡方分布密度图

画卡方分布密度图的代码如下：

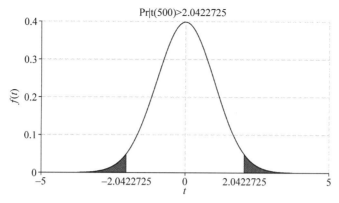

图 6-5 双侧分位图

```
cd "D:\Stata 数据分析与建模\各章节图片\第 6 章"
graph twoway (function y = chi2den(5, x), range(0 40) ///
lpattern(solid) color(black * 1) lwidth( * 1.4)) ///
(function y = chi2den(10, x), range(0 40) ///
lpattern(dash) color(black * 1) lwidth( * 1.4)) ///
(function y = chi2den(20, x), range(0 40) ///
lpattern(dot) color(black * 1) lwidth( * 1.4)), ///
ytitle(概率密度函数值) ///
legend(label(1 "n = 5") label(2 "n = 10") label(3 "n = 20") rows(1) pos(6))
graph export "图 6 - 6 卡方分布概率密度函数图.png"
```

上述代码运行结果如图 6-6 所示。

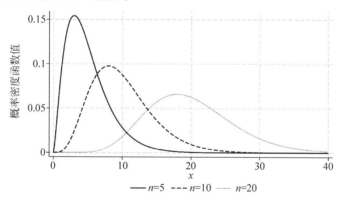

图 6-6 卡方分布概率密度函数图

2. 卡方分布的概率计算

自由度为 n 的累积卡方分布：

```
chi2(n,x)
```

自由度为 n 的反向累积卡方分布：

```
chi2tail(n,x)
chi2tail(n,x) = 1 - chi2(n,x)
```

如自由度为 7 的卡方分布中，大于 15 的概率计算如下：

```
scalar chi2_tail = chi2tail(7,15)
dis "upper tail probability chi2(7) > 15 is " chi2_tail
```

3. 卡方分布的分位数计算

与上面函数类似，卡方分布的分位数函数为 invchi2()。

6.3.5　F 分布

F 分布(F-distribution)是一种概率分布，用于描述两组样本方差的比值的分布情况。F 分布在统计学中常用于方差分析和回归分析等领域，用于比较不同组之间的方差是否显著不同。

F 分布的定义：给定两个独立的随机变量 X 和 Y，它们分别服从自由度为 n_1 和 n_2 的卡方分布，则 $F = (X/n_1)/(Y/n_2)$ 的分布称为自由度为 (n_1, n_2) 的 F 分布。

1. F 分布密度图

画出 F 分布密度图的代码如下：

```
global 保存图形文件名 "F分布概率密度函数图"
global 图形名称 "F"
local 第一自由度 1 1
local 第一自由度 2 5
local 第一自由度 3 10
local Y轴标签 "概率密度函数值"
graph twoway (function y = Fden('第一自由度1', 3, x), range(0 4)       ///
lpattern(solid) color(black * 1) lwidth( * 1.4))                      ///
(function y = Fden('第一自由度2', 3, x), range(0 4)                    ///
lpattern(dash) color(black * 1) lwidth( * 1.4))                       ///
(function y = Fden('第一自由度3', 3, x), range(0 4)                    ///
lpattern(dot) color(black * 1) lwidth( * 1.4)),                       ///
ytitle('Y轴标签') scheme(s1mono) name( ${图形名称}, replace)           ///
legend(label(1 "n1 = 1") label(2 "n1 = 5") label(3 "n1 = 10") rows(1)) ///
note("第二自由度为3", size( * 0.8) color(black * 1))                   ///
saving( ${生成的图形文件夹}/ ${保存图形文件名}, replace)
graph export ${生成的图形文件夹}/ ${保存图形文件名}.png, replace
```

上述代码运行结果如图 6-7 所示。

2. F 分布的概率计算

运用 Ftail() 函数，可以计算出 F 分布的上尾(侧)概率，即 $F > f$ 的概率；同时通过 F() 函数，可以得到其累积分布函数。如服从 F(8,20) 的随机变量大于 3.0 的概率的计算代码如下：

```
scalar f_tail = Ftail(8,20,3.0)
dis "upper tail probability F(8,20)> 3.0 = " f_tail
dis "upper tail probability F(8,20)> 3.0 = " 1 - F(8,20,3.0)
```

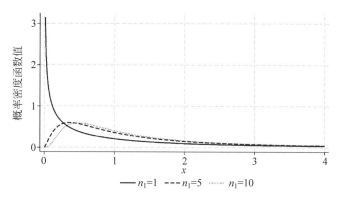

图 6-7 **F 分布概率密度函数图**

3. F 分布的分位数计算

F 分布的分位数函数为"invF()"。

6.3.6　快速呈现常用分布的临界值表

在大多数统计学的教科书附录中都会提供常用分布的临界值表,如正态分布、t 分布、F 分布与卡方分布的临界值表。在 Stata 中,可以应用 ztable、ttable、chitable、ftable 等命令迅速生成相关分布的临界值表,便于查询使用。

```
ztable
ttable [df]                          //需提供自由度 df
chitable [df]                        //需提供自由度 df
ftable [df1 df2] [, alpha()]         //需提供相关参数
```

6.4　随机数函数

随机数是一种在一定范围内以不可预测、无规律方式产生的数值。在计算机科学和统计学中,随机数是模拟随机现象的基础,用于生成随机样本、模拟实验、加密等多种应用领域。随机数可以分为真随机数(true random numbers)和伪随机数(pseudo random numbers)两类。

真随机数是由物理过程生成的,通常是基于不可预测的自然事件,如放射性衰变、大气噪声、电子器件中的热噪声等。这些过程产生的数值是完全随机的,无法预测和复现,因此被认为是真正的随机数。

伪随机数是通过数学算法生成的数值序列,看起来像随机数,但实际上是由初始值(种子)和确定性的计算步骤生成的。由于是基于算法生成的,伪随机数序列在一定周期后会重复。为了避免可预测性,伪随机数生成算法通常使用一个随机的种子作为起点。

在计算机编程中,伪随机数更常见,因为它们可以在需要时随时生成,而无须依赖物理

过程。常见的伪随机数生成算法包括线性同余法、梅森旋转算法(Mersenne Twister)、SHA-256 哈希等。生成高质量的伪随机数对于许多应用至关重要,如模拟实验、加密、随机算法测试等。然而,伪随机数在某些情况下可能会因为算法的特性而展现出一些不希望的模式,这被称为伪随机数生成器的周期性。为了克服这些问题,现代的随机数生成器通常采用更复杂的算法和种子,以提高生成的随机性和统计特性。

随机数函数用于生成服从特定分布的随机数,通常用于各种数据生成或者模拟中,可以通过 help random_number_functions 命令查找随机数函数的帮助。

常用的随机数函数简介如下(均以 r 开头)。

runiform()用于生成 0~1 的均匀分布随机数。

runiform(a,b)用于生成 a~b 的均匀分布随机数。

rnormal()用于生成均值为 0、方差为 1 的标准正态分布随机数。

rnormal(m)用于生成均值为 m、方差为 1 的正态分布随机数。

rnormal(m,s)用于生成均值为 m、方差为 s 的正态分布随机数。

rt(df)用于生成自由度为 df 的 t 分布。

rnd 为外部命令,用于生成服从若干主要分布的随机数。

随机数通常用于模拟特定的数学分布或者特定的模型假设。比如生成 0~99 的整数随机数可以使用命令 dis int(100 * runiform())。在计量经济学中,通常需要模拟不满足假定条件下的估计结果,这个过程往往需要用到不同类型的随机数函数。例 6-9 展示了干扰项的分布特征对 OLS 估计量的影响。

例 6-9 干扰项分布特征对 OLS 估计量的影响。

```
cd "D:\Stata 数据分析与建模\各章节图片\第 6 章"
clear
set seed 1234                        //设定初始数值
set obs 100000
gen e1 = rnormal()                   //N(0,1)
gen e2 = rchi2(3)                    //chi2(3)
gen x = rnormal(2,3)                 //N(2,9)
gen y1 = 10 + 0.4 * x + e1
gen y2 = 10 + 0.4 * x + e2
qui reg y1 x                         //qui 表示不显示结果
est store m1
qui reg y2 x
est store m2
esttab m1 m2, mtitle(m1 m2) nogap
sum e2
twoway (kdensity e1) (kdensity e2),  ///
    xlabel(-10(10)20 'mean')         ///
    xline(0 3,lp(dash) lc(black * 0.4))  legend(pos(6) order(1 2))
graph export "图 6-8 干扰项分布特征对 OLS 估计量的影响.png", replace
```

上述代码运行结果如图 6-8 所示。

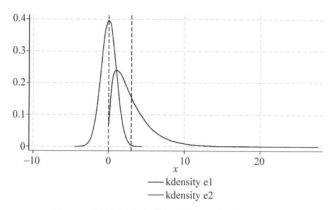

图 6-8 干扰项分布特征对 OLS 估计量的影响

可以看出,干扰项的分布不影响 x 估计系数的无偏性,但会导致常数项估计值有偏。原因在于 OLS 的基本假设之一 $\mathrm{E}(e \mid x)=0$ 不满足。

6.5 字符串函数

字符串(String)是计算机科学中的一个概念,它是由一系列字符组成的数据序列。字符可以包括字母、数字、符号以及空格等。在编程和计算机领域中,字符串是一种常用的数据类型,用于表示文本或字符序列。

字符串的处理涉及字符串连接、截取、搜索、替换、格式化等操作,这些操作都有相应的字符串函数和方法,可以通过 help string functions 命令查找字符串函数的帮助。在 Stata 中操作字符串要用英文状态的双引号将其括起来,或者将其赋值给字符变量。在介绍字符串函数之前,先来看一看字符与字节的关系,这对后面的学习很重要。简单来说,字节是一种计量单位,不同形式的字符所占字节数不同,同一形式的字符在不同的 Stata 版本中所占的字节也可能不同,具体如表 6-9 所示。

表 6-9 字符与字节

	Stata14 之前	Stata14 之后
数字	占 1 字节	占 1 字节
英文字母、标点、符号	占 1 字节	占 1 字节
中文标点、符号	占 2 字节	占 3 字节
中文汉字	占 2 字节	大部分常用汉字占 3 字节

编码是将信息从一种形式或格式转换为另一种形式的过程,如将人类能读懂的语言转换为计算机的机器语言(二进制)。解码是编码的逆过程,是将计算机的机器语言(二进制流)转换为人类能读懂的语言。

从表 6-9 中可以看出,Stata14 前后字符与字节的关系有所差别,这是因为 Stata14 之前使用的是 ASCII 编码,一个中文字符(中文符号及大部分常用汉字)占 2 字节;从 Stata14

开始用的是 Unicode 中的 UTF-8 编码,基础 ASCII 编码中的字符(如数字、英文字母、标点、符号)只占 1 字节,扩展 ASCII 编码中的字符占 2 字节,大部分常用汉字占 3 字节,比较复杂的汉字(如扩展 B、扩展 C 等)占 4 字节。

Stata 的字符串函数可以简单分为两种:一种是建立在 ASCII 基础上的函数,这类函数以字节为单位,即英文字母、标点、符号以及数字均为 1 字节,汉字为 3 字节;另一类函数建立在 Unicode 的基础上,在 Unicode 编码中,无论什么符号都只算 1 字符。Stata 中有一系列以 u 开头的函数,专门用于处理 Unicode 编码的字符。

下面介绍一些常用的 Stata 字符函数。其中 s 代表字符集,包括字符串、字符型变量或者其他字符表达式,n 代表数值子表达式,包括数字、字符型变量或者其他数值表达式。

6.5.1　字符与数值转换函数

视频讲解

1. string(n[,s])与 strofreal(n[,n])函数

string(n[,s])与 strofreal(n[,n])函数可以将数字转化为字符串,n 表示以指定的格式转化为字符串。

```
di string(2)
dis string(2, "%9.2f")
dis string(2, "%09.2f")           //用 0 填充
di string(2, "%tdCY-N-D")
dis strofreal(4) + "F"
dis strofreal(4, "%9.2f") + "F"    //%9.2f 表示数字的格式,9 表示数据的宽度,2 表示数据的
                                   //精度,默认靠右对齐
dis strofreal(4, "%-9.2f") + "F"  //指定靠左对齐,注意这里"4.00"和"F"之间有 4 个空格
dis strofreal(4, "%09.2f") + "F"  //用 0 填充
```

2. real()函数

real()函数可以将数字类字符串转化为数字或缺失值,当字符串是数字时,转为数值型数字;当字符串是非数字时,返回结果为缺失值。

```
dis real("3.14") + 1      //返回 4.14
dis real("stata")         //返回缺失值
```

6.5.2　字符串的缩写与扩展

1. abbrev(s,n)函数

abbrev(s,n)函数适用于所有字符型变量,其功能是对 s 进行缩写,缩写的长度为 n,n 的取值范围为 5～32。

```
di abbrev("abbreviation ", 8)
di abbrev("黄鹤一去不复返,白云千载空悠悠", 15)
```

2. strcat(s1,s2)函数

strcat(s1,s2)函数用于合并字符串 s1、s2。根据 help strcat()的说明,Stata 里没有

strcat()函数,用加号实现字符之间的连接。

```
scalar a =   "我不是药神" + " " + "孤注一掷"
scalar list a
scalar aa = "乱石穿空" + "," + "惊涛拍岸" + "," + "卷起千堆雪"
scalar list aa
```

3. strdup(s1,n)函数

strdup(s1,n)函数:创建 n 个 s1 的副本并合并。根据 help strdup()的说明,Stata 里没有 strdup()函数,用乘号实现字符的多次复制。

```
scalar b = "我不理解!" * 3
scalar list b
```

6.5.3 字符示性函数

1. index(s1,s2)与 strpos(s1,s2)函数

index(s1,s2)与 strpos(s1,s2)函数用于返回字符串 s1 中首次出现 s2 的位置,如果不存在则返回 0。

```
dis strpos("Keep on going and never give up", "on")
dis index("北斗七星高,哥舒夜带刀。至今窥牧马,不敢过临洮", "斗")
dis strpos("北斗七星高,哥舒夜带刀。至今窥牧马,不敢过临洮", "星")
dis index("北斗七星高,哥舒夜带刀。至今窥牧马,不敢过临洮", "临洮")
dis strpos("北斗七星高,哥舒夜带刀。至今窥牧马,不敢过临洮", "长安")
```

2. ustrpos(s1,s2[,n])函数

ustrpos(s1,s2[,n])函数用于返回 unicode 字符串 s1 中首次出现 s2 的位置,如果不存在则返回 0,n 为起始位置,默认为 0。

```
dis ustrpos("Keep on going and never give up", "on")
dis ustrpos("北斗七星高,哥舒夜带刀。至今窥牧马,不敢过临洮", "斗")
dis ustrpos("北斗七星高,哥舒夜带刀。至今窥牧马,不敢过临洮", "刀")
dis ustrpos("北斗七星高,哥舒夜带刀。至今窥牧马,不敢过临洮", "临洮")
dis ustrpos("北斗七星高,哥舒夜带刀。至今窥牧马,不敢过临洮", "长安")
```

3. strrpos(s1,s2)函数

strrpos(s1,s2)函数用于返回字符串 s2 在字符串 s1 最后出现的位置。

```
dis strrpos("北斗七星高,哥舒夜带刀。至今窥牧马,不敢过临洮", "马")
```

4. ustrrpos(s1,s2,[,n])函数

ustrrpos(s1, s2, [,n])函数用于返回 Unicode 编码字符串 s2 在 s1 中最后出现的位置,如果指定 n 且大于 0,则只搜索 s1 的第一个 Unicode 字符和第 n 个 Unicode 字符之间的部分。

```
dis ustrrpos("北斗七星高,哥舒夜带刀。至今窥牧马,不敢过临洮","马")
dis ustrrpos("霏霏点点回塘雨,双双只只鸳鸯语。", "点",3)
dis ustrrpos("霏霏点点回塘雨,双双只只鸳鸯语。", "点",4)
dis ustrrpos("霏霏点点回塘雨,双双只只鸳鸯语。", "点",10)
```

字符示性函数的应用范围很广泛,例 6-10 给出了不同的字符示性函数的应用范例。

例 6-10   字符示性函数的应用。

```
clear
cd "D:\Stata 数据分析与建模\数据代码\第 6 章"
use 春江花月夜.dta
sxpose,clear          //转置
stack _var1 _var2 _var3 _var4 _var5 _var6 _var7 _var8 _var9, into(ts)
gen yue1 = index(ts, "月")
gen yue2 = ustrpos(ts, "月")
gen yue3 = strrpos(ts, "月")
gen yue4 = ustrrpos(ts, "月")
```

视频讲解

6.5.4   替换函数

1. subinstr(s1,s2,s3,n)函数

s1 表示原字符串,s2 表示要被替换的字符串,s3 表示替换成的字符串,n 表示替换前 n 个,当 n 为. 时表示全部替换(. 表示无穷大)。

```
di subinstr("this is the day","is","IS",1)
di subinstr("this is the hour","is","IS",2)
di subinstr("this is this","is","IS",.)
di subinstr("僧敲月下门","敲","推",.)
di subinstr("长安一片月,万户捣衣声","户","家",.)
```

2. usubinstr(s1,s2,s3,n)函数

usubinstr(s1,s2,s3,n) 函数用于处理 unicode 编码字符串,作用同 subinstr(s1,s2,s3,n)函数。

```
di usubinstr("this is this","is","IS",.)
di usubinstr("僧敲月下门","敲","推",.)
di usubinstr("长安一片月,万户捣衣声","户","家",.)
di usubinstr("唧唧复唧唧","唧唧","吵吵",2)
di usubinstr("夜阑人静万籁悠,一盏明灯伴书舟","一盏明灯","一轮明月",.)
```

3. subinword(s1,s2,s3,n)函数

subinword(s1,s2,s3,n)函数用于替换字符串中的以空格隔开的单词字符串。

```
dis subinword("this is an island", "is", "X", 1)
dis subinword("青 青河畔草,郁郁园中柳","青","绿",.)
dis subinword("青 青 河畔草,郁郁园中柳","青","绿",.)
```

```
dis subinword("青青 河畔草,郁郁园中柳","青","绿",.)    //注意青未变
dis subinword("青青 河畔草,郁郁园中柳","青青","绿绿",.)
```

4. plural(n,s1,s2)函数

plural(n,s1,s2)函数可以给 s1 添加删减后缀,当 n 的取值不为+/-1 时,如果 s2 前有 "+",添加 s2 至 s1 后面;若 s2 前有"-",在 s1 中去掉 s2;如果 s2 前没有"+/-",只返回 s2。当 n 的取值不为+/-1 时,返回 s1。

```
dis plural(2,"清风几万里", "+江上一归人")
dis plural(2, "清风几万里", "-清风")
dis plural(2, "清风几万里", "江上一归人")
dis plural(1, "清风几万里", "江上一归人")
dis plural(2, "长安", "+三万里")
dis plural(2, "长安三万里","-三万里")
```

例 6-11　plural()函数的应用。

```
clear all
input str10 city str10 shi
"南京" "市"
"哈尔滨" "市"
"苏州" "市"
"西安" "市"
end
replace shi = "+" + shi          //给字符 shi 加上"+"符号
gen newcity = plural(2,city,shi)
gen newcity2 = city + "市"       //效果同上
```

6.5.5　截取函数

1. substr(s,n1,n2)函数

该函数建立在字节的基础上,用于提取字符串某一部分的子字符串,s 表示某一原字符串,n1 表示开始提取字节的位置,n2 表示需要提取的子字符串所占字节的长度。如果 n1<0,则从字符串倒数第 n1 个字节处开始提取;如果 n2=.(缺失值),则提取的是从 s 的第 n1字节到最后一字节。

视频讲解

```
dis substr("2023-08-07", 1, 4)
dis substr("2023-08-07", 6, 2)
dis substr("2023-08-07", 9, 2)
dis substr("210905197807210546", 1, 6)
dis substr("210905197807210546", -4, .)
dis substr("大鹏一日同风起,扶摇直上九万里",1,1)
dis substr("大鹏一日同风起,扶摇直上九万里",1,6)    //在 stata16 版本中一个汉字 3 字节
dis substr("大鹏一日同风起,扶摇直上九万里",-12,6)
```

2. usubstr(s,n1,n2)函数

该函数基于 Unicode 提取字符串中的子字符串,s 表示某一原字符串,n1、n2 表示从第

n1 个 Unicode 字符开始,提取长度为 n2 的 Unicode 字符,这里的长度相当于字符的个数。如果 n1＜0,则从字符串倒数第 n1 个字符处开始提取;如果 n2＝(缺失值),则提取的是从 s 的第 n1 字符到最后一字符(可以简单理解为不带 U 的按字节算,带 U 的按个算)。

```
dis usubstr("210905197807210546", 1, 6)
dis usubstr("210905197807210546", -4, .)
dis usubstr("大鹏一日同风起,扶摇直上九万里",1,1)
dis usubstr("大鹏一日同风起,扶摇直上九万里",1,6) //在stata16 版本中一个汉字 3 字节
dis usubstr("大鹏一日同风起,扶摇直上九万里", -4,2)
```

3. ustrleft(s,n)函数

ustrleft(s,n)函数用于截取 s 的前 n 个字符,适用于 Unicode 编码。

```
di ustrleft("长安三万里",2)
```

4. ustrright(s,n)函数

ustrright(s,n)函数可以从 s 的结尾处开始截取 n 个字符,适用于 Unicode 编码。

```
di ustrright("亭台六七座",3)
```

5. word(s,n)函数

word(s,n)函数能够返回字符 S 的第 n 个位置的以空格计数的单词。若不存在,则返回缺失值。当 n＞0 时,从字符 s 左边开始截取;当 n＜0 时,从字符右边开始截取。

```
di word("长 风 破 浪 会 有 时 , 直 挂 云 帆 济 沧 海", 1)
di word("长 风 破 浪 会 有 时 , 直 挂 云 帆 济 沧 海", 10)
di word("长风 破浪 会有时", 3)
di word("长风 破浪会有时", -1)
```

这几类函数在实际场景中具有很高的应用价值,例 6-12 进行了示范。

例 6-12 上市公司日期、行业代码和所在地的处理。

```
clear
cd "D:\Stata 数据分析与建模\数据代码\第 6 章"
shellout company.txt               //查看文件
import delimited company.txt, clear
save company.dta, replace
browse
 * 从 date 中分离出年、月、日的多种方法
gen year = int(date/10000)
tostring date, gen(date1)          //转为字符
gen year1 = substr(date1,1,4)
gen year2 = real(year1)
gen month = substr(date1,5,2)
gen month1 = real(month)
gen day = substr(date1,7,2)
gen day1 = real(day)
browse
 * 从行业大类 sic 中分离出行业门类
```

```
use company.dta,clear
gen sic_men0 = substr(sic,1,1)
encode sic_men0, gen(sic_men)
tab sic_men
label list sic_men
* 从地点中分离出省份和城市
use company.dta,clear
list
gen province1 = substr(location, 1,2)
gen city1 = substr(location, 4,4)
list location province1 city1
gen province2 = word(location, 1)
gen city2 = word(location, 2)
list location province1 city1 province2 city2
```

6.5.6 匹配函数

1. strmatch(s1,s2)函数

视频讲解

若 s1 能与 s2 完全匹配,返回 1,否则为 0,常与?或 * 联合使用。?代表一个字节, * 代表 0 个以上的任意字节数。

```
dis strmatch("C51", "C")
dis strmatch("C51", "C*")
di strmatch("17.4","1??4")
dis strmatch("江苏省常州市","常州市")
dis strmatch("江苏省常州市"," * 常州市 * ")
dis strmatch("江苏省常州市","???常州市")
```

strmatch(s1,s2)函数可以用于不规则文本的提取。

例 6-13 银行名称的提取。

```
clear
cd "D:\Stata 数据分析与建模\数据代码\第 6 章"
use bank.dta, clear
tab objnm
list in 1/15
* 提取出关联银行总部的名称
keep in 1/15
gen bank = objnm
replace bank = "中国农业银行" if strmatch(bank," * 农业银行 * ")
replace bank = "招商银行"     if strmatch(bank," * 招商 * ")
replace bank = "中国银行"     if strmatch(bank," * 中国银行 * ")
replace bank = "中国工商银行" if strmatch(bank," * 工商 * ")
replace bank = "兴业银行"     if strmatch(bank," * 兴业 * ")
replace bank = "光大银行"     if strmatch(bank," * 光大 * ")
replace bank = "交通银行"     if strmatch(bank," * 交通 * ")
replace bank = "北京银行"     if strmatch(bank," * 北京 * ")
compress
browse
```

2. uisdigit(s)函数

判断 s 的第一个字符是否是数字,如果是,返回 1,不是则返回 0。此函数适用于 Unicode 编码。

```
di uisdigit("1 片雪花")
di uisdigit("雪花一片")
```

3. uisletter(s)函数

判断 s 的第一个字符是否是字母,如果是,返回 1,不是则返回 0。此函数适用于 Unicode 编码。

```
di uisletter("1one")
di uisletter("one1")
```

6.5.7 字符统计类函数

1. strlen(s)函数

该函数建立在字节的基础上,返回字符串以 ASCII 编码的长度,即计算字符串中包含字节的长度。

```
dis strlen("stata")
dis strlen("é")    //在 UTF-8 编码中,任何超出了 ASCII 编码范围的 unicode 字符(即其代码点大
                   //于 127),将长度超过 1 字节
dis strlen("平")   //对于一个汉字,若以 ASCII 编码来计算,其长度为 3
dis strlen("塞下秋来风景异,衡阳雁去无留意")
dis strlen(",")    //中文标点,返回 3
dis strlen(",")    //英文标点,返回 1
```

2. ustrlen(s)函数

该函数建立在 unicode 的基础上,在 unicode 编码中,无论什么符号都只算一个字符,所以该函数的计算结果等同于字符串中的字符数。

```
dis ustrlen("I")
dis ustrlen("I who")
dis ustrlen("江畔何人初见月")
dis ustrlen("江畔 何人 初见月")
dis ustrlen("江畔何人初见 月 ")
```

3. wordcount(s)函数

返回字符串 s 中的以空格隔开的单词数。

```
di wordcount("江月何年初照人")
di wordcount("江月何年 初照人")
di wordcount("江月 何年 初 照人")
```

4. ustrwordcount(s[,loc])函数

Unicode 单词与 word()函数生成的 Stata 单词不同,Stata 单词是由空格分隔的标记。Unicode 单词是根据一些语言(中文、日语和泰语)的单词边界规则或词典生成的语言单位。如果发生错误,该函数可能返回一个负数。

```
di ustrwordcount("江月何年初照人")
di ustrwordcount("江月何年 初照人")
di ustrwordcount("江月 何年 初 照人")
di ustrwordcount("那年那月那人")
di ustrwordcount("那年 那月 那人")
di ustrwordcount("那些年那些月那些人")
```

6.5.8 删除字符串中的空格

在对字符串的处理中,经常需要对字符串中的空格进行处理。这些空格可能出现在字符串中间,也可能出现在两端。处理不同位置的空格,需要使用不同的函数。

1. stritrim(s)函数

将 s 中字符之间的连续多个空格删除至一个空格。无法去掉 s 字符串开头处和结尾处的空格,即 ASCII 码中的 char(32)。

2. strltrim(s)函数

去除字符串 s 开头的空格符。

3. strrtrim(s)函数

去掉 s 结尾处的空格。

4. strtrim(s)函数

去除字符串 s 开头和末尾的空格符。

5. ustrtrim(s)函数

去除字符串 s 开头和末尾的空格符与空白字符。

例 6-14 删除字符串中的空格。

```
clear
cd "D:\Stata 数据分析与建模\数据代码\第 6 章"
use 春江花月夜.dta
keep ts2
gen s1 = stritrim(ts2)        //将 s 中字符之间的连续多个空格删除至一个空格。无法去掉 s
                              //字符串开头处和结尾处的空格,即 ASCII 码中的 char(32)
gen s2 = strltrim(ts2)        //去除字符串 s 开头的空格符
format s2 % -20s              //左对齐
gen s3 = strrtrim(ts2)        //去掉 s 结尾处的空格
gen s4 = strtrim(ts2)         //去除字符串 s 开头和末尾的空格符
gen s5 = ustrtrim(ts2)        //去除字符串 s 开头和末尾的空格符和空白字符
gen s6 = subinstr(ts2," ","",.)//去除所有空格
```

6.5.9 字符大小写转化

1．strlower(s)函数

将字符串 s 中的 ASCII 编码的大写字母转化为小写字母,非 ASCII 字符保持不变。

```
dis strlower("我一边喝 CAFÉ,一边学习 STATA")
```

2．ustrlower(s[,loc])函数

将 unicode 编码的字符串 s 中的大写字母转化为小写字母,loc 用来指定语言。

```
dis ustrlower("我一边喝 CAFÉ,一边学习 STATA", "fr")
```

3．strproper(s)函数

将 s 的首字母和紧接着非字母字符后的字母大写,其他字母小写,非 ASCII 字符保持不变。

4．strupper(s)函数

将字符串 s 中的 ASCII 编码的小写字母转化为大写字母。

5．ustrupper(s[,loc])函数

将 unicode 编码的字符串 s 中的小写字母转化为大写字母,loc 用来指定语言。

6.5.10 转码函数

1．ustrfrom(s，enc，mode)函数

将以 enc 编码的字符串 s 转化为以 utf-8 编码的 unicode 字符串,参数 mode 用来控制如何处理 s 中的非法字符。

若 mode 为 1,表示非法字符用 unicode 字符\ufffd 代替;若 mode 为 2,表示跳过非法字符;若 mode 为 3,表示在第一个非法字符处停止,并返回空字符串;若 mode 为 4,表示非法字符用十六进制%Xhh 代替。

2．ustrto(s，enc，mode)函数

将 unicode 编码的字符串 s 转化为 enc 编码的字符串。mode 参数的设置与 ustrfrom( ) 类似。

3．tobytes(s[,n])函数

将不超过 200 个 unicode 编码的字符串转化为十六进制或十进制编码。如果 n 不指定或者指定为 0,则转化为十进制,否则为十六进制,即这个字符的 utf-8 编码。

```
di tobytes("a")
di tobytes("我")
di tobytes("大威天龙",1)   //"大威天龙"的 utf-8 编码
```

4. ustrtohex(s [,n])函数

将少于 200 个 unicode 编码的字符串转化为十六进制编码,即这个字符的 unicode 编码。n 表示从第 n 个字符开始转义。

```
di ustrtohex("大威天龙")   //"大威天龙"的 unicode 编码
```

5. ustrunescape(s)函数

十六进制编码转为 unicode 字符。

```
di ustrunescape("\u5927\u5a01\u5929\u9f99")
```

习题

1. Stata 中日期时间的存储形式有哪些?
2. 字符型日期的提取有哪几种方法?
3. 数值型日期的提取方法是什么?
4. 分布函数与概率密度函数的概念是什么?
5. 在 Stata 的字符串函数中,可以简单分为哪两种字符函数?
6. substr(s,n1,n2)函数的定义是什么?
7. usubstr(s,n1,n2)函数的定义是什么?
8. strmatch(s1,s2)函数的定义是什么?
9. ustrwordcount(s[,loc])函数需要注意什么?
10. ustrfrom(s,enc,mode)函数的定义是什么?

第7章

矩　阵

矩阵是高等代数中的常用工具,也经常运用于数理统计。本章简要介绍 Stata 中矩阵的使用,包括矩阵的定义、生成、运算等。可以使用 Stata 的帮助功能(help matrix、help function)查询矩阵使用的详细信息。

视频讲解

7.1　矩阵的生成

生成矩阵最常用的是 matrix 命令,对于特殊的矩阵可以使用 Stata 内置的矩阵函数进行定义。矩阵的基本操作包括行和列的定义与提取、矩阵和变量的转化等。

7.1.1　矩阵的定义

Stata 中的矩阵 matrix 可以简写为 mat。定义一个新的矩阵一般有两种方法：第一种方法是使用 matrix 命令,另一种方法是使用 matrix input 命令。

matrix 为矩阵定义命令,后面加矩阵名和具体行列数值。矩阵的每行数值用“\”隔开,每列数值用“,”分隔。比如读入一个新的矩阵 A,矩阵 A 的第一行的第一、二、三列数值分别为 1、0、1；第二行的第一、二、三列数值分别为 2、1、0；第三行的第一、二、三列数值分别为 -3、2、-5。定义矩阵的命令为

```
matrix A = (1,0,1\2,1,0\-3,2,-5)    //录入矩阵 A
matrix list A                       //显示录入的矩阵 A
```

matrix input 也可以定义矩阵,和 matrix 的差异在于 matrix 可以读入元素带有运算符号的矩阵,而 matrix input 仅限于数字。

```
matrix B = (6+1, 2*2/5 \ 6/4, 8-6\3,8)
matlist B    //显示录入的矩阵
matrix input C = (1,2 \ 3,4 \ 5,6)
matlist C    //显示录入的矩阵
```

在实际应用中,建议使用 matrix 命令。下面再介绍一些简单的矩阵显示、矩阵删除、矩阵重命名的命令。

```
mat dir           //列出内存中所有矩阵
mat list          //显示矩阵
mat drop          //删除矩阵
mat drop_all      //删除全部矩阵
mat rename        //矩阵重命名
```

例 7-1 矩阵的定义。

```
matrix D = (1 + 1,2 * 3/4 \ 5/2, 3^2)
matrix list D
matrix E = (2,3,4)
matrix list E
matrix F = (1\2\3)
matrix list F
matrix G = (4)
matrix list G
mat dir
mat rename G GG
mat drop E F G          //删除矩阵
mat dir                 //显示内存中的所有矩阵
sysuse auto,clear
reg price mpg
ereturn list            //注意返回值中有 e(b) 和 e(V),均为矩阵形式
mat list e(b)           //表示估计系数矩阵
mat list e(V)           //V 要大写,表示估计量的协方差矩阵
mat list e(V), format( %10.2f) nohalf noname title("随机矩阵") //mat list 可以添加一些选项功能
```

上面命令中的 nohalf 用于设置对称矩阵不以下三角形式显示;noname 用于隐去矩阵的行列名;title 用于设置矩阵的名称。更多选项可以查阅 help mat list。

7.1.2 生成特定格式矩阵

生成特定格式的矩阵可以使用前面介绍的定义方式,也可以使用一些特殊的矩阵命令。

例 7-2 生成特定格式的矩阵。

```
matrix A = J(5,3,0)         //生成一个 5 行 3 列的矩阵 A,矩阵中的元素均为 0
matrix list A
matrix I = I(4)
matrix list I               //生成一个 4 阶单位阵 I
matrix R = matuniform(3,5)  /* 生成一个 3 行 5 列的随机矩阵 R,每个随机元素均服从(0,1)均匀
                               分布 */
matrix list R
matrix d = (1,4,9)
matrix D = diag(d)          //以 d 中元素为对角元素生成对角矩阵 D
matrix list D
```

7.1.3　矩阵行和列的命名

在 Stata 中对于任意一个新定义的矩阵,系统会自动赋予行名和列名,分别为 r1,r2,…;c1,c2,…。在使用矩阵时,有时需要给它们一个自定义的名称,可以在命令 matrix 后面分别添加命令 rownames 和 colnames 就能完成对矩阵行和列的命名。对于一个普通定义的矩阵,默认的行名就是"r1","r2",…"r♯",默认的列名就是"c1","c2",…"c♯"。

例 7-3　矩阵行和列的命名。

```
mat A = (9,8,7\6,5,4\3,2,1)
mat list A        //观察矩阵行列名称
matrix rownames A = code num edu
matrix colnames A = obs1 obs2 obs3
mat list A        //重命名后观察矩阵行列名称
```

7.1.4　矩阵和变量的转化

Stata 中变量和矩阵可以进行相互转化,转化的命令分别是 mkmat 和 svmat,其中 mkmat 可以将数值型变量中的观测值转变为矩阵,svmat 命令可以将矩阵转变成变量。

例 7-4　矩阵和变量的转化。

```
sysuse auto,clear
mkmat mpg              //将变量 mpg 转化为矩阵
matrix list mpg
mkmat price foreign mpg, matrix(A)
matrix list A
clear all
mat B = (1,2,3\4,5,6\7,8,9)
svmat B,names(var)      //矩阵转换为变量
list
```

视频讲解

7.2　矩阵元素的提取

矩阵元素的提取既可以根据行和列的位置进行提取,也可以通过行名和列名进行提取。使用行列位置进行提取的格式为 matrixname[i,j],表示提取矩阵 matrixname 的第 i 行第 j 列元素。使用行名和列名进行提取的格式为 matrixname["rowname","colname"],表示提取矩阵 matrixname 中行名为"rowname"、列名为"colname"的元素。提取的元素可以赋值给新的矩阵或者标量,也可以直接在命令窗口进行显示。

例 7-5　矩阵单个元素的提取。

```
clear
mat A = (1,2,3\4,5,6\7,8,9)
mat list A
```

```
mat a1 = A[2,2]              //返回 A 矩阵 2 行 2 列的元素,并赋值给 a1 矩阵
mat list a1
mat a2 = A[2,3]
mat list a2
scalar s1 = A[2,2]          //返回 A 矩阵 2 行 2 列的元素,并赋值给 s1 标量
scalar list s1
di A[2,2]                   //返回 A 矩阵 2 行 2 列的元素,并直接显示在命令窗口
di A[3,1]
mat b1 = A["r2","c2"]       //返回 A 矩阵 2 行 2 列的元素,并赋值给 b1 矩阵
mat list b1
scalar b2 = A["r2","c2"]    //返回 A 矩阵 2 行 2 列的元素,并赋值给 b1 标量
scalar list b2
di A["r2","c2"]            //返回 A 矩阵 2 行 2 列的元素,并直接显示在命令窗口
di A["r3","c3"]
mat A[1,1] = 100           //该操作将 A[1, 1]重新赋值为 100,即元素的修改
mat list A
```

提取矩阵的多个元素可以用符号"`..`"实现,比如 matrixname [1..3,2..3]表示提取矩阵 matrixname 的第 1～3 行,第 2～3 列元素;matrixname [.,2...]表示提取矩阵 matrixname 的所有行,第 2 列至最后一列元素,当然也可以用行名和列名进行提取。

例 7-6　矩阵多个元素的提取。

```
clear
mat A = (1,2,3,1\4,5,6,2\7,8,9,3)      //生成 3 行 4 列矩阵
mat list A
mat A1 = A[1..3,2..4]                  //提取 1～3 行,2～4 列
mat list A1
mat A2 = A[1..., 2...]
mat list A2
mat A3 = A["r2", 1....]
mat list A3
```

由于 Stata 中很多的返回值是以矩阵的形式存储的,因此利用矩阵元素的提取功能可以对回归的结果进行提取。

例 7-7　提取回归的结果。

```
sysuse auto, clear
reg price rep78 headroom trunk weight length
eret list
matrix list e(b) +
matrix b = get(_b)    //"_b"为 stata 内置关键变量,表示使用任何估计命令后,所得的系数估计值
                      //向量或者矩阵或者单值都可以通过矩阵来表示
matrix list b
di _b[rep78]
di _b[_cons]
di _se[rep78]
matrix list e(V)
return list
matrix list r(table)
```

7.3 矩阵的运算

矩阵的运算是指一个矩阵与其他的数字或者其他的矩阵进行运算。根据参与运算的矩阵类型不同,矩阵的运算包括但不限于矩阵加法、矩阵减法、矩阵乘法以及矩阵转置。其中,矩阵加法指的是同型矩阵之间的加法,即对应元素相加;矩阵减法同样是指同型矩阵之间的减法,即对应元素相减;矩阵乘法比较特殊,只有当第一个矩阵 A 的列数和另一个矩阵 B 的行数相等时,A 和 B 才可以进行乘法运算。矩阵的转置是交换矩阵的行和列。矩阵的不同运算形式涉及不同的运算符,表 7-1 整理了常见的矩阵运算符。

表 7-1　常见的矩阵运算符

符　　号	说　　明
,	将行数相同的两个或者多个矩阵横向连接
\	将列数相同的两个或者多个矩阵纵向连接
+，−	矩阵的加法(减法),注意矩阵的行数和列数需都相同
*	矩阵相乘,左边矩阵的列数要等于右边矩阵的行数
/	矩阵与某个数相除
'	矩阵的转置

下面举例介绍矩阵运算。

例 7-8　矩阵运算。

```
clear all
mat A = (1,2,3\4,5,6\7,8,9)
mat list A
mat B = (2,6,4\6,4,6\1,5,3)
mat list B
mat C = A,B        //将 A B 矩阵横向拼接
mat list C
mat D = A − B
mat list D
mat E = A\B        //将 A B 矩阵纵向拼接
mat list E
mat F = A * B
mat list F
mat G = B/2
mat list G
mat H = A'
mat list H
mat I = A♯B        //矩阵之间的 Kronecker 积
mat list I
```

7.4 矩阵中的函数

Stata 中还有类型丰富的矩阵函数,使用好它们能够大大提升数据处理的能力,下面分别介绍。

1. get()函数

该函数用于获取 Stata 内部系统矩阵,可以允许的矩阵名称归纳如表 7-2 所示。

表 7-2 gen()允许的矩阵名称

矩 阵 名	说 明
_b	任何估计命令之后的系数矩阵
VCE	任何估计命令之后的(协)方差矩阵
Rr	test 命令之后的约束矩阵
Cns	任何估计命令之后的约束矩阵

get()函数的实际应用示例如下:

```
sysuse auto, clear
reg price mpg weight length
mat beta = get(_b)
mat vce = get(VCE)
mat list beta
mat list vce
```

2. cholesky(M)函数

对矩阵 M 进行 cholesky 分解,相当于进行开根号。这里要求矩阵 M 为正定对称矩阵。返回值为一个下三角矩阵。例如,对于上述估计结果中的(协)方差矩阵进行 cholesky 分解。

```
sysuse auto, clear
reg price mpg weight length
mat beta = get(_b)
mat vce = get(VCE)
mat list beta
mat list vce
mat vce_c = cholesky(vce)
mat list vce_c
```

3. J(r, c, z)函数

生成 r 行 c 列元素均为 z 的矩阵。

```
mat B = J(4, 5, 1)
mat list B
```

4. diag(M)函数

通过一个行(列)向量创建一个以此为对角线的方阵。

```
mat dia = J(5,1,1)
mat C = diag(dia)
mat list C
```

5. hadamard(M，N)函数

返回矩阵 M 和 N 对应位置元素乘积构成的矩阵。要求 M 和 N 维数相同。

```
mat M = (1,2,3\4,5,6)
mat N = (2,3,4\5,6,7)
mat list M
mat list N
mat MN = hadamard(M, N)
mat list MN
```

6. I(n)函数

返回 n 维单位阵。要求 n 为大于 1 且小于 c(max_matdim)的实数。若 n 为非整数，则对 n 四舍五入，例如：

```
mat I1 = I(2.9)
mat I2 = I(4)
mat list I1
mat list I2
```

7. inv(M)函数

返回矩阵 M 的逆矩阵。要求 M 为奇异矩阵，否则返回错误。

```
matrix M = (1,2,3\4,5,6\7,8,9)
matrix Minv = inv(M)
matrix list Minv
```

8. invsym(M)函数

返回对称矩阵 M 的逆矩阵。同样要求 M 为非奇异矩阵。

```
matrix M = (2, -8,0,3\ -8,0, -4,6\0, -4, -1, -2\3,6, -2,1)
matrix Minvs = invsym(M)
matrix list Minvs
```

9. matuniform(r,c)函数

返回一个 r ∗ c 矩阵，其元素服从(0，1)均匀分布。

```
matrix matuni = matuniform(5,6)
matrix list matuni
```

10. nullmat(matname)函数

如果矩阵存在则返回其本身，如不存在则返回空矩阵。

```
* 错误做法
forvalues i = 1/5{
```

```
    mat v = (v, 'i')
}
* 正确做法
forvalues i = 1/5{
    mat v = (nullmat(v), 'i')
}
mat list v
```

11. vec(M)函数

将矩阵 M 转变为列向量。

```
mat A = (1, 2 \ 3, 4 \ 5, 6)
mat list A
mat A_vec = vec(A)
mat list A_vec
```

12. vecdiag(M)函数

返回矩阵 M 的对角线组成的行向量。例如,通过 get() 函数获得 OLS 估计之后的 e(V)矩阵,将其赋值为 vce,然后通过 vecdiag() 函数得到其对角线组成的行向量,再通过 diag() 函数将这个行向量变为方阵,最后通过 cholesky() 函数对其进行 cholesky 分解,便可以得到估计系数的标准误差。

```
sysuse auto, clear
reg price mpg weight length
mat vce = get(VCE)
mat se = cholesky(diag(vecdiag(vce)))
mat list se
```

13. colnumb(M,s)函数

返回列名为 s 的列在矩阵 M 中的列索引,如果 s 未发现,则返回缺失值。

```
sysuse auto, clear
reg price mpg weight length
mat vce = get(VCE)
mat list vce
dis colnumb(vce, "length")
```

14. rownumb(M,s)函数

与 colnumb(M,s)类似,返回行名为 s 的行在矩阵 M 中的行索引,如果 s 未发现,则返回缺失值。

```
sysuse auto, clear
reg price mpg weight length
mat vce = get(VCE)
mat list vce
dis rownumb(vce, "_cons")
```

15. colsof(M)函数

返回矩阵 M 的列数。

```
sysuse auto, clear
reg price mpg weight length
mat vce = get(VCE)
mat list vce
dis colsof(vce)
```

16. rowsof(M)函数

类似 colsof(M)，返回矩阵 M 的行数。

```
sysuse auto, clear
reg price mpg weight length
mat vce = get(VCE)
mat list vce
dis rowsof(vce)
```

17. det(M)函数

返回矩阵 M 的行列式值(特征值的乘积)，M 必须为方阵。

```
mat A = (1, 2 \ 3, 4)
dis det(A)
```

18. diag0cnt(M)函数

返回矩阵 M 对角线元素中 0 的个数，要求 M 为方阵。

```
mat B = (1, 2, 5 \ 3, 0, 4 \ 5, 6, 0)
dis diag0cnt(B)
```

19. el(s,i,j)函数

获取矩阵名为 s 的 i 行 j 列元素。如果 i、j 超出了索引范围或矩阵 s 不存在，则返回缺失值。

```
mat B = (1, 2, 5 \ 3, 0, 4 \ 5, 6, 0)
dis el("B", 2, 3)
```

20. issymmetric(M)函数

判断矩阵 M 是否为对称矩阵，如果是，则返回 1，否则返回 0。

```
matrix M = (2,-8,0,3\-8,0,-4,6\0,-4,-1,-2\3,6,-2,1)
di issymmetric(M)
```

21. matmissing(M)函数

判断矩阵 M 是否有缺失值，如果存在元素为缺失值，则返回 1，否则返回 0。

```
matrix M = (2, - 8,0,3\ - 8,0, - 4,6\0, - 4, - 1, - 2\3,6, - 2,1)
di matmissing(M)
```

22. trace(M)函数

返回矩阵 M 的迹,即其特征值之积。

```
mat A = (1, 2 \ 3, 4)
dis trace(A)
```

例 7-9 给出了矩阵函数中的综合练习,读者可以尝试自行操作,并观察结果,有助于理解矩阵函数的功能。

例 7-9 矩阵中的若干函数练习。

```
clear all
mat A = (1,1,1\2,2,2\3,3,3)
mat rownames A = a b c
mat colnames A = obs1 obs2 obs3
disp rownumb(A,"b")
disp colnumb(A,"obs3")
disp colsof(A)
disp rowsof(A)
disp diag0cnt(A)
disp el(A,2,2)
disp det(A)
disp trace(A)
disp matmissing(A)
disp issymmetric(A)
```

习题

1. 请描述什么是矩阵。
2. 定义一个新的矩阵有哪些方法?
3. Stata 中变量和矩阵进行相互转化的命令是什么?
4. Stata 中矩阵行和列是怎样命名的?
5. Stata 中矩阵元素是如何提取的?
6. 矩阵的运算指的是什么?
7. Stata 中 cholesky(M)函数是什么含义?
8. Stata 中 get()函数可以允许的矩阵名称包括哪些?
9. 与其他统计软件相比,Stata 在矩阵操作上的优势是什么?
10. 与其他统计软件相比,Stata 在矩阵操作上的劣势是什么?

第8章

宏与返回值

宏是 Stata 程序的临时单元(也称为暂元),通过 help macro 命令可以发现 Stata 中宏的类型很多,包括 global、local、tempvar、tempname 以及 tempfile 等多种类型。其中 global 和 local 分别称为全局宏与局部宏,用于存储不同的元素。数值、字符串、变量、文件名、路径等各种信息,均可以通过 global 和 local 进行存储和调用。tempvar、tempname 和 tempfile 命令分别用于创建临时变量、临时标量/矩阵以及临时文件。这些命令在编程中有很大的用处。本章重点介绍 Stata 中常用宏的用法,同时介绍标量与宏的一些区别,最后对 Stata 命令的返回值进行系统的介绍。

视频讲解

8.1 local 与 global

local 和 global 的功能都是用一个字符串(宏的名称)来代表其所定义的内容,local 称为局部宏(local macro)、global 称为全局宏(global macro)。对宏的使用包括定义宏与引用宏两个步骤,只有宏被定义过才可以通过引用的方式使用宏中存储的信息。

8.1.1 局部宏 local

在 Stata 中,local 是一个用于定义局部宏的命令。局部宏是一种临时的变量存储机制,它只在当前的 Stata 环境中有效,一旦环境改变,局部宏就会失效。因此,局部宏通常用于存储临时的变量或表达式,以方便在后续的命令中使用。

1. 局部宏的定义

局部宏的定义语法为

```
local lclname [ = exp | :extended_fcn | "[string]" | '"[string]"' ]
```

其中,local 用于声明定义了一个局部宏;lclname 是用户自定义的局部宏名称,可以是字母或下画线开头的标识符;方括号中的内容是局部宏定义的具体内容,可以是表达式、扩展宏函数、字符串等；＝exp 表示将表达式 exp 的结果赋值给局部宏；:extended_fcn 表示将扩展宏函数的返回值赋值给局部宏；"[string]" 或'"[string]"'表示将字符串[string]赋值给局部宏。

定义局部宏之后，可以在后续的 Stata 命令中使用局部宏中存储的数据或表达式，提高代码的可读性和可维护性。需要注意的是，局部宏只在当前的环境中有效，一旦环境改变，局部宏就会失效。此外，字符串最好使用双引号(" 和 ")来界定(当然也可以省略)；如果字符串内部包含引号，则需要使用复合双引号('" 和 "')。

2．局部宏的引用

局部宏通过左撇号(')与右撇号(')引用，即'lclname '的形式。此时，'lclname '就代表了其所定义的内容。局部宏中的左撇号(')位于键盘中 Tab 键上方，右撇号(')位于 Enter 键左边。

例 8-1 local 的应用 1。

```
clear all
local 1 2
disp '1'

local a 3 + 3
di 'a'              //显示为 6,因为调用的是 3 + 3
di "'a'"            //因为加上了双引号,所以把 a 里面装的东西(3 + 3)整体作为字符串显示,为 3 + 3

local b = 3 + 3
di 'b'              //显示也为 6
di "'b'"            //把 b 里面装的东西整体作为字符串显示,为 6

clear all
local a = 1
local d 'a' + 1
di 'd'              //显示为 2
di "'d'"            //把 d 里面的东西整体作为字符串显示,为 1 + 1
local e = 'a' + 1
di 'e'              //显示为 2
di "'e'"            //显示为 2
* 可见没有 = 号时,local 里面装的就是原来的宏内容,而当有 = 号时,local 里面装的是赋值的结果
clear all
local y 1 3 5 7 9   //y 里面装了 1 3 5 7 9
disp 'y'            //显示 13579,这个结果等同于直接 disp 1 3 5 7 9,打印出一串数字
disp "'y'"          //显示 1 3 5 7 9,打印出 1 3 5 7 9 这个字符串
```

在 local 使用过程中，要注意引用变量与引用字符串的区别。

例 8-2 local 的应用 2。

```
local a my
local b city
disp "'a''b'"       //由于有双引号,Stata 把宏的内容作为字符串显示
disp "'a'""'b'"     //同上
disp 'a''b'         //显示 "mycity not found"。由于没有双引号,因此相当于直接执行 disp mycity,由
                    //于 mycity 不是数字,这时 Stata 会检验有没有一个变量叫 mycity,如果有,则显示
                    //其第一个观察值,如果没有找到这个变量,则显示"mycity not found"
```

```
clear
set obs 10
gen mycity = 50
local a my
local b city
disp 'a''b'   //输出 mycity 的第一个观测值
```

在引用的过程中,要注意" "的应用。

例 8-3 加与不加" "的区别。

```
clear all
set obs 1            //设置观测数量为 1,创建一个具有一个观测的数据集
local a = 10         //创建一个本地宏(变量),将值 10 赋给它
gen nx = 'a'         //生成一个名为 nx 的变量,将本地宏 a 的值(即 10)赋给它;注意:在 Stata 中,
                     //用单引号'来引用宏的值
gen sx = "'a'"       //生成一个名为 sx 的字符串变量,将本地宏 a 的值(即 10)作为字符串赋给它;
                     //注意:在字符串中,用双引号""来引用宏的值
gen ny = '= 10'      //生成一个名为 ny 的变量,将数值 10 赋给它;'= 10'表示将表达式的结果赋给
                     //变量,此处结果为 10
gen sy = "'= 10'"    //生成一个名为 sy 的字符串变量,将数值 10 作为字符串赋给它;在字符串中,
                     //'= 10'会被求值为 10,然后赋给变量
edit
```

8.1.2　全局宏 global

global 称为全局宏。在 Stata 中全局宏(global)是一种存储和传递数据的方式,它可以在整个 Stata 会话期间被访问和修改。通过使用全局宏,用户可以定义自己的命令或函数,并将其存储在全局宏中,以便在后续的 Stata 会话中重复使用。全局宏(global)为全局可用,一经定义,不限制使用时间与使用次数,可以随时引用,直到清空当前内存。

1. 全局宏的定义

全局宏的定义语法为

```
global mname [ = exp | :macro_fcn | "[string]" | '"[string]"']
```

其中,global 声明是对全局宏进行定义;mname 是宏的名称,可以自定义;方括号中的内容是宏的定义内容,可以是表达式、宏函数、字符串等;＝exp 表示将表达式 exp 的结果赋值给宏;:macro_fcn 表示将宏函数 macro_fcn 的结果赋值给宏;"[string]"或'"[string]"'表示将字符串[string]赋值给宏。需要注意的是,字符串最好使用双引号(" 和 ")来界定(当然也可以省略);如果字符串内部包含引号,则需要使用复合双引号('" 和 "')。

2. 全局宏的引用

全局宏通过符号($)引用,即 $ mname 的形式。此时,$ mname 就代表了其所定义的内容。

例 8-4 global 的应用。

```
global z hey boy
disp " $ z "        //显示为 hey boy
disp $ z            //显示"hey not found",原因同上,即没有找到 hey 这个变量。此时,在命令窗口执行
                    //disp " $ z",可以执行成功,这是全局宏 global 不同于局部宏 local 的地方
```

global 可以进行嵌套引用,示例如下。

例 8-5　global 的理解。

```
clear
set obs 10
global b1 "mycity"           //这里的两个双引号以及下面的双引号可以省略
global a "b"                 //同上
global i = 1
gen ${ $ a $ i} = "wuhan"    //相当于 gen mycity = "wuhan"
br
```

与 local 类似,global 所引用的内容只有在调用时才需要定义。

例 8-6　综合运用。

```
sysuse auto,clear
global option ", robust"     //这里的两个双引号以及下面的双引号,完全省略,加上只是为了看起
                             //来方便。对于 Stata 而言,宏名是一个容器,里面装的宏内容,但在定
                             //义的时候 Stata 并不检测宏的内容是什么,只有在调用的时候才进行
                             //定义
global huigui regress
local var "price mpg rep78 headroom trunk weight length foreign"
$ huigui 'var' $ option
```

在 Stata 中,global 和 local 是两种不同的宏定义方式,它们在定义和使用上存在一些区别。global 宏是全局的,在整个 Stata 会话期间都可见,而 local 宏只在当前的环境中有效,一旦环境改变就会失效(如在 do 文件定义的 local,在命令窗口无法调用)。因此,使用 global 宏的好处之一是可以方便地在不同的 Stata 环境中重复使用定义好的命令或函数,而 local 宏则可以在不同的 Stata 命令之间临时传递数据或表达式,以便在需要时重复使用。另外,对于 local 而言,还存在 local { ++lclname | --lclname }的语法结构,表示的是局部宏名称的自增和自减操作。其中++lclname 表示将局部宏名称 lclname 的值自增 1。换句话说,会将 lclname 的值增加 1。--lclname 表示将局部宏名称 lclname 的值自减 1。这意味着会将 lclname 的值减少 1。这种操作在编程中常用于生成一系列相关的局部宏名称,例如 lclname1、lclname2、lclname3 等。通过自增和自减操作,可以方便地生成这些名称,从而在代码中使用。最后需要说明的是,宏作为一个独立的系统,有其对应的宏管理命令,如 macro list(显示宏列表)、macro dir(显示宏)以及 macro drop(删除自宏)等。

8.2　宏扩展函数 dir 的用法

在 Stata 中,宏扩展函数(Macro Functions)用于在宏中动态地执行计算、表达式和函数

视频讲解

的功能。这些函数允许在宏中使用表达式,以便生成更灵活和动态的代码。global 与 local 的语法结构分别为

```
global  mname  [ = exp | :macro_fcn | "[string]" | '"[string]"']
local   lclname [ = exp | :macro_fcn | "[string]" | '"[string]"']
```

其中,macro_fcn 就是所谓的宏扩展函数,注意在应用宏函数的时候,前面要加上":"。宏扩展函数的内容非常丰富,读者可以通过 help extended_fcn 查阅更多信息。这里仅介绍宏扩展函数中 dir 的一些常见用法。dir 是数据分析中常用于定义文件名和文件路径的宏扩展函数,其基本语法为

```
local lclname : dir ["]dirname["] { dirs | files | other } ["]pattern["] [, nofail respectcase]
```

其中,lclname 为宏的名称,用于存储后面指定的内容;dirname 为当前路径名称;dirs | files | other 分别代表文件夹、常规文件、非常规文件;pattern 为文件或文件夹样式;nofail 表示若当前目录下含有太多文件名,则返回适合 mname 的文件名,而不报错;respectcase 表示保留原有文件(夹)名称的大小写形式,否则英文字母默认输出为小写形式。

在当前章节对应的数据文件下有一系列子文件夹:"财务报表""基尼系数""上市公司基本信息",这三个文件夹下分别含有对应的文件数据。

1. 存储文件夹的名称

将"财务报表""基尼系数""上市公司基本信息"三个子文件夹的名称作为存储内容放入宏 list 中。

例 8-7 存储文件夹的名称。

```
clear all
cd "D:\Stata 数据分析与建模\数据代码\第 8 章"  //指定路径
local list : dir "." dirs " * ", respectcase      //文件夹的名字为字符串
disp '"'list'"'                                    //'" "'绝对引号
 * 其中,"."和" * "为通配符;"."代表当前路径," dir "." "表示遍历当前路径;" * "可匹配任意零
个、单个或多个字符," dirs " * "表示遍历当前路径下的所有文件夹
 * 也可以将"."替换为相应的路径名称,示例如下:
clear
local list : dir " D:\Stata 数据分析与建模\数据代码\第 8 章" dirs " * ", respectcase
disp '"'list'"'
```

2. 存储文件的名称

可以用" dir "." "表示遍历当前路径,并用" files " * " "匹配任意格式的文件名。

例 8-8 存储文件的名称。

```
clear
cd "D:\Stata 数据分析与建模\数据代码\第 8 章\财务报表"  //指定路径
local files: dir "." files " * ", respectcase
disp '"'files'"'
```

在实际操作中,可能只需要处理特定类型的文件,如果需要扩展名为 dta 的文件、名称首字母为"L"的文件或是以汉字"表"结尾的文件,分别执行如下程序。

例 8-9 处理特定类型的文件。

```
clear
cd "D:\Stata 数据分析与建模\数据代码\第 8 章\财务报表"        //指定路径
local list1: dir "." files "∗.dta", respectcase
disp '"'list1'"'
local list2: dir "." files "L∗", respectcase
disp '"'list2'"'
local list3: dir "." files "∗表.∗", respectcase
disp '"'list3'"'
∗存储当前路径下子文件夹里面的文件,可以采用 local list : dir "当前路径下子文件夹名称"
files "∗"的方式将某一子文件夹下的文件名存储于局部宏 list 中。示例如下:
clear
cd "D:\Stata 数据分析与建模\数据代码\第 8 章\财务报表"        //指定路径
local list: dir "财务报表" files "∗", respectcase
disp '"'list'"'
∗若要一次输出多个子文件夹下的文件名,则可结合循环句式,先将当前路径下多个子文件夹名称
放入局部宏中,再进行调用。示例如下:
local dirlist : dir "." dirs "∗"    //将子文件夹名称放入局部宏 dirlist 中
foreach dir in 'dirlist' {                         //对子文件夹名称进行循环
local filelist : dir "'dir'" files "∗"
disp '"'filelist'"'
}
```

8.3 临时文件的创建与恢复

视频讲解

1. tempvar、tempname 和 tempfile 命令

tempvar、tempname 和 tempfile 命令用于创建临时变量、临时标量/矩阵以及临时文件。临时元素在程序或 do 文件运行时存在,但一旦程序或 do 文件结束,它们会自动停止存在。在数据处理过程中,会产生一些中间的临时变量或文件,随着程序的退出,这些临时的中间变量或文件能自动消失,既不会破坏原始数据,又不会妨碍结果的生成。

(1) tempvar。

在 Stata 中,tempvar 是一个用于生成临时变量的命令。这些临时变量在代码运行结束后自动删除。确切地说,tempvar 命令生成的是临时变量的名称,这些名称可以用来在后面生成临时变量。这些临时变量在程序结束时会被自动删除。此外,tempvar 生成的变量名被保存在局部宏内,在后面引用时需要加引号。生成临时变量的命令格式为

```
tempvar var1 var2 …
```

例 8-10 临时变量 tempvar。

```
cls
clear
```

```
set obs 5
tempvar x y z          //指明临时变量名为 x 和 y
gen 'x' = _n           //生成临时变量'x',取值为 1,2,3,4,5
gen 'y' = _N           //生成临时变量'y',取值为 5,5,5,5,5
edit                   //查看数据编辑器,却并没有变量

gen zz = 'x' + 'y'     //将两个临时变量相加,得到新变量 zz
gen 'z' = 'x' + 'y'    //生成第三个临时变量 z
edit                   //查看数据库,只有新变量 zz
list                   //显示数据,注意临时变量的变量名为__000000 __000001
```

（2）tempname。

在 Stata 中,tempname 是定义临时矩阵或临时标量的基本命令。tempname 后面的字符串会作为临时矩阵或临时变量的名称。这些临时变量通常用于存储临时的计算结果或数据,并在程序结束时自动删除。定义临时矩阵的命令为

```
tempname ms1 ms2 …
```

这里,tempname 是定义临时矩阵或临时标量的基本命令,ms1、ms2 等代表临时矩阵或临时标量的名称。

（3）tempfile。

在 Stata 中,tempfile 是用于生成临时文件的命令。它可以在 Stata 中创建、保存和删除临时文件。定义临时文件的命令为

```
tempfile file1 file2 …
```

其中,tempfile 是定义临时文件的基本命令,file1、file2 代表临时文件的名称。创建临时文件后,可以在 Stata 中使用这个文件进行数据处理和分析。

2. 存储恢复命令 preserve 与 restore

在程序的运行过程中,有时候会破坏内存中的数据文件来获得预期结果,但有时我们并不希望改变内存的数据,这时可以使用 preserve…restore。preserve 命令可以把 preserve 之前的内容保存在一个临时内存空间中,并通过 restore 进行恢复。这样无论 preserve 之后我们对文件进行什么操作,都可以随时通过 restore 将 preserve 命令之前的文件恢复到内存中。这两个命令之间的操作不会对数据造成任何破坏。

例 8-11   preserve…restore 的应用。

```
sysuse auto, clear
preserve               //表明下面的操作将不破坏当前数据中的文件
keep price weight      //仅保留 price 和 weight 这两个变量
save master, replace   //保存新数据文件 master,该数据包含两个变量
drop weight            //去掉变量 weight,当前数据中只剩一个变量 weight
save part1,replace     //保存新数据文件 part1,该数据包含一个变量
use master, clear
drop price
```

```
rename weight price
append using part1
erase master.dta
erase part1.dta
restore    //回到 preserve 命令之前的数据集,即 auto
```

上面这个程序是一个不好的程序,因为中间性数据文件 master 和 part 并不是我们想要的,即使最后有 erase 命令将其删除,一旦在此之前强行退出,仍会导致这两个不必要的文件占用空间并造成混乱。因此,需要临时文件 tempfile。

例 8-12　tempfile 的应用。

```
sysuse auto, clear
preserve
keep price weight
tempfile master part1    //定义临时文件 master part1
save "'master'"
drop weight
save "'part1'"
use "'master'", clear
drop price
rename weight price
append using "'part1'"
restore
```

在这种情形下,无论是出现运行错误还是中途中止,都不会破坏原数据文件,也不会产生垃圾文件。

8.4　标量 scalar

标量(scalar)是用于存储单个数值或字符串的单元,可以像 global 或 local 那样进行定义。在 Stata 运算的过程中,不仅会产生宏(macro),也会产生标量(scalar),如 reg 命令会产生 e(F)、e(r2)等形式的标量。r 类对象和 e 类对象都包含标量,这些标量可以被进一步调用。命名标量时要注意优先级问题:如果一个变量和一个标量同名,Stata 将认为用户正在调用该变量。

8.4.1　标量的定义

标量定义的语法为

```
scalar [define] scalar_name = exp
```

其中 scalar 声明定义的对象为标量,[define]可以省略不写,scalar_name 为标量名称,可以自定义,exp 为表达式。

例 8-13　scalar 的用法。

```
scalar a = 2                    //赋予标量 a 的值为 2
dis a + 2                       //a + 2 = 2 + 2 = 4
scalar b = a + 3                //b = a + 3 = 2 + 3 = 5
di b                            //结果窗口显示出:5
scalar s = "hello"              //标量也可以为字符型
di s                            //结果窗口显示出: hello
scalar root2 = sqrt(2)
scalar im = sqrt( - 1)
scalar x = .a
scalar s1 = "hello world"
scalar s2 = word(s1,1)
scalar list
scalar drop a b
scalar drop _all
```

与 local 类似,scalar 也可以用于保存返回值。

例 8-14 使用 scalar 保存返回值。

```
sysuse auto.dta, clear
sum mpg, meanonly
scalar m1 = r(mean)
sum trunk, meanonly
scalar m2 = r(mean)
scalar df = m1 - m2
dis df
scalar list     //把所有的 scalars 显示出来
gen newvar1 = mpg * m1
dis newvar1
gen newvar2 = mpg * scalar(m1)
dis newvar2
* 当变量名和标量名相同时,Stata 将优先使用变量名,如果要强制使用标量,需要用 scalar
(varlist)
sysuse auto, clear
sum price
return list     //计算结果同时被存入一系列标量中
```

8.4.2 local 与 scalar 的区别

可以看出 local 和 scalar 有一些功能相似的地方,但也有区别。

一是在使用 local 命令调用局部宏时,需要使用'' 进行引用,scalar 则不需要。在大多数键盘上,左引号位于左上方波浪号下面,右引号位于中间位置的双引号下面。

二是 local 和 scalar 中都可以放入数值和字符串,但 local 还可以存放一个命令,scalar 则不行。例如:

```
local cmand "display"
'cmand' 1 + 2                   //显示为 3
scalar ccmand "display"         //出错
```

三是 scalar 可以保留任意长度字符串,甚至比 local 要长。同时,scalar 可以保存二进制数据,运行起来比 local 要加精确和迅速。这是因为 local 需要把内容转换为内部二进制表达式,再把二进制转换为宏的内容,在转换过程中可能会损失时间和精度。

整体来看,local 的使用范围更广,而在储存数值型数据方面,scalar 则比 local 更准确,运行速度也比较快。

8.5　Stata 命令的返回值

Stata 命令运行之后除了在窗口输出相关结果外,还会将结果以标量、局部宏等形式存储在内存之中,这些存储的结果称为留存值或者返回值,Stata 软件的返回值主要分为 4 类,分别为 r-class(r 类返回值)、e-class(e 类返回值)、c-class(系统类)和 s-class(s 类,其他类型,比较少见)。读者可以通过 help return 查看其帮助信息。在数据类型上,这些返回值主要通过标量(如 r(mean),r(max),e(r2),e(F))、矩阵(如 e(b),e(V))、局部宏(如 e(cmd),e(depvar))以及函变量(如 e(sample))4 种数据类型进行存储。

8.5.1　r 类返回值

与模型估计无关的命令的运行结果大多以 r 类返回值的形式被存储,如 summarize、describe 等命令的返回值,其结果被保存在 r() 中,大多数 Stata 官方命令属于 r 类命令。Stata 命令运行后,可以利用 return list 查看 r 类返回值。保存在 r() 中的命令,包括标量(scalar)、局部宏(local)以及矩阵(matrix)等形式。

例 8-15　r() 类返回值的调用。

```
sysuse auto, clear
sum price
return list
dis "汽车的平均价格是:" in green 'r(mean)' //以局部宏引用, ingreen 用于设置 dis 的显示颜色
dis "汽车的平均价格是:" in green  r(mean) //直接引用
local total = r(sum)
dis "所有汽车的价格总和是:" in green 'total'//以局部宏引用
```

返回值被存储以后,可以调用以便继续进行后续的分析。

例 8-16　r() 类返回值的应用。

```
cls
sysuse auto, clear
sum price
return list
reg price mpg
return list
use auto, clear
sum mpg
return list
gen s_mpg = (mpg - r(mean))/r(sd)   //调用返回值,进行变量标准化
```

8.5.2 e类返回值

与模型估计有关的命令的结果大多以 e 类返回值进行存储,如 regress 命令的返回值,其结果被保存在 e( )中。Stata 命令运行后,可以利用 ereturn list 查看 r 类返回值。

对于 e 类命令而言,用于估计的命令名称被保存在 e(cmd)中,完整的命令被保存在 e(cmdline)中,估计中使用的观测值个数被保存在 e(N)中,各观测值是否在估计中被使用则被保存在 e(sample)中。e(sample)存储的值为 0 和 1,其中 0 标识未使用的观测值,1 标识使用的观测值。系数向量和方差协方差矩阵分别被保存在 e(b)和 e(V)中。其他保存在各命令 e( )结果中的标量、宏或矩阵可参见相应的命令说明。

例 8-17 e( )类返回值的提取。

```
sysuse nlsw88, clear
local vv "wage age hours tenure union"
reg 'vv'
ereturn list
dis _b[age]                          //变量的估计系数
dis _b[_cons]                        //常数项
dis e(N)                             //样本数
dis e(r2)                            //R2
mat list e(b)                        //系数向量
mat list e(V), format( %6.2f)        //系数的方差－协方差矩阵
estat vce                            //系数的方差－协方差矩阵
di e(b)[1,1]                         //显示矩阵 e(b)的第一行第一列元素
```

返回值被存储以后,可以调用以便继续进行后续的分析。

例 8-18 e( )类返回值的调用。

```
sysuse nlsw88, clear
local vv "wage age hours tenure union"
reg 'vv'
ereturn list
di e(N)            //直接调用
di 'e(N)'          //直接调用
di "e(N)"          //显示 e(N)这字符串
di '"e(N)"'        //同上
di ' = e(N)'       //等价于 local xx e(N); di 'xx'
di '" = e(N)"'     //以字符串形式显示
di '""e(N)""'      //绝对引号 '"  "'中间放什么显示什么,可用于显示""
```

e(sample)存储的值为 0 和 1,其中 0 标识未使用的观测值,1 标识使用的观测值。

例 8-19 e(sample)的使用 1。

```
sysuse nlsw88, clear
local vv "wage age hours tenure union"
format 'vv' %6.3f
sum 'vv', format
reg 'vv'
sum 'vv' if e(sample) == 1, format
```

下面例子进一步阐述了 e(sample) 的应用场景。

例 8-20 e(sample) 的使用 2。

```
sysuse auto, clear
count if rep78 > 4
local vv price weight length rep78
reg 'vv' if rep78 <= 4
sum price                                //普通 sum 和回归需要的不一样
sum price if e(sample) == 1              //统计的是方程中用到的样本
gen e_sample = e(sample)
list rep78 e_sample in 1/20, sepby(e_sample)
tabstat 'vv' if e(sample), stat(mean sd min max N) format(%6.3f) c(s)
```

8.5.3 c 类返回值

c 类返回值主要存储系统的信息,可以在命令窗口输入 creturn list 查看。

例 8-21 c 类返回值的应用。

```
creturn list
* 显示系统的常量
dis 'c(pi)'            //圆周率
dis "'c(alpha)'"       //英文字母
dis "'c(seed)'"        //种子值
dis 'c(maxvar)'        //当前版本所允许的最大变量数
dis 'c(memory)'
clear
sysuse nlsw88, clear
dis 'c(k)'             //变量的个数
dis 'c(N)'             //观察值个数
* 显示文件路径
dis "'c(sysdir_personal)'"
dis "'c(sysdir_plus)'"
cd 'c(sysdir_personal)'
cd
dis '"'c(adopath)'"'
dis "'c(pwd)'"
adopath
* 显示时间日期
dis "'c(current_date)'" //当前日期
dis "'c(current_time)'" //当前时间
```

8.5.4 s 类命令

这类命令比较少见,读者可通过帮助文档自行了解相关信息,这里不再赘述。

习题

1. 请解释 Stata 中 local 的概念。

2. 局部宏的定义方式是什么?

3. 请解释 Stata 中 global 的概念。

4. 全局宏的定义方式是什么?

5. 比较 local 和 global 的区别。

6. local 宏和 global 宏在 Stata 编程中的各自优势是什么?

7. 在 Stata 中,tempvar 的含义是什么?

8. 在 Stata 中,tempname 的含义是什么?

9. 在程序的运行过程中,有时候会破坏内存中的数据文件来获得预期结果,但有时我们并不希望改变内存的数据,可以怎样做?

10. 请解释 Stata 中标量 scalar 的含义。

第**9**章

Stata循环与判断语句

循环与判断语句是较为常用的技术手段。在 Stata 中，表示循环的命令有 while、forvalues 及 foreach 三个，表示判断的语句主要是 if 结构。在循环中，while 语句依赖于条件进行循环，forvalues 语句按照数字进行循环，而 foreach 语句功能最强大，可以按照数字、变量、暂元、文件等进行循环。

9.1 while 语句

视频讲解

在 Stata 中，while 语句用于创建一个循环，重复执行一段代码，直到满足指定的条件而停止执行。while 语句的基本格式为

```
while exp {
        命令语句
        }
```

这里，while 是循环的基本命令语句，exp 为表达式。如果表达式的值为真（非 0），则执行下面大括号内的命令；程序会重复这个过程直到表达式 exp 的值为假（0）。while 可以嵌套于其他 while 当中。此外，如果 exp 为变量名，则变量的第一个观测值会被使用，除非通过下标指定为哪一个观测值。整个 while 语句要求左括号"{"与 while 在同一行上，且其后不能有内容（但允许注释），而右括号"}"要自己占一行。

例 **9-1** 用循环列出数字 1～5。

```
local i = 1                    //先将宏名为 i 的宏值设为 1
while 'i'< = 5 {               //判断如果宏值'i' 不大于 5,就执行{}中的命令,否则跳开
display in red "原值为" 'i'     //显示宏值'i'
local i = 'i' + 1             //重新设定宏名为 i 的宏值,令其等于'i' + 1
dis in green "加 1 之后为" 'i'
}
```

例 **9-2** 倒序显示数字。

```
local i = 10
while 'i'> 0 {
display "'i'"
local i = 'i' - 1
}
```

这里,程序 dwh 的第一步定义局部宏 i,其值等于输入的第一个参数的值。循环语句中,如果 i 的值为正,则显示字符串表明其现在的值,然后令局部宏 i 的值减 1,继续这个循环,直至 i 不大于 0。

例 9-3   生成随机变量。

```
clear
set obs 10
local i = 1
while 'i' < 10 {
        gen u'i' = runiform()
        local i = 'i' + 1
         }
list u1 - u5
```

视频讲解

9.2   forvalues 语句

在 Stata 中,forvalues 命令用于创建一个数值范围内的循环。它可以方便地执行重复的操作,例如生成一系列变量或者生成一系列数字等。forvalues 语句一般用于对连续的数值进行循环,其基本格式为

```
forvalues lname = range {
            commands referring to 'lname'
              }
```

forvlues 是对连续的数值进行循环的命令,lname 是局部宏的名称,用于存储每次循环的数值,range 代表数值的范围。这里同样要求左括号"{"与 forvalues 在同一行上,且其后不能有内容(但允许注释);而右括号"}"要自己占一行。

range 主要有如下几种形式。

(1) #1(#d)#2   表示从 #1 开始,到 #2 结束,步长为 #d;

(2) #1 / #2   表示从 #1 开始,到 #2 结束,步长为 1;

(3) #1 #t to #2   表示从 #1 开始,到 #2 结束,步长为(#t - #1);

(4) #1 #t:#2   表示从 #1 开始,到 #2 结束,步长为(#t - #1);

上述的"1"和"2"为泛指,代表任意自然数;# 可以为任何数。

例 9-4   显示数字 1~5。

```
forvalues i = 1/5 {
display 'i'   //和while输出完全等价,只是写法更简洁
}
```

forvalues 可以认为是 while 的一种变形,二者在程序的写法上有所不同,并且最终的结果也可能会有差异。比较下面两个程序是否完全等价。

forvalues 与 while 对数值进行循环时,有着相似的功能,但也有一定的区别。

例 9-5 比较 forvalues 与 while。

```
local j = 1            //先将宏名为 j 的宏值设为 1
while 'j' < = 5 {       //判断如果宏值'j'不大于 5,就执行{}中的命令,否则跳开
display 'j'            //显示宏值'j'
local j = 'j' + 1      //重新设定宏名为 i 的宏值,令其等于'j' + 1
}
disp 'j'              //显示为 6

forvalues i = 1/5 {    //这里 i 被赋值为 1 2 3 4 5
display 'i'           //显示宏值'i'
}
disp 'i'             //无结果显示
```

程序最后一行的执行无显示,原因在于'i'和'j'都是 local,但'i'定义在循环里面,循环结束时,'i'消失,而'j'在循环外面,循环结束时'j'依然存在。这是 local 的特点:子程序里面定义的,子程序外面无法调用(disp 'j'放到命令窗口依然无显示);循环里面定义的,循环外面无法调用。

例 9-6 倒序显示数字。

```
forvalues i = 4 ( - 0.2) 0{   //表示从#1开始,到#2结束,步长为 #d;起始值可大于终值,但步长
                              //应为负,步长可为小数
display 'i'
}
```

例 9-7 等步长显示数字。

```
forvalues i = 15 20 :30 {    //#1 #t : #2  表示从#1开始,到#2结束,步长为(#t - #1)
display 'i'
}
```

例 9-8 加法计算。

```
*用循环语句编写程序,计算 1 + 2 + 3 + … + 100
scalar s = 0      //scalar 命令生一个标量 s
forvalue i = 1/100 {
scalar s = s + 'i' //该标量 s 不断被替换,逐次加上 i 的取值
}
scalar list s
```

例 9-9 依次提取变量的取值。

```
sysuse auto, clear
keep in 1/10
local nn = _N
forval i = 1/'nn'{   //forval 是 forvalues 的简写
```

```
    di "' = price['i']'"
}
* 等价于
sysuse auto, clear
keep in 1/10
forval i = 1/' = _N'{
    di "' = price['i']'"
} //这部分代码与第一部分几乎相同,但在 forval 循环的终止值中使用了' = _N'来动态地获取当前
//数据集中的总观察值数
* 或者
sysuse auto, clear
keep in 1/10
local nn = _N
forval i = 1/'nn'{   //forval 是 forvalues 的简写
    di price['i']
}   //这部分代码与第一部分类似,但不使用反引号('')来引用 price['i'],而只是使用了 price['i']
```

在 Stata 中,' = _N'是一种特殊的写法,用于表示数据集中的总观察值数。在 Stata 中,_N 是一个系统变量,用于存储当前数据集中的总观察值数。也就是说,它表示数据集中有多少行(或观察值)。使用 = 符号后接_N(例如,= _N),它实际上是在获取系统变量_N 的值,而不是将_N 视为宏变量或其他类型的变量。这种写法常常用于动态地获取数据集中的观察值数,因为_N 的值会根据数据集的大小而变化。举例来说,如果数据集中有 100 个观察值,= _N 将被解释为 100;如果数据集中有 200 个观察值,= _N 将被解释为 200。

类似地,在 Stata 中,' = price['i']'(这里的 i 加引用,是因为 i 在程序中被定义了为 local)也是相似的处理方法,用于在循环中获取价格(price)变量的值,并将其作为字符串插入 Stata 命令中。

['i'] 是一种索引表示法,'i'通常是一个循环中的索引变量。在循环中,'i'的值会在每次迭代中不同(forval i = 1/'nn'),代表不同的观察值的索引。['i']表示根据当前循环迭代的 i 值来索引价格变量中的值。" = "是一个用于在 Stata 中进行宏替换的特殊符号。在这种情况下,' = price['i']'表示将 price['i']中的'i'值替换为当前循环迭代的观察值索引。举例来说,如果在循环的第一次迭代中'i'的值是 1,那么' = price['i']'将被解释为' = price[1]',即显示变量 price 的第一个观察值。这种写法常用于循环中,允许动态地访问数据集中的不同观察值的变量值,并在命令中使用这些值,这在需要根据不同观察值执行某些操作的情况下非常有用。

例 9-10 股票交易数据的下载与保存。

```
clear
cd "D:\Stata 数据分析与建模\数据代码\第 9 章"
cap mkdir temp\downloadstock   //在 temp 下新建 downloadstock 文件
cd "D:\Stata 数据分析与建模\数据代码\第 9 章\temp\downloadstock"
cntrade 2                       //下载万科上市以来的交易数据,2 为该企业的股票代码
//cntrade 为外部命令,需要安装 ssc install cntrade, replace
forvalues i = 1991/2022 {
```

```
preserve
keep if year(date) == 'i'
save 'i'.dta, replace      //每年的数据保存为一个 dta 文件
restore
}
```

例 9-11　下载 NBER 工作论文。

```
clear
forvalues i = 26068(1)26072 {
    cap copy https://www.nber.org/papers/w'i'.pdf w'i'.pdf, replace
    while _rc != 0 {
        disp "w'i'下载失败,10 秒后重新下载"
        sleep 10000
        cap copy http://www.nber.org/papers/w'i'.pdf w'i'.pdf, replace
    }
disp "w'i'下载完成"
}
```

上面语句中的 cap 有两个作用：一是不显示结果，类似于 qui；二是即使所在行的命令有问题也可继续执行后续的命令。_rc 是 Stata 运行 cap 命令时生成的一个系统标量，如果命令未出错，则_rc 值为 0，且该命令执行；若该命令出错，则_rc 值为对应的错误代码且该命令不执行。

9.3　foreach 语句

视频讲解

相比于 while 和 forvalues 仅能够对于表达式/数值进行循环，foreach 的循环功能十分强大，foreach 语句可以对数值、变量名、宏等各类条目(item)进行循环，其基本命令格式为

```
foreach lname {in| of listtype} list {
                commands referring to 'lname'
                              }
```

这里，foreach 是按条目循环的基本命令，该命令将局部宏 lname 依次设置为 list 中的各个元素，并对其执行大括号中的命令。如果 list 为空，该命令就会执行 0 次。当循环结束后，局部宏'lname'会自动被删掉。同样，左括号"{"必须与 foreach 在同一行上且其后不能有内容(但注释是允许的)，而右括号"}"必须自己占一行。下面对 foreach 的几种具体形式进行讲解。

1. foreach lname in anylist

该种形式允许使用一般形式的列表(list)，列表中的各个元素用空格分开。Stata 会重复执行{}中的代码，直到指定的列表被完全遍历。例如：

```
foreach lnname in mpg weight turn {
summarize 'lname'
}
```

在这段代码中，lnname 为局部宏的名称，可以自定义，指代每次循环的当前元素。mpg、weight 和 turn 是要遍历的列表内容。在循环的每次迭代中，summarize 命令会对当前列表中的元素（这里是 lnname）进行描述性统计，包括计算均值、中位数、标准差等。所以，这段代码的意思是：Stata 依次对变量 mpg、weight 和 turn 进行描述性统计。

2. foreach lname of local lmacname 或 foreach lname of global gmacname

上面语句中，第一种情形是对局部宏 lmacname 中的各项进行循环，第二种情形是对全局宏 gmacname 中的各项进行循环。由于在很多情况下，分析人员事先并不知道具体的循环元素，被循环的元素已经事先被存储在宏中了，所以这种形式很常见。此外，在所有的循环方式中，这两种方式的执行速度最快。例如，可以输入如下的命令：

```
local grains "rice wheat flax"
foreach x of local grains {
display "'x'"
}
```

上述命令的第一步先定义了局部宏 grains，其内容包括 rice、wheat 和 flax。第二步为循环语句，令局部宏 x 依次为 grains 的各项，并执行下面的语句（显示局部宏 x 的内容）。该命令的结果就是分行显示 rice、wheat 和 flax。而对于这个命令，也可以采取 foreach in 的形式进行循环，即输入命令：

```
foreach lname in 'grains' {
display "'lname'"
}
```

3. foreach lname of varlist varlist

上述命令中的 of 和第一个 varlist 是命令格式的一部分，属于固定表达。第二个 varlist 是具体的变量列表。例如，输入下面的语句：

```
foreach lname of varlist mpg weight turn {
summarize 'lname'
}
```

这里循环会执行三次，依次对 mpg、weight 和 turn 进行描述性统计。

4. foreach lname of newlist newvarlist

这里，foreach …of newlist… 是命令格式的一部分，lname 是局部宏的名称，newvarlist 是新变量列表。Stata 会检查指定的新变量名是否有效，但 Stata 并不自动将其生成。例如，输入下面的语句：

```
foreach var of newlist z1 - z5 {
gen 'var' = runiform()
}
```

在上述命令中，循环会执行 5 次，会依次生成 5 个服从均匀分布的变量，变量名分别为 z1、z2、z3、z4 和 z5。

5. foreach lname of numlist numlist

这里,foreach ⋯of numlist⋯是命令格式的一部分,lname 是局部宏的名称,numlist 是数字列表。例如,输入下面的语句:

```
foreach num of numlist 1/3 5 6/10 {
… 'num' …
}
```

表示对数字 1～3、5 以及 6～10 分别执行循环。此外,对于 foreach 的这几种形式,宏'ferest()'会包含当次循环中未被处理的元素,而一旦循环全部结束,宏'ferest()'就会被自动删除。

综上,用 foreach 做循环时,其命令格式为

```
foreach lname {in|of listtype} list {    //in 单用; of 后要有类型
                commands referring to 'lname'
}
具体可整理如下:
foreach lname in any_list { }
foreach lname of local lmacname { }
foreach lname of global gmacname { }
foreach lname of varlist varlist { }
foreach lname of newlist newvarlist { }
foreach lname of numlist numlist { }
```

其中 lname 为局部宏名称,可以自定义,lname 类似一个容器,代表 in 或者 of 后面的内容;any_list 可以是数值、变量甚至文件等。可以看出,in 后面直接跟列表内容,而 of 后面还要加列表的具体形式(of local, of global, of varlist, of newlist, of numlist),然后才是对应的内容。

(1) 如果循环的内容是变量且在 Stata 里已经进行了定义,推荐使用 foreach lname of varlist xx,示例如下:

```
foreach var of varlist pri - rep t * {
            quietly summarize 'var'
            summarize 'var' if 'var' > r(mean)
    }
```

(2) 如果循环的内容是变量但在 Stata 里并没有定义,应该使用 foreach lname of newlist xx,示例如下:

```
foreach var of newlist z1 - z20 {
            gen 'var' = runiform()
    }
```

(3) 如果循环的内容是数值,则应该使用 foreach lname of numlist xx。相比于 forvalues,foreach 的优势在于不要求数据完全等步长连续,这在很多情形下会十分方便,示例如下:

```
foreach num of numlist 1 4/8 13(2)21 103 {
                display 'num'
        }
```

（4）如果循环的内容包含在宏里，则应该使用 foreach lname of local/global xx，示例如下：

```
local grains "rice wheat corn rye barley oats"
foreach x of local grains {
                display "'x'"
        }
global money "Franc Dollar Lira Pound"
foreach y of global money {
                display "'y'"
        }
```

（5）如果循环的既不是数值，也不是变量（如文件），推荐使用 foreach lname in xx，示例如下：

```
foreach file in this.dta that.dta theother.dta {
                append using "'file'"
        }
foreach name in "Annette Fett" "Ashley Poole" "Marsha Martinez" {
                display length("'name'") " characters long -- 'name'"
        }
```

当然，foreach lname in xx 也可以对变量、数值和宏等进行循环，示例如下：

```
foreach lname in mpg price  { //in 后面跟变量
                quietly summarize 'var'
                summarize 'var' if 'var' > r(mean)
        }
foreach x in 1/1000 {     //in 后面为 range(数值范围)
                ...
        } //很显然，foreach x in 1/1000 等价于 forvalues x = 1/1000
local var mpg rep78 trunk foreign
foreach fre in 'var' {                  //local 的引用要加''
        tab 'fre'
}
```

例 9-12　对变量求频数分布。

```
* 例 9-12 对 auto 中的变量 mpg rep78 trunk foreign 分别求频数分布
sysuse auto,clear
foreach fre in mpg rep78 trunk foreign {
        tab 'fre'
}

sysuse auto, clear
local var mpg rep78 trunk foreign
foreach fre in 'var' {                  //local 的引用要加''
        tab 'fre'
}
```

```
sysuse auto, clear
local var mpg rep78 trunk foreign
foreach fre of local var {
              tab 'fre'
}
sysuse auto, clear
foreach fre of varlist mpg rep78 trunk foreign {
tab 'fre'
}
```

例 9-13　生成均匀分布的随机数变量。

```
* 例 9－13 生成五个新变量 b1,b2,b3,b4,b5,每个变量都是均匀分布的随机数
clear
set obs 10
foreach v of newlist b1－b5 {
gen 'v' = uniform()
di in red "显示:" 'v'
di in green "显示: "  "'v'" //这里是双引号引用的"'v'",与上一个比较
}
```

例 9-14　逐行显示 1 2 3 4 8 105。

```
foreach  num  of numlist  1/4 8 105 { //这一用法与 forvalues 较相似,但 foreach 不要求数据完
                                      //全等步长连续,这在很多情形下会十分方便
di  'num'
}
```

例 9-15　变量的选择与循环。

```
* 如果在循环中选择所有变量,可以写成以下两种形式:
clear all
cd "D:\Stata 数据分析与建模\数据代码\第 9 章"
use 上市公司财务信息.dta,clear
keep id year finratio debt tang cash tagr tobin roa roe size age
foreach var of varlist _all {    //用 foreach var in _all 出错
disp ""
disp ""
disp "原假设: the mean of variable 'var' is 0"
ttest 'var' = 0
}

foreach var of varlist * {
disp ""
disp ""
disp "原假设: the mean of variable 'var' is 0"
ttest 'var' = 0
}
* 如果要选择所有的 t 变量,可以写成以下形式:
foreach var of varlist t * {  //用 foreach var in t * 出错
disp ""
disp ""
```

```
disp "原假设: the mean of variable 'var' is 0"
ttest 'var' = 0
}

foreach var in tang tagr tobin {
disp ""
disp ""
disp "原假设: the mean of variable 'var' is 0"
ttest 'var' = 0
}
```

例 9-16 使用循环批量读取文件名。

在数据分析过程中,经常需要对存储的文件进行调用,那么如何获取存储文件的文件名呢? 一般而言,有两种方法:使用宏扩展函数 dir 或使用 fs 命令。

(1) 使用宏扩展函数 dir。

```
clear
cd "D:\Stata 数据分析与建模\数据代码\第 9 章\excel"
local filename: dir "." files "*.xls", respectcase    //读入路径下的所有 xls 文件,放到局部宏
                                                       //filelist 里
disp '"'filename'"'
```

(2) 使用 fs 命令。

```
* ssc install fs        //外部命令,需要安装
* help fs
clear
cd "D:\Stata 数据分析与建模\数据代码\第 9 章\excel"
fs *.xls                //提取路径下所有 *.xls 文件,fs 的结果储存在返回值 r(files)中
return list             //fs 的结果储存在返回值 r(files)中
disp '"'r(files)'"'
foreach file in 'r(files)' {
                        import excel using 'file', first case(lower) clear
                        save 'file'.dta, replace
}
```

在数据分析中,经常需要对变量中的元素实现循环,如对股票代码、行业、城市、地区等 id 进行循环或者依据某个变量的值进行循环,那么如何实现对变量中元素的循环呢? 下面的用法是对的吗?

```
clear
cls
sysuse auto,clear
foreach xx in price {
disp 'xx'
}
foreach yy in make {
disp 'yy'
}
```

可见,上面代码运行的结果仅仅显示了 price 或者 make 的第一个元素,上述程序无法实现变量中元素的循环。那么如何实现呢,可以借助 levelsof 或者 levelsof2 命令。

levelsof 命令可显示变量中的唯一值,其语法结构为

```
levelsof varname [if][in][, options]
```

选项 options 的功能众多,简单介绍如下。

clean 表示清除字符串变量取值结果的复合双引号。

local(macname)表示将排序后的取值结果放在一个宏中。

missing 表示将缺失值纳入取值中。

separate(separator)用于设置取值结果的分隔符。

matcell(matname)表示以矩阵的形式储存不同取值的频数。

matrow(matname)表示以矩阵的形式储存数值型变量的不同取值。

hexadecimal 表示使用 16 进位制展示数值型变量。

例 9-17 levelsof 命令的应用。

```
sysuse auto,clear
levelsof make
levelsof make, clean
levelsof rep78
display "'r(levels)'"

levelsof rep78, miss local(mylevs)
display "'mylevs'"

levelsof rep78,separate(,)
display "'r(levels)'"
```

例 9-18 foreach 与 levelsof 的结合使用。

```
sysuse auto,clear
levelsof rep78
levelsof rep78, local(number)
    foreach 编号 in 'number'{
        dis "'编号'"
}

sysuse auto, clear
levelsof rep78, local(number)
foreach 编号 in 'number'{
    foreach 编号1 in 'number'{
        dis "'编号'""'编号1'"
    }
}
```

levelsof 命令可以将变量的唯一值储存在 local macro 中(可以通过 return list 查看),但有时候还需要进一步生成由唯一值所构成的新变量,这时可以使用 levelsof2 命令,其命令特点如下:

（1）levelsof2 能提取指定变量的唯一值，然后将其储存在返回值 r（）的 local、matrices 中以及数据集的新变量中；

（2）levelsof2 能提取变量唯一值所对应的频数，然后将其储存在返回值 r（）的 matrices 中以及数据集的新变量中；

（3）levelsof2 能将变量的唯一值储存在用户设定的 local 中，以便于用户接下来使用 foreach 循环；

（4）该命令同时支持数值型变量和字符型变量。

levelsof2 的命令的语法为

```
levelsof2 varname [if] [in] [, unique(newvarname) frequency(newvarname) local(macname)
missing]
```

下面是其选项功能的介绍。

unique（newvarname）用于设置存储指定变量系列唯一值的新变量。

frequency（newvarname）用于设置存储以上系列唯一值所对应的频数的新变量。

local（macname）用于设置存储以上系列唯一值的局部展元（local macro）。

missing 表示将缺漏值也纳入唯一值的统计中。

例 9-19 levelsof2 命令的应用。

```
sysuse auto.dta, clear
* 对于数值型变量
levelsof2 rep78
levelsof2 rep78, missing
levelsof2 rep78, local(rep78_uni)
sysuse auto.dta, clear
levelsof2 rep78, unique(rep78_uni)
sysuse auto.dta, clear
levelsof2 rep78, unique(rep78_uni) frequency(rep78_freq)
return list
* 对于字符型变量
levelsof2 make
levelsof2 make, missing
levelsof2 make, local(make_uni)
sysuse auto.dta, clear
levelsof2 make, unique(make_uni)
sysuse auto.dta, clear
levelsof2 make, unique(make_uni) frequency(make_freq)
return list
```

例 9-20 利用循环保留回归的残差。

```
clear
cd "D:\Stata 数据分析与建模\数据代码\第 9 章"
use 研发跳跃,clear
egen group = group(code)
sum group
local num = 'r(max)'
forvalues fenzu = 1/'num'{
```

```
preserve
keep if group == 'fenzu'
reg tobin rd
predict cancha, rstandard   //生成残差
save sss'fenzu'.dta, replace
restore
}


clear
local files: dir "." file "sss * .dta"
foreach file in 'files' {
append using 'file'
erase 'file'
}
sort code year
save 学生残差.dta, replace
```

在前面章节,利用 reshape 命令对汽车制造业.xlsx 进行了重整,这里利用循环和
gather 命令提供另一种转换的思路。

例 9-21　利用循环实现文件的横向合并。

```
clear all
cls
cd "D:\Stata 数据分析与建模\数据代码\第 9 章\car"
import excel "汽车制造业.xlsx", sheet("Sheet0") firstrow  //要加" "
split id, p(".")              //分割变量
rename id1 code               //重命名
drop id2                      //删除数据
order code                    //排序
encode code, gen(ncode)
order ncode                   //排序
unique ncode                  //unique,判断观测值是否唯一
drop if ncode == .            //删除数据
drop code id                  //删除数据
local loop =  " zongzichan jinglirun yingyeshouru liudongzichan yanfatouru dagudongchigushuliang
zonggushu"
foreach i of local loop {
                preserve
                keep   ncode  'i' *
                gather 'i' *
                save 'i'.dta, replace
                rename variable year
                rename value 'i'
                replace year = subinstr(year, "'i'", "", .)
                destring year, replace
                save 'i'.dta, replace
                restore
}


mergemany 1:1 all, match(ncode year) all saving(qiche)
```

```
local loop = "zongzichan jinglirun yingyeshouru liudongzichan yanfatouru dagudongchigushuliang
zonggushu"
foreach i of local loop {
                    erase 'i'.dta
}
```

9.4 continue 与 break 语句

continue 命令用于循环语句 while、foreach 或 forvalues 之内，其作用是跳出循环。continue 语句的基本命令格式为

```
continue [, break]
```

默认情况下，continue 表示略过当前循环的剩余命令，并开始下一次循环，但如果设定 break 选项，则程序会直接执行循环后面的命令。若后面没有命令，则直接结束循环。例如，编写一段命令判断 1～5 中哪些是奇数、哪些是偶数。命令如下：

```
forvalues x = 1/5 {
if mod('x',2) {
display "'x' is odd"
}
else {
display "'x' is even"
}
}
```

这里，函数 mod(a,b) 表示取 a 除以 b 的余数。该段命令中，我们采取 if 语句来判断，如果 x 除以 2 余数为 1(真)，就显示 x 为奇数；否则，显示 x 为偶数。也可以采取 continue 命令来实现相同的效果。相应的命令如下：

```
forvalues x = 1(1)4 {
if mod('x',2) {
display "'x' is odd"
continue
}
display "'x' is even"
}
```

这段命令的含义为，如果 x 除以 2 的余数是 1(满足 if 的条件)，就显示 x 为奇数，而其后的 continue 表明，不执行该循环后面的语句，直接从头开始下一次循环，即对 x 的下一个值进行检验；如果 x 为偶数，则 if 的条件不能满足，程序会直接跳过 if 后面大括号内的命令，显示 x 为偶数。

例 9-22 continue 与 break 的应用。

```
clear
forvalues i = 1 (1) 10 {
```

```
                               disp "'i'    " 'i' * 'i'
                               if 'i' > 5 {
                                 continue
                               }
                               disp "'i': 执行这一行命令吗?"
}
clear
forvalues i = 1 (1) 10 {
                               disp "'i'    " 'i' * 'i'
                               if 'i' > 5 {
                               continue, break
                               }
                               disp "'i': 执行这一行命令吗?"
}
forvalues x = 1/4 {
                               if mod('x',2) {
                                 disp "'x' is odd"
                               }
                               else {
                                 disp "'x' is even"
                               }
}
forvalues x = 1/4 {
                               if mod('x',2) {
                                 disp "'x' is odd"
                                 continue
                               }
                               disp "'x' is even"
}
forvalues i = 1/10 {
                               clear
                               set obs 100
                               gen x = uniform() * 100
                               gen y = 3 + .8 * x + rnormal(0,5)
                               drop if uniform() < 0.6
                               if _N < 38 {
                                 disp "'i': insufficient Obs."
                                 continue
                               }
                               reg y x
}
```

9.5 嵌套循环与 **if** 语句

1. 嵌套循环

在 Stata 中,嵌套循环是指在一个循环结构内部嵌套了另一个循环结构。这种循环结构可以用来处理多维数据或执行复杂的操作。嵌套循环的含义是,在外部循环的每次迭代中,内部循环都会执行其全部的循环次数。这样,内部循环的代码块会在外部循环的每个迭代中都执行一次。这种结构在处理复杂数据或执行需要多次循环的操作时非常有用。

在 Stata 中,可以使用 foreach 命令来创建循环,而嵌套循环可以通过在 foreach 命令内部再使用一个 foreach 命令来实现。例如:

```
foreach outer of varlist var1 var2 {
    foreach inner of varlist var3 var4 {
        //在这里执行需要嵌套循环的操作
    }
}
```

在上面的例子中,外部循环遍历了变量列表 var1 和 var2,而内部循环在每次外部循环迭代时都遍历了变量列表 var3 和 var4。这样,内部循环的代码块会在外部循环的每个迭代中都执行一次。

例 9-23 嵌套循环。

```
* 生成 5 个变量,10 个观察值,使得第 i 个变量的第 j 个观察值等于 i + j
clear
set obs 10
forvalues i = 1/5 { //i 的初始赋值为 1,依次执行 2,3,4,5 然后退出
 gen v'i' = . //将生成一个新变量 v1,完成 v1 的赋值后将生成 v2, …
                              forvalues j = 1/10 {// j 的初值为 2,然后为 4,6,8,然后退出内层循环
                                  replace v'i' = 'i' + 'j' in 'j' //在第 2 行替换 v1 = 1 + 2 = 3, …
                                  }
}
list
```

2. if 语句

在 Stata 中,if 语句用于根据特定条件对数据进行筛选或执行特定的操作。通过 if 语句,可以根据给定的条件对数据集中的观测值进行筛选、计算或操作。以下是 if 语句的基本语法:

```
if condition {
    //执行的操作
}
```

在上述语法中,condition 是一个条件表达式,用于指定筛选或操作的条件。当条件为真时,将执行大括号{}中的操作;当条件为假时,不会执行任何操作。需要注意的是,if 语句可以嵌套使用,以实现更复杂的条件逻辑。嵌套的语法与单个 if 语句类似,但需要在每个嵌套的 if 语句后面添加额外的条件表达式。

例 9-24 判断奇数和偶数。

```
capture program drop odd
program odd
args num
if int('num'/2)!= ('num'−1)/2 {    //如(8−1)/2 取整为 3,不等,跳至 else
```

```
display "num is NOT an odd number"
}
else {
display "num IS an odd number"
  }
end
```

```
  odd 5        //显示 num IS an odd number
  odd 100      //num is NOT an odd number
```

例 9-25　检验数据文件中是否有某个变量。

```
capture program drop check
program check
capture confirm variable '1'
if _rc!= 0 {
display   "'1' not found"
exit
}
display   "the variable '1' exists."
end
sysuse auto,clear   //以 auto.dta 数据为例
check price           //检查 price 变量
```

例 9-26　求整除的数。

```
* 求 6~500 之间能同时被 2,3,5 整除的数
forvalues x = 6/200 {
if mod('x',2) == 0 & mod('x',3) == 0 & mod('x',5) == 0 { //mod() 为同余函数
di "the ALL common multiple of 2,3,and 5 is 'x'"
}
}
```

习题

1. Stata 中 while 语句的基本格式什么?
2. Stata 中 forvalues 语句的基本格式什么?
3. 比较 forvalues 与 while 的命令怎样写?
4. Stata 中 foreach 语句的基本格式什么?
5. 在 Stata 中,如何获取存储文件的文件名?
6. 请解释 continue 在 Stata 循环中的作用。
7. 在 Stata 中,嵌套循环的含义是什么?
8. 在 Stata 中,if 语句的基本语法是什么?
9. levelsof2 命令的特点是什么?
10. levelsof 命令中选项 options 的功能主要包括哪些?

第**10**章

Stata程序编写

利用 Stata 的编程功能,能够实现对特定分析代码的重复利用,大幅提高数据分析的效率。本章首先介绍 do 文件与 ado 文件的基本知识,接下来对程序编写的基本规则进行介绍,特别是 program 命令的应用,然后介绍程序的参数以及程序中语法的定义,最后介绍其他编程中的常用命令,包括 confirm、capture、marksample 及 tokenize 等。

10.1 程序文件 do 与 ado

根据后缀名的不同,Stata 的程序文件有两种格式:ado 文件(** . ado)与 do 文件(** . do)。它们的区别是:ado 文件本身就是一个可以直接调用的命令,是 Stata 软件命令的标准格式,如 sum、reg、xtreg 等命令都是 ado 文件形式;do 文件可以认为是一种 Stata 格式的“脚本文件”,do 文件的执行需要输入“run+文件名”或者“do+文件名”。一般在 do 编辑文档写完程序以后,可以直接保存为 do 文件,也可以另存为 ado 文件。如果定义的 do 文件是以后想再重复使用的程序,可以考虑创建一个 ado 文件,使其成为像 Stata 命令一样的可执行命令。

1. do 文件

do 文件是一种文本文件,其扩展名为“. do”。要创建一个 do 文件,可以直接在命令窗口输入命令 doedit,按下 Enter 键后即可打开 do 文档编辑器。do 文件中的代码可以直接通过快捷键 Ctrl+D 进行运行,也可以在保存后使用命令 do dofilename 或 run dofilename 进行运行。这里的 filename 指 do 文件的文件名。需要注意的是,filename. do 文件需要放在当前目录路径下才可以直接运行,否则需要在文件名前写出完整路径。

对于 do 文件中的命令,默认回车符是一行命令的结束(包括最后一行),除非通过“♯delimit”命令设置其他符号为换行符。例如,输入命令 ♯ delimit;则可以设置为以英文的分号作为换行符,即 Stata 只有遇到英文分号才会认为这一句命令结束。如果想重新以 carriage return 为换行符,则可以输入 ♯ delimit cr 命令。

例 10-1 换行符的使用。

```
clear all
sysuse auto, clear
#delimit;            //修改换行符为英文
sum price mpg rep78 headroom trunk
weight length turn; //接上一行
#delimit cr         //修改换行符为回车符
```

2. ado 文件

如果想通过命令的形式自动加载并运行程序的内容,可以将程序保存为 comname. ado 文件(同样是利用 do 文件编辑器,保存时选择扩展名为 ado),并把该 ado 文件放到 Stata 可以检索的路径下,那么以后直接输入程序名(comname)就可以使用该程序。需要注意的是,ado 文件的文件名和里面定义的程序名必须一致。另外,如果在 Stata 运行的过程中改变了某个 ado 文件中的命令或函数语句,则在重新运行这个 ado 文件前,要先将 Stata 内存中的 ado 文件清除,即输入命令 discard,否则 Stata 还是会运行原来的 ado 文件。

自行编写的 ado 文件通常被存放在两个地方,一个是当前目录,另一个是个人 ado 目录。个人 ado 目录通常位于"C:\ado\personal"下(根据计算机配置不同有所区别)。要查看其具体位置,可输入如下命令:

```
personal    //查看个人目录
adopath     //查看 ado 文档目录
help adopath
sysdir      //查看 stata 系统文档目录
```

10. 2 程序的定义 program

视频讲解

在 Stata 中,使用关键字 program 对程序进行声明和定义,program 的使用语法如下(可以使用 help program 命令进行查看)

```
program [define] pgmname [, [ nclass | rclass | eclass | sclass ] byable(recall[, noheader] |
onecall) properties(namelist) sortpreserve plugin]
```

program[define]pgmname 定义新程序的基本语句,pgmname 为程序的名称。[nclass | rclass | eclass | sclass]为返回类选项,它们指定了程序完成后如何返回结果。其中,nclass 表示程序不返回任何结果;rclass 表示程序将返回结果到 r()宏中;eclass 表示程序将返回结果到 e()宏中,常用于估计命令;sclass 表示程序将返回结果到 s()宏中。

byable(recall[, noheader] | onecall)选项使程序能够通过 by 语句来分组数据。其中,recall[, noheader]表示允许 by 语句多次调用程序,noheader 表示不在每个 by 组的输出中添加标题,onecall 表示 by 语句只能调用一次程序。

properties(namelist)选项允许指定程序的属性,如版本、作者、描述等。namelist 是一个包含属性名称和值的列表。

sortpreserve 选项表示程序在执行过程中会保留数据的顺序。

plugin 选项表示程序是一个插件,可以在其他 Stata 程序中作为子程序调用。

例 10-2 编写一个简单的程序。

下面通过编写一个简单的程序,初步介绍 program 的用法以及 Stata 程序的魅力。这个程序通过在命令窗口输入关键词"mypaper"来打开一个设定路径的文件夹。

```
clear all                         //清除所有使用过的痕迹
version 18.0                      //指明使用的版本
capture program drop mypaper      //capture 表示如果当前路径下没有 mypaper 这个程序文
                                  //件,则继续执行;否则 drop 掉 mypaper 这个文件之后继续
                                  //执行后面的语句
program mypaper                   //用 program 定义一个名为 mypaper 的函数,program 是程
                                  //序的开始
display "你好,同学,多久没写论文了?"  //这里开始的是程序的主体
cd "D:\Stata 数据分析与建模"        //定位到目标路径
mkdir 我的论文                     //创建名为"我的论文"的文件夹
cd 我的论文
cdout                             //打开"我的论文"(外部命令,需要安装)
end                               //end 表示程序结束
```

一个完整的程序,必须以 program pgmname 开头,以 end 结尾。执行该程序有两种方法。一是保存为 do 文档,文档名可任意(一般建议文件名与函数名)。假如文件名为 mypaper,则先执行该 do 文档(do mypaper),然后在命令窗口输入 mypaper(程序调试过程中,也可以先不用保存,直接选中代码运用后,在命令窗口输入函数名)。二是另存为 ado 文档,文档名为 mypaper. ado,放在 adopath 路径下,重启 Stata 后在命令窗口输入 mypaper 命令。需要说明的是:一旦该程序被读入内存(被执行一次),只要不退出 Stata 或者删除该程序(program drop mypaper),程序就随时待命,随时可以使用,像所有的其他命令一样。综上,Stata 程序编写的基本格式为

```
capture program drop progname
program progname
command
end
```

例 10-3 编写程序顺序显示数值。

```
capture program drop count5
program count5                //定义一个名称为 count5 的 Stata 程序
local i = 1                   //先将宏名为 i 的宏值设为 1
while 'i'<= 5 {               //判断如果宏值'i'不大于 5,就执行{}中的命令,否则跳开
display in red "原值为" 'i'   //显示宏值'i'
local i = 'i' + 1            //重新设定宏名为 i 的宏值,令其等于'i' + 1
dis in green "加 1 之后为" 'i'
}
end
count5                        //执行程序
```

例 10-4 编写程序倒序显示数值。

```
capture program drop dwh
program dwh
local i = '1'
while 'i'> 0 {
display "'i'"
local i = 'i' - 1
}
end
dwh 5    //执行程序
```

其他 program 相关命令

```
program dir      //显示当前内存中的程序
program drop     //删除当前内存中的程序
program list     //查看某个程序的代码
```

10.3 程序的参数输入

有时需要在程序中使用某些参数,这些参数从外界输入,并且在每次运行程序时可以进行修改。参数可以是字符、数值,也可以是变量、矩阵以及文件等任何内容。命令的参数也不仅限于一个,可以是多个。参数定义之后,被保存到局部宏之中。在 Stata 中的参数声明有两种方式:一是数字暂元占位的形式,二是使用 args 命令。

例 10-5 数字暂元占位的形式。

```
captu prog drop listargs
prog listargs
di "第一个参数为:'1'"
di "第二个参数为:'2'"
di "第三个参数为:'3'"
di "第四个参数为:'4'"
end
listargs   //在命令窗口输入 listargs
listargs I love stata
listargs "I love stata"
listargs "this is a test"
listargs "this is" "a stata test"
```

例 10-6 使用 args 命令输入参数。

```
cls
capture program drop argexamp
program argexamp
args arg1 arg2 arg3 arg4
display "The 1st argument is: 'arg1'"
display "The 2nd argument is: 'arg2'"
display "The 3rd argument is: 'arg3'"
display "The 4th argument is: 'arg4'"
```

```
end

argexamp this is a test
argexamp "this is a test"
```

这里定义了 4 个变元,分别是 arg1、arg2、arg3 和 arg4。定义之后,它们被传递到局部宏 'arg1'、'arg2'、'arg3'和'arg4'之中,并在后面的命令中被引用。在执行程序时,在程序名之后依次输入各变元的内容即可。

10.4 在程序中定义语法

在程序中设置命令的语法(syntax)格式,就可以不必设定暂元,直接按照语法来使用该程序即可。用于编写程序的 Stata 命令的标准语法格式为

```
syntax [by varlist:] command [varlist] [ = exp] [using filename] [if] [in] [weight] [, options]
```

其中,by varlist 表示按照变量 varlist 的类别分别运行命令,command 表示命令的名称(程序名),varlist 代表命令中的变量,＝exp 表示运算表达式,using filename 代表使用数据文件 filename,if 代表条件语句,in 代表范围语句,weight 代表权重语句,options 代表其他选项。

在写语法时,可以将需要的部分进行组合,也可以将某些语法命令用中括号括起来,表明该内容为可选项。如果不使用中括号,表明该项为必选项。在程序中写语法之前,必须写上命令 snytax,表明该命令是语法格式,而 by varlist 和 command 则不必出现在 syntax 之后,它们是在运行程序时使用的。另外,在执行程序时,语法中各项内容都会被保存在相应的宏中。例如,条件语句会被保存在宏 'if'中,范围语句会被保存在宏 'in'中,等等。下面对语法格式中的几项做进一步的说明。

对于 varlist,可以进行多种形式的设置。

syntax varlist 表示执行程序时,变量名 varlist 必须设置。

syntax [varlist]表示变量名 varlist 为可选项。

syntax varlist (default＝none)设置默认的变量个数为 0。

syntax varlist (min＝3)表示变量 varlist 必须设置,且最少要有 3 个。

syntax varlist (min＝2 max＝5 numeric)表示变量 varlist 最少要有 2 个,最多有 5 个且必须为数值型。括号中还可设定:string＝只允许字符变量,ts＝允许时间序列算子等。

syntax [, sample_size(integer 500) n(integer 10) p(real 0.2)]用于设置子选项,这里类似于设置了三个暂元,并指定了暂元的类型和内容。

syntax [varname]表示只允许设置一个变量且该变量为可选项。

对于 varlist 的位置,也可以设置为 newvarlist 或 newvarname 表明生成新变量。此外,如果设置为 namelist 或 name,表明输入的对象可以不是变量名。要想进一步放宽要求,还

可采用 anything，这时在命令后输入表达式或一串数字等都没有关系。如果不设定 varlist，则该程序命令不允许输入变量。

语法格式的选项 weight 必须用中括号括起来，因为 weight 永远是可选项。可以设定多种权重形式，包括 fweight、aweight、pweight 和 iweight。例如，可以设定 syntax ⋯ [fweight pweight] ⋯，表明 fweight 和 pweight 是可选的。

下面，定义一个包含语法的程序，来对前面的讲解做进一步的说明。

例 10-7 在程序中定义语法。

```
program mysyn
syntax varlist(min=1) [if] [in] [, title(string)]
*设定变量名为必选项，且至少要有一个变量，if、in、title()为可选项
display "varlist contains 'varlist'"
*显示字符串"varlist contains 变量名"，变量名被保存在宏'varlist'中
display " if contains 'if'"
*显示字符串"if contains 条件语句"，条件语句保存在宏'if'中
display " in contains 'in'"
display " title contains 'title'"
end
```

打开数据文件 auto.dta，并执行这个程序。输入命令：

```
mysyn mpg weight length if foreign ,title("my syntax")
```

这里，mysyn 为命令名（程序名），mpg、weight 和 length 为变量，if foreign 为条件语句，title()指标题。mysyn 后的各项按照程序中指定的语法结构书写。

10.5 confirm 语句

在编写程序的过程中，有时会希望输入的变量或参数为特定的类型，这时可以通过 confirm 命令进行确认。如果不匹配，Stata 会显示错误提示。confirm 命令主要包括如下几种形式。

（1）confirm existence string，用于确认字符串 string 是否存在。

（2）confirm [new] file filename，其中 confirm file 用于确认文件 filename 存在且可读；confirm new file 用于确认文件 filename 不存在且可被创建并写入。

（3）confirm [numeric | string | date] format string，其中 confirm format 用于确认字符串 string 是指定的格式；confirm numeric format 要求 string 是 numeric 格式，包括 general、fixed 和 exponential；confirm string format 要求 string 是字符串格式；confirm date format 要求 string 是日期格式。

（4）confirm names names，用于确认第二个 names 是符合命名规则的有效名称。

（5）confirm [integer] number string，用于确认 string 是有效的数字；confirm integer number 用于确认 string 是整数型的。

（6）confirm matrix string，用于确认 string 是一个矩阵。

（7）confirm scalar string，用于确认 string 是一个标量。

（8）confirm［new│numeric│string│type］variable varlist［，exact］

其中，type 可以是｛byte│int│long│float│double│str♯｝。选项 exact 表明 varlist 中的变量必须完全匹配；默认情况下，varlist 中的变量有缩写也没有关系。confirm variable 用于确认 varlist 是有效的变量。类似地，confirm numeric variable 用于确认 varlist 都是数值型变量。在实际应用中，命令 confirm 经常与 capture 共同使用。

10.6　capture 语句

在命令之前加上 capture，则该命令的结果不会显示，包括可能的错误信息。即便该语句执行时有错误，程序也会继续向下执行。capture 命令会生成一个系统标量_rc。若该命令未出错，则_rc 值为 0 且该命令执行；若该命令出错，则_rc 值为对应的错误代码且该命令不执行。这在程序及 do 文件中都非常有用。命令 capture 的应用主要有两种形式：

```
capture [:] command
```

```
capture {
stata commands
}
```

其中，第一种是直接在命令前加 capture；第二种是将一系列不想显示结果的命令写入大括号中。在命令前加 capture 时，命令的返回值会被保存在标量_rc 中。如果程序正常运行，则返回码_rc 为 0。_rc 可以看作是一个储存错误代码的暂元，当_rc 等于 0 时代表程序成功执行且没有发生错误，反之即发生了错误。

capture 命令可以应用在很多方面。例如，在程序中想要创建一个变量 var1，但有可能变量 var1 已经存在，这时我们希望将其删掉。这样在程序开始时，可以输入 capture drop var1。这时如果 var1 确实存在，Stata 会将其删掉，而如果 var1 不存在，也不会返回错误信息，程序会继续进行。需要注意的是，如果要删掉三个变量 var1、var2 和 var3，不要输入这样的命令：capture drop var1 var2 var3。因为这时如果只有一个变量不存在，Stata 也不会删掉其他存在的变量。正确的做法是，输入三行命令。

```
capture drop var1
capture drop var2
capture drop var3
```

另外，capture 经常会与 confirm 一起应用。考虑这样一段命令：

```
capture {
confirm var '1'
confirm integer number '2'
```

```
confirm number '3'
}
if _rc!= 0 {
display "Syntax is variable integer number"
exit 198
}
```

上述代码表示要确认第一个输入的参数是变量,第二个输入的参数为整数,第三个输入的参数为数字。如果 capture 后大括号内的任何一句命令不满足,大括号内后面的命令就不会被执行,但括号外的 if 语句还可以被执行。当要确认的三个条件有不满足的(_rc 不为 0),根据 if 语句,程序就会显示字符串 Syntax is variable integer number,并退出。

例 10-8　检验数据文件中是否有某个变量。

```
capture program drop check
program check
capture confirm variable '1'
if _rc!= 0 {
display "'1' not found"
exit
}
display "the variable '1' exists."
end
```

10.7　marksample

在 Stata 中,marksample 命令用于标记或选择数据集中的样本。它允许根据特定的条件或标识来选择和分析数据集中的子样本。marksample 命令可以与 if 和 in 语句一起使用,以根据条件选择样本。将条件与 marksample 命令结合使用,可以创建和分析数据集的不同子集。使用 marksample 命令后,可以在 Stata 中使用选择的样本进行分析和操作。例如,可以使用 summarize 命令来计算和分析标记样本的描述性统计量。下面是一个示例,展示了如何使用 marksample 命令:

```
sysuse auto, clear
marksample make if foreign == 1
summarize make if foreign == 1
```

在这个示例中,使用了内置的 auto 数据集并使用 marksample 命令选择了 foreign 变量等于 1 的样本。然后,使用 summarize 命令计算标记样本的描述性统计量。

marksample 命令是对命令中使用的观测值进行标记。例如,要对不包含缺失值的观测值计算统计量(例如线性回归),或程序设定了条件语句、范围语句等,需要确认其所使用的观测值。由于很多程序错误源于在程序的不同部分使用不同的样本,因此建议在程序的开始处对样本进行标记。Stata 有专门的命令来生成标记变量,对使用的观测值进行标记。这种变量为临时变量,取值为 0 或 1;如果观测值在随后的编码中被使用,则临时变量取值

为 1,若未被使用,则取值为 0。在语法(syntax)命令之后生成标记变量的命令格式为

```
marksample lmacname [, novarlist strok zeroweight noby]
```

这里,marksample 是生成标记变量的基本格式;lmacname 为局部宏的名字,该宏用于保存临时变量的信息,如果某观测值的标记变量取值为 1,就表示该观测值在命令执行中被使用;选项 novarlist 表示不排除包含缺失值的观测值;strok 表示 varlist 中的变量可以是字符串(string is OK);zeroweight 表示不排除权重为 0 的观测值;选项 noby 只有在程序设定了 byable(recall)选项时才可以使用,它表示在标记样本时,分组限制被忽略——也就是说,marksample 会像未设定 by 前缀那样来生成标记变量。

marksample 的通常使用形式为

```
program …
syntax …
marksample touse        //touse 是局部宏的名字
…
… if 'touse'
…
end
```

这里使用局部宏 touse 作为标记变量,这是一种惯例而非强制要求,但为了保持程序间的一致性,推荐使用该名字。倒数第三行命令含义为,如果宏 touse 的值为 1(样本被使用),则对其进行相关的操作。此外,在应用该命令时可以生成多个标记变量,分别为其设定不同的选项,从而标记不同的观测值。

例 10-9 程序举例。

根据汉密尔顿在《应用 Stata 做统计分析》中的一个例子,编写程序进行多变量的回归,然后列出残差绝对值最大的♯个观测值。程序基本内容如下

```
* perform simple regression and list observations with # largest absolute residuals
                        //此句为注释,表明本程序的内容和作用
capture program drop maxres    //如果程序 maxres 已经存在,则将其删除
program maxres, sortpreserve   //定义程序 maxres。选项 sortpreserve 表明,程序结束时,恢复数
                        //据的初始顺序
version 18.0            //定义程序命令对应的 Stata 的版本
syntax varlist(min = 1) [if] [in], number(integer) //定义程序的语法格式。varlist 中,变量至
                        //少为一个,if 和 in 为可选项,选项 number()
                        //用于设定列出的观测值的个数
marksample touse         //对满足条件的非缺失观测值进行标记,标记变量为 touse
quietly regress 'varlist' if 'touse'  //对变量 touse 取值为 1 的观测值进行回归,被解释变量和解
                        //释变量按 varlist 的设定,quietly 表明不显示回归结果
capture drop yhat        //如果名为 yhat 的变量存在,则将其删除
capture drop resid       //如果名为 resid 的变量存在,则将其删除
capture drop absres      //如果名为 absres 的变量存在,则将其删除
quietly predict yhat if 'touse' //对 touse 取值为 1 的观测值进行预测,预测变量名为 yhat
quietly predict resid if 'touse', resid  //对 touse 取值为 1 的观测值计算残差,将残差命名
                        //为 resid
quietly gen absres = abs(resid) //生成名为 absres,其值为变量 resid 的绝对值
```

```
gsort - absres              //对 absres 从大到小进行排序,缺失值排在最后
drop absres                 //删掉变量 absres
list 'id' '1' yhat resid in 1/'number'   //对 1 到'number'的观测值,列出变量的序号、被解释变
                            //量、yha 和 resid。这里,宏'1'表示 varlist 的第一个
                            //变量,即被解释变量;宏'number'表示选项 number()所
                            //设定的数值
end
```

将这个程序保存到名为 maxres 的 do 文件中并置于当前目录下,然后运行 do 文件。输入命令 do maxres,这样程序即被定义。之后利用 auto.dta 的数据,对价格 price、每加仑油行驶的里程数 mpg、汽车重量 weight、是否国产 foreign 这几个变量回归并列出残差绝对值最大的 5 个观测值。可以在命令窗口输入命令:

```
maxres price mpg weight foreign, number(5)
```

这里,maxres 是定义的程序名,price 是被解释变量,mpg、weight 和 foreign 是解释变量,选项 number(5)表明列出残差绝对值最大的 5 个观测值。

10.8 tokenize

在 Stata 中,tokenize 是一个用于处理字符串的命令,它可以将字符串分解成标记(tokens),以便进行进一步的分析或操作。它将一个字符串按照指定的分隔符进行拆分,生成一个标记列表。每个标记都是被分隔符包围的子字符串。使用 tokenize 命令,可以将一个包含多个项的字符串拆分为独立的项,以便进行单独处理。tokenize 命令的语法为

```
tokenize varname, delimiters(delimiter1 delimiter2 ...)
```

其中,varname 是想要进行拆分的字符串变量;delimiters 是一个可选参数,用于指定分隔符列表,可以指定一个或多个分隔符,以便根据需要进行拆分。下面示例展示了如何使用 tokenize 命令。

假设有一个包含多个单词的字符串变量 sentence,想要将其拆分为独立的单词,并计算每个单词出现的次数,可以使用以下命令

```
tokenize sentence, delimiters(" ")
tabulate word_#
```

上述代码将字符串变量 sentence 按照空格进行拆分,生成一个标记列表。然后使用 tabulate 命令计算每个标记(单词)出现的次数,并生成一个频数表。在频数表中,每个单词的出现次数将被列出。需要注意的是,tokenize 命令生成的标记列表是虚拟的,不会改变原始数据集的结构。如果希望将标记列表保存为新的变量,可以使用 generate 命令或 save 命令来创建新的变量或保存结果。tokenize 把字符串列表拆开,每个元素用一个以数字为名称的 local 变量存储,tokenize 在命令编写中非常常用。

例 10-10　tokenize 应用举例。

```
cap prog drop myprog
prog myprog
    version 18.0
    syntax anything
    tokenize 'anything'
    local city = "'1'"
    local year = "'2'"
    di "'city': 'year'"
end
myprog 北京 2019
```

10.9　综合案例

下面以基尼系数的编制为例,说明如何进行程序的编制与完善。基尼系数是意大利经济学家基尼于 1922 年提出的定量测定收入分配差异程度的指标。它的经济含义是：在全部居民收入中用于不平均分配的百分比。基尼系数最小等于 0,表示收入分配绝对平均;最大等于 1,表示收入分配绝对不平均。

假定样本人口可以分为 n 组,设 w_i、m_i 和 p_i 分别代表第 i 组的收入份额、平均人均收入和人口频数($i=1,2,\cdots,n$),对全部样本按人均收入(m_i)由小到大排序后,基尼系数可以由下面公式计算

$$\text{Gini} = 1 - \sum_{i=1}^{n} p_i (2Q_i - w_i)$$

式中, $Q_i = \sum_{k=1}^{i} w_k$,为从 1 到 i 的累积收入比重。

例 10-11　程序编写综合实例。

```
clear all
cd "D:\Stata 数据分析与建模\数据代码\第 10 章\基尼系数"
* 首先构造数据
set obs 3000                                        //设定 3000 个观测值
gen hhid = _n                                       //生成 3000 个家庭的编号
rsort, id(hhid) seed(12345)                         //数据打乱,随机排序
gen inc = rnormal(6800, 1000) in 1/1000
replace inc = rnormal(8000, 2000) in 1001/2000
replace inc = rnormal(4500, 1000) in 2001/3000     //设定家庭收入
gen cash = rnormal(4000, 1000)                      //设定家庭现金收入
gen food = rnormal(3500, 800)                       //设定家庭食物支出
gen region = 1 if inc <= 5000                       //依据 inc,生成地区分组变量
replace region = 2 if inc > 5000 &   inc <= 8000
replace region = 3 if inc > 8000
gen hhsize = int(runiform(1,6))                     //设定每个家庭的人口数
sort hhid
```

```
save gini.dta, replace
* 1. 手工操作程序
use gini.dta, clear                    //打开数据
gen m = inc/hhsize                     //m 为人均纯收入
sort m                                 //按人均纯收入由小到大排序
egen tp = sum(hhsize)                  //求总人口 tp
egen tinc = sum(inc)                   //求总收入 tinc
gen p = hhsize/tp                      //求每个家庭人口占总人口的比例 p
gen w = inc/tinc                       //求家庭纯收入占总收入的比例 w
gen q = sum(w)                         //求按人均纯收入排序后的累积收入比例
gen gini = 1 - sum(p * (2 * q - w))    //计算出基尼系数(gini 变量的最后一个数)
dis gini[_N]                           //显示基尼系数
* 注意到 gen 和 egen 在求和方面的不同,前者求出累积和,后者求出总和
* 2 改造为可以重复执行的程序
capture program drop gini              //如果 gini 命令已存在,则删除,否则跳过该步
program gini                           //定义命令名为 gini
gen m = inc/hhsize                     //m 为人均纯收入
sort m                                 //按人均纯收入由小到大排序
egen tp = sum(hhsize)                  //求总人口 tp
egen tinc = sum(inc)                   //求总收入 tinc
gen p = hhsize/tp                      //求每个家庭人口占总人口的比例 p
gen w = inc/tinc                       //求家庭纯收入占总收入的比例 w
gen q = sum(w)                         //求按人均纯收入排序后的累积收入比例
gen gini = 1 - sum(p * (2 * q - w))    //计算出基尼系数(gini 变量的最后一个数)
dis gini[_N]                           //显示基尼系数
end
use gini.dta, clear
gini                                   //执行该命令,得到计算结果
```

* 上面的命令只能用于计算家庭纯收入的基尼系数,如果想计算现金收入或者食品消费的基尼系数就必须重新修改命令,至少需要将上面程序中的 inc 替换为 cash 或者 food。有没有一种办法,使得我们不必修改程序,每次使用时,只要在 gini 命令之后带上要计算的变量即可?

```
capture program drop gini              //如果 gini 命令已存在,则删除,否则跳过该步
program gini                           //定义命令名为 gini
args inc hhs                           //规定命令 gini 后要带两个变量 inc 与 hhs
egen tinc = sum('inc')                 //计算 gini 命令后第一个变量(收入支出等)的总和
egen tp = sum('hhs')                   //计算 gini 命令后第二个变量(人口)的总和
gen m = 'inc'/'hhs'                    //计算人均水平值 m
sort m                                 //按人均水平值排序
gen gini = 1 - sum('hhs'/tp * (2 * sum('inc'/tinc) - 'inc'/tinc))   //计算基尼系数
dis gini[_N]                           //显示基尼系数
end                                    //程序结束

use gini.dta, clear
gini cash hhsize                       //计算现金收入的基尼系数
```

* Stata 也提供了另一种选择,不需要使用 args 语句, 用 '1' '2' 等来声明命令后的参数

```
capture program drop gini              //如果 gini 命令已存在,则删除,否则跳过该步
program gini                           //定义命令名为 gini
egen tinc = sum('1')                   //计算 gini 命令后第一个变量(收入支出等)的总和
egen tp = sum('2')                     //计算 gini 命令后第二个变量(人口)的总和
```

```
gen m = '1'/'2'                                      //计算人均水平值 m
sort m                                               //按人均水平值排序
gen gini = 1 - sum('2'/tp * (2 * sum('1'/tinc) - '1'/tinc))   //计算基尼系数
dis gini[_N]                                         //显示基尼系数
end                                                  //程序结束
```

* 在上面的程序中,用'1'和'2'代替了前两段程序中的 inc 和 hhs。这一变换使得 gini 程序可以用于计算其他变量的不均等程度,如

```
use gini.dta,clear
gini inc hhsize                                      //计算现金收入的基尼系数
use gini.dta, clear
gini cash hhsize                                     //计算现金收入的基尼系数
gini food hhsize                                     //计算食物消费的基尼系数
```

* tinc already defined

* 出错了!Stata 提示 tinc 已经定义过了,为什么会这样,又该怎么办?

* 3. 使用宏,不改变原始数据

* 注意到在上面的命令执行后,内存数据中冒出了许多中间变量,如 tp、tinc、m、gini 等。正是这些变量阻碍了对该命令的扩展运用。如果每执行一个命令都会生成这么多变量,将会给原始数据带来多沉重的负担!想想 Stata 所提供的命令一般都不破坏原数据,我们能否也不破坏原数据呢?答案是:使用宏(临时变量)

```
capture program drop gini
program gini
tempvar tinc tp m gini                               //设定 tinc tp m gini 四个变量为临时变量
egen 'tinc' = sum('1')                               //生成总收入,将总收入数据暂存在临时变量'tinc'中
egen 'tp' = sum('2')
gen 'm' = '1'/'2'
sort 'm'
gen 'gini' = 1 - sum('2'/'tp' * (2 * sum('1'/'tinc') - '1'/'tinc'))
dis 'gini'[_N]                                       //显示基尼系数
end
use gini.dta,clear
gini inc hhsize                                      //计算现金收入的基尼系数
gini cash hhsize                                     //计算现金收入的基尼系数
gini food hhsize                                     //计算食物消费的基尼系数
```

* 4 定义为 stata 格式命令语句

* 执行上述命令将不会破坏任何原来的数据文件,但美中不足的是我们仍然没法运行更复杂的命令。Stata 自己的命令后面不仅仅可以用变量,还可以带上条件 if 或者范围 in

```
capture program drop gini
program gini
syntax varlist [if] [in] [,title(string)]            //设定自己的命令格式
tempvar tinc tp m gini                               //设定 tinc tp m gini 四个变量为临时变量
marksample touse                                     //生成一个 0/1 宏,宏名为 touse
preserve                                             //将当前内存中数据暂封存,直到 restore 命令再复原
quietly {                                            //大括号内的命令将在后台执行,前台无显示
keep if 'touse'                                      //根据 if 后输入的条件得到一个子数据
egen 'tinc' = sum('1')                               //生成总收入,将总收入数据暂存在临时变量'tinc'中
if "'2'" == "" {
local 2 = 1
}                                                    //如果没有人口变量,则默认为该变量为 1
egen 'tp' = sum('2')
```

```
gen 'm' = '1'/'2'
sort 'm'
gen 'gini' = 1 − sum('2'/'tp' * (2 * sum('1'/'tinc') − '1'/'tinc'))
}
display as result "'title'基尼系数为: " as error 'gini'[_N] //显示基尼系数
restore
end
use gini.dta, clear
gini cash hhsize                                    //基尼系数为: .30893758
gini cash                                           //基尼系数为: .13912416
gini cash hhsize if region == 1                     //基尼系数为: .30999675
gini cash hhsize if region == 2,title(中部地区食物消费)  //中部地区食物消费基尼系数为:
                                                    //.30564952
gini cash hhsize if region == 3 in 1/200,title(东部地区前 200 户食物消费)
                                                    //东部地区前 200 户食物消费基尼系
                                                    //数为: .30720603
```

习题

1. Stata 程序文件有哪些形式？

2. 如何倒序显示数值？

3. 如何使用 args 命令？

4. 如何在程序中定义语法？

5. confirm 命令主要包括哪些？

6. 命令 capture 的应用主要有哪两种形式？

7. 介绍 marksample 命令。

8. 如何使用 marksample 命令？

9. 对 tokenize 应用举例。

10. 推荐一些学习资源以提高 Stata 编程能力。

第11章

数据分析应用专题

前面章节按照 Stata 的学习路径,循序渐进介绍了 Stata 在数据分析中不同的功能以及对应的命令。在实际操作中,往往是多种命令、多种流程、多种方法的综合应用,且在不同的场景下需要使用的命令、涉及的技术难度也千差万别,这就要求用户在系统掌握相关常见命令的基础之上,能够灵活运动。本章从字符串变量综合处理、滚动窗口计算、分组计算以及地理计算四个不同的专题对 Stata 数据分析在实际中的应用进行更为贴近现实的探讨。

11.1　字符串变量处理

字符串的处理是数据分析中的一项重要工作,虽然前面章节对字符串的分割、提取与转换均有所介绍,但由于涉及不同的命令和不同的应用场景,因此比较分散。这里通过一个综合性的实操案例,应用不同的命令或函数实现字符串的分割、提取与转换。此外,这里也初步介绍了正则表达式的相关概念和基本用法,以强化读者的实践应用能力。

11.1.1　字符串变量处理常用命令

为后文数据分析的需要,首先用下面的代码生成一个包含不同形式的字符串数据集。

例 11-1　生成示例数据。

视频讲解

```
* 首先在 do 文档输入以下代码,生成 strings.dta 数据
clear
cd "D:\Stata 数据分析与建模\数据代码\第 11 章"
#delimit;   //使用分号作为换行符
input str5 code str15 date1 str15 date2  str15 date3 str15 time str10 pernum str30 provin str10
area str10 pergdp   str10 typee;
"1" "2020 - 12 - 31" "2020/06/01" "1Jan1960" "09:30:01" "5％" "浙江省杭州市" "东部" "12.26
万" "180";
"2" "2021 - 12 - 31" "2021/06/01" "11Jul1955" "10:40:15" "10％" "上海市浦东新区" "东部"
"15.79 万" "14000％";
```

```
"3" "2022 - 12 - 31" "2022/06/01" "12Nov1962" "12:20:25" "15 %" "江苏省常州市武进区" "东部"
"13.69 万" "15o";
"4" "2023 - 12 - 31" "2023/06/01" "8Jun1959" "14:50:30" "20" "西藏自治区日喀则市" "西部"
"4.35 万" "NA";
"5" "2024 - 12 - 31" "2024/06/01" "21Aug1968" "18:10:45" "25 %" "河南省周口市项城市" "中部"
"4.59 万" "135,9";
end;
compress;
save strings.dta, replace;
#delimit cr　　//改为默认,使用 Enter 键换行
```

1. destring 命令与 real()函数

destring 命令与 real()函数都可以将字符串形式的数字转换成数值形式的数字,但 destring 更灵活的地方在于提供了很多选项,可以处理字符变量中的非数字形式的字符。比较常用的几个选项包括 force、ignore()、percent、dpcomma。其中 force 选项将纯数字字符转换成数字,同时强制将无法识别的字符处理成缺失值,是不得已情况下才会使用的选项;ignore("chars")选项去除字符中的"chars"字符,将剩余的内容转换为数字。percent 选项将数字字符串转换成小数形式;dpcomma 选项将字符中的逗号作为小数点转换为十进制格式,这在前文均有所介绍。

例 11-2　destring 命令与 real()函数的应用。

```
clear
cd "D:\Stata 数据分析与建模\数据代码\第 11 章"
use strings.dta,clear
gen code_real = real(code)        //对于该数据的其他字符变量无法实现有效转换
drop code_real
destring code, replace
destring pernum pergdp, ignore(" % 万") replace          //ignore 选项的灵活运用
destring typee, force gen(dtypee)                        //注意 force 的用法
drop dtypee
destring typee, gen(dtypee) ignore(" % oNA") dpcomma     //dpcomma 的用法
drop dtypee
destring typee, gen(dtypee) ignore ("oNA") percent dpcomma  //percent 的用法
```

2. split 命令

split 命令用于可以根据特定的分隔符实现对字符串的分割功能。

例 11-3　split 命令综合应用。

```
clear
cd "D:\Stata 数据分析与建模\数据代码\第 11 章"
use strings.dta,clear
split date1, p(" - ") destring limit(3)        //对于这种结构比较整齐的转换,limit(3)可
                                               //省略
split date2, p("/") destring
split time, p(":") gen(t)                      //若要直接转为数值,可加 destring 选项
split pernum, gen(pernum_np) destring ignore( % )//ignore( % )删除 % 符号字符,这一步也可用
                                               //destring 实现
```

```
split pernum, gen(pernum_npp) destring ignore(%) percent        //percent:将百分比变量转换为
                                                                //分数形式
use   strings.dta,clear
split provin, parse(省 自治区 市 区 县) gen(address) limit(3) //实现地理信息的分割提取
```

3. substr()和 usubstr()函数

substr(s,n1,n2)函数建立在字节的基础上,用于提取字符串某一部分的子字符串,s 表示某一原字符串,n1 表示开始提取字节的位置,n2 表示需要提取的子字符串所占字节的长度。如果 n1<0,则从字符串倒数第|n1|个字节处开始提取;如果 n2=.,则从 s 的第 n1 个字节提取到最后一个字节。

usubstr(s,n1,n2)函数基于 Unicode 提取字符串中的子字符串,s 表示原字符串,n1、n2 表示从第 n1 个 Unicode 字符开始,提取长度为 n2 的 Unicode 字符,这里的长度相当于字符的个数。如果 n1<0,则从字符串倒数第|n1|个字符处开始提取;如果 n2=.,则从 s 的第 n1 个字符提取到最后一个字符。

例 11-4 substr()和 usubstr()函数综合应用。

```
clear
cd "D:\Stata 数据分析与建模\数据代码\第 11 章"
use strings.dta,clear
gen sdate1 = substr(date1,1,4)
gen sdate2 = substr(date1,6,2)
gen sdate3 = substr(date1,9,2)
gen usdate1 = usubstr(date2,1,4)
gen usdate2 = usubstr(date2,6,2)
gen usdate3 = usubstr(date2,9,2)
gen sprovin = substr(provin,1,6)       //在 substr 中一个中文占 3 字节
gen usprovin = usubstr(provin,1,2)     //按中文字符个数提取即可
```

4. date()函数

date 函数等同于 daily(s1,s2[,Y])函数,其基本格式为 date(s1,s2[,Y]),其中 s1 指的是字符型日期变量,s2 指的是需要被识别的 s1 字符串中的年份、月度、天的排列顺序,s2 常见的形式有 YMD、DMY 等,其对应的意思是"年份月份天""天月份年份";Y 为可选项,代表最大年份,即选择最大的不超过 Y 的年份,Y 只有在年份、月份、日期都是两位数的情况下才能够使用,如 date('1/15/08','MDY',1999),该年份为 1908 年。

date()函数返回的结果是 s1 与 1960 年 1 月 1 日相距的天数,这个相距的天数虽然对于使用 Stata 的人来说不太好理解,但它代表了 Stata 可以识别的日期。转换后需要用 format 显示用户可识别的格式。Stata 处理分为两个基本步骤:

第一步,使用 date()函数将字符串变量转化为 Stata 可识别的日期变量;

第二步,使用 format 命令定义用户可识别的显示格式。

例 11-5 date()函数综合应用。

```
cd "D:\Stata 数据分析与建模\数据代码\第 11 章"
use strings.dta,clear
```

```
gen transdate1 = date(date1,"YMD")        //date 把字符型日期转化为 Stata 格式的日期
format transdate1 % dCCYY - NN - DD
gen transdate2 = date(date2,"YMD")        //date 把字符型日期转化为 Stata 格式的日期
format transdate2 % dCCYY/NN/DD
gen transdate3 = date(date3,"DMY")        //date 把字符型日期转化为 Stata 格式的日期
format transdate3 % dDDMonCCYY
```

5. encode 命令与 group( )函数

encode 命令可以实现对字符串的编码,group( )函数可以实现类似的功能,对于标识符变量(如公司、国家、地区名称、行业)或者分类变量均可将字符变量映射到数字变量。此外group 可以实现交叉分组。

例 11-6 encode 命令与 group( )函数综合应用。

```
cd "D:\Stata 数据分析与建模\数据代码\第 11 章"
use strings.dta,clear
encode area, gen(diqu)
egen gdiqu = group(area)
gen value = 0 in 1/2
replace value = 1 in 3/5
egen jiaocha = group(area value)
```

6. 字符串的匹配 strmatch( )命令

strmatch(s1,s2) 表示若 s1 能与 s1 完全匹配,返回 1,否则为 0,常与?或 * 联合使用。其中? 代表 1 字节,* 代表 0 以上的任意字节数。

例 11-7 strmatch( )命令综合应用。

```
cd "D:\Stata 数据分析与建模\数据代码\第 11 章"
use   strings.dta,clear
gen diqu = 1 if area == "东部"
replace diqu = 2 if area == "中部"
replace diqu = 3 if area == "西部"
gen city = "杭州" if provin == "杭州"    //不成功
drop city
gen city = "杭州" if strmatch(provin," * 杭州 * ") //strmatch(provin," * 杭州 * ")匹配成功返
                                                  //回 1,执行 if 语句
replace city = "浦东" if strmatch(provin," * 浦东 * ")
replace city = "常州" if strmatch(provin," * 常州 * ")
replace city = "日喀则" if strmatch(provin," * 日喀则 * ")
replace city = "周口" if strmatch(provin," * 周口 * ")
```

11.1.2   正则表达式

正则表达式(regular expression,regex)是一种强大、便捷、高效的文本处理工具,其通常被用来匹配、提取、替换那些符合某种模式(规则)的文本。简单地说,正则表达式是一些用来匹配和处理文本的字符串。

完整的正则表达式由两种字符构成：

（1）"文字"（literal）或者是普通文本字符（normal text characters）；

（2）特殊字符（special characters），例如" * "称为"元字符"（metachar acters）。所谓元字符就是指那些在正则表达式中具有特殊意义的专用字符。

正则表达式中的字符串函数主要包括匹配函数 ustrregexm(s,re[,noc])、提取函数 ustrregexs(n)、替换函数 ustrregexrf(s1, re, s2 [,noc])与 ustrregexra(s1, re, s2 [,noc]) 三种。

1. 匹配函数 ustrregexm(s,re[,noc])

其中 u 代表 unicode；str 代表 string，即字符串；regex 代表 regular expression，即正则表达式；m 代表 match，即匹配。若正则表达式 re 能与字符串 s 中的某个子字符串匹配，则返回值为 1，否则为 0。在默认情况下，匹配是区分大小写的，但是如果定义的 noc 为一个不为零的数，则匹配时不区分大小写。

```
dis ustrregexm("abc", "a")       //在 abc 中匹配到 a,因此返回值为 1
dis ustrregexm("abc", "A")       //在 abc 中没有匹配到 A,因此返回值为 0
dis ustrregexm("abc", "A", 0)    //在区分大小写的情况下,abc 中没有匹配到 A,因此返回值为 0
dis ustrregexm("abc", "A", 1)    //在区分大小写的情况下,abc 中匹配到 A,因此返回值为 1
```

与 strmatch(s1,s2)函数的比较来看，strmatch(s1, s2)函数，字符串 s2 能够完全匹配上字符串 s1，返回值为 1，否则为 0。s2 中可以用"?"匹配任意一个字符，用" * "匹配零个或任意多个字符，这与正则表达式中的"?"."元字符用法不同。而 ustrregexm(s, re [,noc])函数，可以用正则表达式元字符来进行匹配 s 中的子字符串，返回值为 0 或 1。在正则表达式元字符中，" * "匹配前一个字符或子表达式任意次；"?"匹配前一个字符或子表达式零次或一次。

```
dis strmatch("abc", "a")       //返回值为 0
dis ustrregexm("abc", "a")     //返回值为 1
dis strmatch("abc", "?b?")     //返回值为 1
dis ustrregexm("abc","b")      //返回值为 1
dis strmatch("abc", "a*")      //返回值为 1
dis ustrregexm("abc", "a")     //返回值为 1
```

2. 提取函数 ustrregexs(n)

其中 u、str 和 regex 与匹配函数中所表示的含义相同；s 代表 substring，即子字符串。该函数通常与匹配函数 strmatch(s1,s2)联合使用，用于提取 strmatch(s1,s2)匹配到的字符串。若 n = 0，则提取出匹配到的所有子字符串；若 n 大于 0，则表示提取匹配到的第 n 个子表达式对应的子字符串。

例 11-8 正则表达函数的运用。

```
clear
set obs 1
gen str v = "abc"
gen v1 = ustrregexs(0) if ustrregexm(v, "ab")
gen v2 = ustrregexs(1) if ustrregexm(v, "(a)(b)")
```

```
gen v3 = ustrregexs(2) if ustrregexm(v, "(a)(b)")
gen v4 = ustrregexs(0) if ustrregexm(v, "(a)(b)")
```

与 substr(s，n1，n2)函数的比较来看，substr(s，n1，n2)函数建立在字节的基础上，用于提取字符串某一部分的子字符串，s 表示某一原字符串，n1 表示开始提取字节的位置，n2 表示需要提取的子字符串所占字节的长度。usubstr(s，n1，n2)函数基于 unicode 提取字符串中的子字符串，s 表示某一原字符串，n1、n2 表示从第 n1 个 unicode 字符开始，提取长度为 n2 的 unicode 字符，这里的长度相当于字符的个数。

注：ustrregexs(n)函数必须与 ustrregexm(s，re［,noc］)函数一起使用。

3. 替换函数 ustrregexrf(s1，re，s2［,noc］)与 ustrregexra(s1，re，s2［,noc］)

r 代表 replace，即替换，f 代表 first，a 代表 all。两个函数分别代表将正则表达式 re 在字符串 s1 中匹配到的所有字符串全部替换为字符串 s2。在默认情况下，匹配是区分大小写的，但是如果定义 noc 为一个不为零的数，则匹配时不区分大小写。

```
dis ustrregexrf("ABab","ab","X")
dis ustrregexrf("ABab","Ab","X")
dis ustrregexrf("ABab","Ab","X",0)
dis ustrregexrf("ABab","Ab","X",1)
dis ustrregexra("ABab","ab","X",1)
```

与 subinstr(s1，s2，s3，n)函数比较来看，subinstr(s1，s2，s3，n)函数将字符串 s1 中的前 n 个字符串 s2 替换成字符串 s3，要实现替换第一个或全部，只需要将 n 定义为 1 或者 . 。ustrregexrf(s1，re，s2［,noc］)和 ustrregexra(s1，re，s2［,noc］)函数，能够通过正则表达式来匹配替换，只能替换第一个或所有字符串，不能替换前 n 个字符串。

正则表达式涉及众多的数量元字符，可以归纳如表 11-1 所示。

表 11-1　正则表达式数量元字符

元　字　符	说　　　　明
.	匹配除换行符和回车符外的任意单个字符
|	逻辑"或"操作符
[]	匹配字符集合中的一个字符
[^]	匹配不在字符集合中的一个字符
-	定义一个区间，例如 a-z 代表小写字母 a 到小写字母 z
()	生成子表达式
\	对下一个字符进行转义
*	匹配前一个字符或子表达式任意次重复，可以匹配零次
+	匹配前一个字符或子表达式一次或多次重复，不能匹配零次
?	匹配前一个字符或子表达式零次或一次重复
{n}	匹配前一个字符或子表达式 n 次重复
{m,n}	匹配前一个字符或子表达式至少 m 次至多 n 次重复。"{0,1}"相当于"?"
{n,}	匹配前一个字符 n 次或更多次重复。"{0,}"相当于"*"，"{1,}"相当于"+"

示例：

abc* 匹配在"ab"后面跟着零个或多个"c"的字符串。

abc+ 匹配在"ab"后面跟着一个或多个"c"的字符串。

abc? 匹配在"ab"后面跟着零个或一个"c"的字符串。

abc{2} 匹配在"ab"后面跟着两个"c"的字符串。

abc{2,} 匹配在"ab"后面跟着两个或更多"c"的字符串。

abc{2,5} 匹配在"ab"后面跟着 2 到 5 个"c"的字符串。

a(bc)* 匹配在"a"后面跟着零个或更多"bc"序列的字符串。

a(bc){2,5} 匹配在"a"后面跟着 2 到 5 个"bc"序列的字符串。

a(b|c) 匹配在"a"后面跟着"b"或"c"的字符串。

a[bc] 匹配在"a"后面跟着"b"或"c"的字符串。

11.2 滚动窗口

滚动窗口作为一种计算方法常用于时间序列的分析中。它通过计算一定时间窗口(时间点范围)内一系列连续观测值的平均值来减少噪音和波动,从而使数据更具可读性和解释性。移动平均的基本思想是,根据时间节点逐项推移,依次计算包含一定项数的序时平均值,以反映长期趋势。因此,当时间序列的数值由于受周期变动和随机波动的影响,起伏较大,不易显示出事件的发展趋势时,使用移动平均法可以消除这些因素的影响,显示出事件的发展方向与趋势(趋势线)。

11.2.1 移动平均与滚动平均

在一般情况下,移动平均(moving average)和滚动平均(rolling average)可以被认为是同义词,两者可以用来描述同一种概念。它们都指的是通过计算一系列连续观测值的平均值来平滑数据序列。然而,有时根据上下文和具体领域的使用习惯,两个术语可能会有微妙的区别。在某些情况下,"移动平均"一词可能更常用于描述时间序列数据的平滑过程,而"滚动平均"一词则更常用于描述数据窗口的滚动过程。在这种情况下,移动平均更强调对数据整体进行平滑处理,而滚动平均则更强调使用固定大小的窗口进行数据处理。

11.2.2 移动平均的简单命令

在 Stata 中进行移动平均的命令很多,这里介绍两个最为基本的命令：tssmooth 与 mvsumm。

1. tssmooth 命令

该命令的语法结构为

```
tssmooth smoother [type] newvar = exp [if] [in] [, ...]
```

其中，smoother 表示计算移动平均的方法，包括 ma（Moving-average filter）、exponential（Single-exponential smoothing）、nl（Nonlinear filter）等。对 ma 方法而言，其具体语法为

```
tssmooth ma [type] newvar = exp [if] [in], window(♯l[♯c[♯f]]) [replace]
```

其中，window(♯l[♯c[♯f]])描述了均匀加权移动平均的跨度，这里面的 ♯l 指定要包括的滞后项数量，取值范围为 0 < ♯l < 样本中观测数量的一半。♯c 是可选项，指定是否在滤波器中包括当前观测（0 表示排除，1 表示包括）。默认情况下，不包括当前观测。♯f 是可选的，指定要包括的向前项数量，取值范围为 0 < ♯f < 样本中观测数量的一半。

例 11-9　tssmooth 命令的运用。

```
clear
input code year var1
1 2015 45
1 2016 48
1 2018 43
2 2015 55
2 2016 32
2 2018 17
3 2016 19
3 2018 20
4 2015 40
4 2016 39
end
xtset code year
tsfill    //tsfill命令补充间隙
tssmooth ma v1 = var1, w(1, 0, 1)
//w(1, 0, 1)选项的含义:(1/2)*[x(t-1) + 0*x(t) + x(t+1)]; x(t) = var1
tssmooth ma v2 = var1, w(1, 1, 1)
tssmooth ma v3 = var1, w(2,1, 2)
```

2. mvsumm 命令

mvsumm 命令用于计算移动窗口内的数据描述统计量，针对的是使用 tsset 或 xtset 命令定义的时间序列变量 tsvar。如果数据集是面板数据，也就是包含了不同时间序列的组合，那么这个统计量会分别对每个截面的时间序列进行计算。计算出的移动窗口统计量会生成一个新的变量，可以使用 generate()选项来指定这个新变量的名称。mvsumm 命令可以计算的统计量很多，包括最小值、最大值、一些特定的百分位数、平均值和标准差（统计量的具体情况可以通过 help mvsumm 继续查阅）。可以选择计算其中的一个或多个指标进行计算，也可以选择从 summarize 命令返回的结果中进行进一步的计算，还可以指定权重，即 aweights 或 fweights。

需要注意的是，虽然 mvsumm 可以处理不平衡的面板数据（不同时间序列的起始和结束点可能不同），但它不允许在单个时间序列的观测中有间隙（gap）。这意味着某个时间段

的观测值可以缺失,但这个时间段的观测本身必须是存在的。如果时间序列中有缺失的时间点,应首先使用 tsfill 命令来进行填充和处理。mvsumm 命令的语法格式如下

```
mvsumm tsvar [if exp] [in range] [weight], generate(newvar) stat(statistic) [ window( # ) end
force ]
```

其中,generate(newvar)指定了一个新变量的名称,用来存放计算结果,为必选选项。window(#)指定了用于计算统计量的窗口宽度,这个值应该是不小于 2 的整数。默认情况下,奇数长度窗口的结果放在窗口中间,偶数长度窗口的结果放在窗口末尾,可以通过 end 选项进行改变放置位置。默认窗口宽度是 3。end 表示在窗口宽度为奇数时,强制将结果放在窗口末尾。force 表示在某个窗口的部分值缺失时,强制计算结果。

例 11-10 mvsumm 命令的运用。

```
clear all
cd "D:\Stata 数据分析与建模\数据代码\第 11 章"
use grunfeld, clear
mvsumm invest,stat (mean) win(3) gen(inv3yavg) //计算变量 invest 的滞后三阶的移动平均数。
                                                //stat 是指要计算的统计量,win 是滞后阶数,
                                                //gen 是生成一个新变量
mvsumm invest,stat(mean) win(3) gen(inv3yavgend) end //end 是指如果滞后阶数是奇数时,将滞后
                                                //结果放于最后一阶 (例如计算滞后三阶,
                                                //则将结果放于第三阶;若不加 end,结果
                                                //会放于第二阶)

* tsfill 可用于填充间隙
clear
input code year var1
1 2015 45
1 2016 48
1 2018 43
2 2015 55
2 2016 32
2 2018 17
3 2016 19
3 2018 20
4 2015 40
4 2016 39
end
xtset code year
tsfill //tsfill 命令补充间隙
mvsumm var1,stat (sd) win(2) gen(sdmv)
```

11.2.3 滚动窗口统计

上面介绍的命令只能用于一般的移动统计量的计算,下面基于案例的形式介绍几个更为灵活的命令。采用的数据集为对应章节文件夹下的 roll_panel. dta 文件,里面包含了 6 个变量 code、year、invest、marketv、stock 和 time,其中 code 和 year 分别表示样本公司的代码和年份;invest 表示该公司在当年的投资额度;marketv 表示公司在当年的市场价值;cpstock 表示公司的资本存量。该数据集共包含 10 家公司(n=10),每家公司有 20 年的资

料(T＝20,2005-2024),该数据为平行面板数据。

1. rolling 命令

在 Stata 中,rolling 命令用于执行滚动(rolling)操作,即在数据集的滚动窗口上执行特定的计算或分析,这对于时间序列、面板数据或其他需要在不同窗口上执行统计分析的情况非常有用。rolling 在一系列滚动窗口的每个窗口上执行命令,并存储结果,任何存储于 e()或 r()中的结果都可用于滚动。rolling 的语法格式如下

```
rolling [exp_list] [if] [in], window(#) [options] : command
```

exp_list 表示将计算的结果存储为新的变量,可以是一个或多个变量名,这些变量将用于存储每个滚动窗口上的计算结果,如 mean＝r(mean)sd＝r(mean)N＝r(N)。

window(#)用于设置滚动窗口的长度。注意:在运行 rolling 命令前需要使用 tsset 或 xtset 命令设置时间变量。

command 为 Stata 的操作指令,可以是描述性统计或回归等命令。

options 为选项功能,下面进行简要介绍。

recursive 表示使用递归样本。

rrecursive 表示使用反向递归样本。

clear 表示用结果替换内存中的数据。

saving(filename,…)表示将结果以双精度保存到指定的文件。

stepsize(#)表示窗口前进的周期数。

start(time_constant)表示滚动开始的时间点。

end(time_constant)表示滚动结束的时间点。

keep(varname[, start])表示将变量名与结果一起保存。

nodots 表示禁止显示重复操作的进度点。

dots(#)表示每隔一定数量的重复操作显示进度点。

noisily 用于显示命令的任何输出。

trace 用于跟踪命令的执行过程。

说明:①rolling 只能用于向后滚动计算;②window (#)默认采用当前值向后滚动的方式,例如当前时间变量为 2000 年,则 window(3)代表"2000,2001,2002";同时,rolling 命令计算的每个滚动统计量必须对应 # 个观察值,如果向后滚动的观察值个数小于 #,则予以忽略;③start (#)与 end (#)选项命令可独立使用,但必须与 window (#)命令连用。

例 11-11　rolling 命令的运用。

```
clear
cd "D:\Stata 数据分析与建模\数据代码\第 11 章"
*计算每家公司资本存量的 3 年滚动平均值和标准差 (向后滚动)
use roll_panel.dta, clear
xtset code year
rolling rmean = r(mean) rsd = r(sd)rn = r(N), window (3) clear: sum cpstock
```

```
use roll_panel.dta, clear
xtset code year
rolling rmean = r(mean) rsd = r(sd) rn = r(N), clear window(3) start(2005) end(2022) :
sum invest
```

2. asrol 命令

asrol 命令可以在用户定义的滚动窗口或分组变量上计算描述性统计信息，该命令可以实现向前滚动统计。相比于 rolling 命令，asrol 命令使用了 Mata 语言的高效编码，这使得其速度非常快，在大型数据处理中优势非常显著。asrol 命令能够高效处理各种数据结构，如声明为时间序列或面板数据的数据集、未声明类型的数据集，具有重复值或缺失值的数据集，以及不连续的时间序列数据。asrol 命令可以估计诸如均值、标准差、最小值、最大值、百分位数、中位数、缺失值、计数、第一个值、最后一个值、乘积和几何平均等最常用的统计量。asrol 的语法如下（目前最新的命令版本是 5.7 版本）：

```
[bysort varlist]: asrol varlist [if] [in], stat(stat_options) window(rangevar #) [gen
(newvar) by(varlist) minimum(#) add(#) ignorezero perc(#) xf([focal | rangevar])]
```

其中，bysort 能够实现对滚动统计量进行分组计算。例如，对于一个包含了多个城市（city）、多个行业（indus）、平均每个行业若干家企业（company）的面板数据，当想研究每个城市每个行业投资额（invest）的 3 年滚动均值时，便可采用如下命令

```
asrol invest, window(year 3) stat(mean), by(country industry) //或者下面的命令
bysort country industry: asrol profitability, window(year 5) stat(mean)
```

stat(stat_options)表示需要滚动计算的统计量。主要包含 sd（非缺失值的标准差）、mean（非缺失值的算术平均值）、gmean（非缺失值且为正数的几何平均值）、sum（滚动窗口中所有值求和）、product（滚动窗口中所有值求积）、median（中位数）、count（滚动窗口中非缺失值的个数）、missing（滚动窗口中缺失值的个数）、min（滚动窗口中的最小值）、max（滚动窗口中的最大值，类似的还有 max2，max3，max4 以及 max5）、first（滚动窗口中的第一个观察值）、last（滚动窗口中的最后一个观察值）。

window(rangevar #from #upto)中的 rangevar 通常是一个时间变量，例如日期、月度日期或年度日期，它也可以是任何其他数值变量，如年龄、收入、行业指标等。#from 和 #upto 都是数值，用于设置滚动窗口的下限和上限，以当前 rangevar 的值作为基准。如果输入的是负值意味着从 rangevar 的当前值回溯 #个周期。类似地，输入的正值意味着在当前 rangevar 的值的基础上前进 #个周期。该命令的用法举例如下：

window(year −5 0)表示过去 5 个观测的滚动窗口。因此，如果焦点年份是 2006 年，窗口滚动的年份包括 2006 年、2005 年、2004 年、2003 年、2002 年。该窗口也可以写作 window(year 5)。

window(year 1 5)表示向前 5 个观测的滚动窗口。因此，如果焦点年份是 2006 年，窗口滚动的年份包括 2007 年、2008 年、2009 年、2010 年、2011 年。

window(year −13 −2)表示过去 11 个观测的滚动窗口，从 t-12 到 t-2。因此，如果焦

点年份是 2006 年,窗口滚动的年份包括 1994 年、1995 年、1996 年、1997 年、1998 年、1999 年、2000 年、2001 年、2002 年、2003 年、2004 年。

window(year −5 5)表示 10 个观测的滚动窗口。因此,如果焦点年份是 2006 年,窗口滚动的年份包括 2002 年、2003 年、2004 年、2005 年、2006 年、2007 年、2008 年、2009 年、2010 年、2011 年。

window(year 0 1)表示 2 个观测的滚动窗口。因此,如果焦点年份是 2006 年,窗口滚动的年份包括 2006 年和 2007 年。由于 asrol 将焦点观测视为过去的一部分,因此将窗口写为 window(year −1 1)将产生完全相同的结果。

gen(newvar)对计算的滚动统计量命名,如果省略该命令,asrol 将自动命名。

by(varlist)为分组命令,功能同 bysort。

minimum(♯)为"最小"选项强制。asrol 命令仅在滚动窗口中包含最小数量的观察值时才计算滚动统计量。如果滚动窗口的非缺失值数量小于设定的最小值,那么计算的滚动统计量将被缺失值替换。注意♯是整数,且大于零。例如,在 3 年滚动均值的命令末尾加入 minmum(3),那么前 2 个观察值的 3 年滚动均值将因为滚动窗口中非缺失值小于 3 而被缺失值替代。

add(♯)表示在计算一列数的乘积和几何平均值时,"0"的出现会引发错误,add(♯)使计算过程中所有数字都加"♯"。例如,在原始计算[0,1,2,3]的几何平均值时因为"0"的出现而计算错误,添加 add(1)命令后将计算[1,2,3,4]的几何平均值。

ignorezero 用于计算乘积时忽略窗口中数字"0"的存在。

perc(♯)表示在不使用 perc(k)选项的情况下,stat(median)查找给定窗口中值的中值或第 50 个百分点。然而,如果指定了选项 perc(♯),则 stat(median)将找到窗口观察值的第 k 个百分点。例如,想找到滚动窗口的第 75 百分位数,那么必须调用选项 perc(0.75)以及使用选项 stat(median)。

xf([focal | rangevar])表示计算滚动统计量时剔除当前值。该命令共包含两种剔除方式:第一种是仅剔除当前观察值,而第二种方法是剔除包含了对应 window(rangevar ♯)中 rangevar 的所有观察值,如 asrol cpstock,stat(mean) xf(year) gen(xfyear) window(year 3)中 year 对应 2006,则剔除所有 2006 年的观测值。

例 11-12 asrol 命令的运用。

```
clear
cd "D:\Stata 数据分析与建模\数据代码\第 11 章"
use roll_panel.dta,clear
bys code: asrol invest, stat(mean) win(year 4)          //使用四年滚动窗口(当前年份和前三年)计
                                                        //算变量 invest 的算术平均值,并将结果存
                                                        //储在一个新变量 mean4_invest 中
use roll_panel.dta,clear
bys code: asrol invest, stat(mean) win(year −4 0)       //同上,这是 5.0 版本的写法
use roll_panel.dta,clear
bys code: asrol invest, stat(gmean) win(year −5 5)      //在一个包括 10 个时期的滚动窗口中计算几
                                                        //何平均值:向前 5 个时期和向后 5 个时期
```

```
use roll_panel.dta,clear
bys code: asrol invest, stat(gmean) win(year 0 5) add(1) gen(gmean10)
```
//按照公司分组:对于投资变量使用 asrol 命
//令,统计量为几何平均值,在窗口选项中使
//用 win(year 0 5),并加入 add(1)选项,然后
//生成一个新变量 gmean10

```
use roll_panel.dta,clear
bys code: asrol invest, stat(sd) win(year - 5 - 1)
```
//该命令使用 5 年滚动窗口从过去 5 年计算投
//资变量的标准差,排除最近的观测(焦点观
//测)。因此,这个窗口实际上使用了 4 个观测

```
use roll_panel.dta,clear
bys code: asrol invest, stat(median) win(year 4) perc(.75)
```
//在一个 4 年滚动窗口中找到第 75
//百分位数

```
use roll_panel.dta,clear
bys code: asrol invest, stat(median) win(year - 4 0) perc(.75)
asrol invest, stat(median) win(year 5) min(3)
```
//同上
//5 个时期的滚动中位数,要求至少有 3 个
//观测

```
use roll_panel.dta,clear
bys code: asrol invest, stat(mean) xf(focal)
```
//按照公司分组:使用 asrol 命令对投资变量进行操
//作,统计指标为平均值,使用 xf(focal)选项排除
//焦点观测

```
use roll_panel.dta,clear
bys code: asrol invest, stat(mean) xf(code)
```
//该命令在排除焦点公司的情况下计算了整个样本
//的标准差。因此,当公司编号为 1 时,标准差是基
//于其余的 19 家公司计算的。类似地,当公司编号
//为 2 时,标准差是基于第 1 家公司和第 3~20 家公
//司计算的

```
use roll_panel.dta,clear
bys code: asrol invest marketv cpstock, stat(mean sd count) win(year - 5 0)
```
//一次性计算三个变量的 5 个时期滚动均值、标准
//差和计数

3. rangestat 命令

rangestat 也是常用的滚动计算命令,可以灵活设定窗口。rangestat 命令可以基于退化窗口、滚动窗口、递归窗口、反向递归窗口或特定窗口进行计算,可以完美使用 Stata 中的内置函数。为了提升运行速度,还可以直接使用自定义的 Mata 函数。其语法格式如下

```
rangestat (stat | flexstat) { varlist | new_varname = varname } [ { varlist | new_varname =
varname } ...] [if] [in], interval (keyvar low high) [ options ]
```

其中,stat 为所需计算的统计量。主要包含 obs(原始观测值的个数)、count(滚动窗口中非缺失值的个数)、missing(滚动窗口中缺失值的个数)、sd(非缺失值的标准差)、variance(非缺失值的方差)、mean(非缺失值的算术平均值)、sum(滚动窗口中所有值求和)、median(中位数)、min(滚动窗口中的最小值)、max(滚动窗口中的最大值)、first(滚动窗口中的第一个观察值)、last(滚动窗口中的最后一个观察值)。

flexstat 表示计算相关系数 corr、协方差 cov 和回归 reg 的命令。

interval(keyvar low high)语句定义了计算当前统计量的滚动窗口。keyvar 是一个数值变量，[low high]是该数值变量的闭区间。例如，roll_panel. dta 第 5 行(2009 年)的观察值 interval(year 0 3)对应的是 2009,2010,2011,2012；interval(year −1 2)对应的是 2008、2009、2010、2011；interval(year 0 0)对应的是 2009。

选项 options 主要包括 by (varlist)定义分组计算的滚动统计量；excludeself 剔除当前观察值；describe 显示创建的新变量的名称；local(name)定义一个包含新创建变量名的宏。

例 11-13　rangestat 命令的应用。

```
clear
cd "D:\Stata 数据分析与建模\数据代码\第 11 章"
sysuse auto, clear
* 退化窗口计算
rangestat (min) price mpg (mean) price mpg, interval(rep78 0 0)
//使用 rangestat 命令，在 rep78 变量的间隔(interval)内，对 price 和 mpg 变量分别进行最小值和
//均值的计算。其中，间隔设置为(rep78 0 0)，表示在相同的 rep78 值范围内进行计算
* 下面代码可以实现同样的功能
sort rep78 make
by rep78: egen min_price = min(price)
by rep78: egen min_mpg = min(mpg)
by rep78: egen mean_price = mean(price)
by rep78: egen mean_mpg = mean(mpg)
list rep78 * price * * mpg * if rep78 < = 2, sepby(rep78)


use roll_panel.dta,clear
* 滚动窗口计算
rangestat (mean) invest (sd) invest (count) invest, interval(year - 4 0) by(code)
//使用 rangestat 命令在 code 变量的分组内，在相对于当前年份的过去 4 年到当前年的时间间隔
//内，对 invest 变量分别进行均值、标准差和计数的计算。注意：如果变量含有缺失值或者观测值个
//数小于设定的窗口间隔，那么 rangestat 会自动忽略，没有删除期数不够的结果，而是用真实的期
//数进行计算
use roll_panel.dta,clear
* 递归窗口
rangestat (sum) invest marketv cpstock, interval(year . 0) by(code)
//使用 rangestat 命令在 code 变量的分组内，在相对于当前年份的过去所有年到当前年的时间间隔
//内，对 invest、marketv 和 cpstock 变量分别进行求和的计算。递归窗口类似于依次累加。当"."指
//定为 low 时，表示不设置滚动窗口的下限，计算的是上界对应的观测值之前的所有观测值。使用 0
//指定 high 参数，表示当期值
* 下面代码可以实现同样的功能
use roll_panel.dta,clear
bysort code (year): gen double rs_invest = sum(invest)    //通过 by code (year)语句对每个分组
                                                          //内的数据进行操作生成名为 rs_
                                                          //invest 的双精度变量，其值为 invest
                                                          //变量在时间间隔内的累积求和
bysort code (year): gen double rs_marketv = sum(marketv) //生成名为 rs_marketv 的双精度变量，
                                                          //其值为 marketv 变量在时间间隔内
                                                          //的累积求和
bysort code (year): gen double rs_cpstock = sum(cpstock) //生成名为 rs_cpstock 的双精度变量，
                                                          //其值为 cpstock 变量在时间间隔内
                                                          //的累积求和
```

```
use roll_panel.dta,clear
* 反向递归窗口
rangestat(sum) invest, interval(year 0 .) by(code)
//使用 rangestat 命令,在按照 code 变量进行分组的情况下,在相对于当前年份的从当前年到未来
//所有年的时间间隔内,对 invest 变量进行求和。换句话说,它会在每个 code 分组内,计算每个年
//份及其未来年份的 invest 变量值之和。反向窗口类似于依次递减。例子将 0 设为 low,"."设为
//high,在 Stata 中,系统缺失值大于任何非缺失值的值。例如,interval(year 1950 .)表示将使用
//大于或等于 1950 年的所有观测值进行计算
* 下面代码可以实现同样的功能
use roll_panel.dta,clear
bysort code (year): egen double invest_total = total(invest)
bysort code (year): gen double rsum = sum(invest)
bysort code (year): gen double match = invest_total - rsum + invest
* 还可以指定一个不能通过简单地在 low 或 high 上添加♯来计算的间隔,下面的示例查找价格相近
的汽车的平均维修记录,要求在目前汽车价格的 10% 以内
sysuse auto, clear
gen low = .9 * price
gen high = 1.1 * price  //自定义一个窗口的下界和上界
rangestat (mean) rep78, interval(price low high)
list in 1/10
```

11.2.4　滚动窗口回归

在实证中分析中,经常要以某个长度的窗口进行滚动回归。例如,计算企业连续三年的经行业调整的 ROA 标准差,计算企业连续三年经行业调整的 Tobin Q 平均值等。涉及滚动窗口回归的命令在前文大多已经进行了介绍,主要包括 rollreg、rolling、rolling2、asreg 等。

1. rollreg 命令

rollreg 适用于时间序列数据,必须使用 tsset 命令或 xtset 设置数据。rollreg 的语法格式为

```
rollreg [depvar varlist] [if exp] [in range], move(♯) | add(♯) | dropfirst(♯) stub(abbrev)
[ robust bw(♯) kernel(choice) noconstant graph(summary|full) ]
```

其中,depvar 和 varlist 可以包含时间序列运算符。数据也可以被定义为面板数据,这种情况下滚动回归估计将针对面板中每个时间序列进行估计。因此,在回归之前,必须要使用 tsset 或 xtset 声明时间序列或面板数据。

rollreg 计算三种不同类型的滚动回归估计。move()选项表示将对可用样本期间计算指定窗口宽度的移动窗口估计。add()选项表示最初会使用指定数量的期间进行估计,然后样本会逐个周期地扩展到剩余样本。dropfirst()选项表示首先对整个样本进行回归估计,然后重复此过程,逐步排除初始观测,直到排除了指定数量的观测为止。这三种形式的命令都会为每个周期生成 R^2、RMSE、系数估计及其估计标准误的时间序列。这三个选项必须要设置一个,且仅需要设置一个。

例 11-14　rollreg 命令的运用。

```
clear
cd "D:\Stata 数据分析与建模\数据代码\第 11 章"
use wpi1, clear //导入数据集 wpi1,清除任何已存在的数据
g t2 = t^2      //创建变量 t2
rollreg D.wpi t t2, move(24) stub(wpiM) graph(summary)
//使用滚动回归计算,依次对变量 D.wpi 进行回归,自变量为 t 和 t2
//使用 move(24) 选项,滚动窗口宽度为 24
//将结果的摘要信息以及图表保存到变量 wpiM
rollreg D.wpi t t2, add(24) stub(wpiA)
//使用 add(24) 选项,逐步增加回归窗口,初始窗口宽度为 24
//将结果的摘要信息保存到变量 wpiA
rollreg D.wpi t t2, dropfirst(48) stub(wpiD) bw(3) graph(summary)
//使用 dropfirst(48) 选项,逐步减少回归窗口,最多排除 48 个时间点
//使用 bw(3) 选项设置带宽为 3
//将结果的摘要信息以及图表保存到变量 wpiD
rollreg D2.wpi LD.wpi LD2.wpi t, move(48) stub(wpiM2) robust graph(full)
//对多个变量进行滚动回归,分别对 D2.wpi、LD.wpi、LD2.wpi 和 t 进行回归
//使用 move(48) 选项,滚动窗口宽度为 48
//将结果的摘要信息保存到变量 wpiM2,使用鲁棒标准误

use invest2, clear //导入数据集 invest2,清除任何已存在的数据
xtset company time //设置面板数据,定义 panel 数据集,其中 company 是单位标识,time 是时间
                   //标识
rollreg market L(0/1).invest time, move(8) stub(mktM)
//对变量 market 和 L(0/1).invest 进行滚动回归
//使用 move(8) 选项,滚动窗口宽度为 8
//将结果的摘要信息保存到变量 mktM
```

2. rolling 命令

rolling 命令前文已有介绍,在滚动回归之前,必须使用 tsset 或 xtset 声明时间变量。当使用 rolling 命令时,window(♯)选项是必需的,其含义是每次回归的窗口大小。

例 11-15　rolling 命令的应用。

```
clear
cd "D:\Stata 数据分析与建模\数据代码\第 11 章"
use lutkepohl2, clear
tsset qtr
rolling _b _se, window(30): regress dln_inv dln_inc dln_consump
//Stata 默认会以 _b 开头来命名估计出的系数,并将结果保存下来。另外,可以在 rolling 后加上
//_se,那么 stata 会将每个系数的标准差以 _se 开头存下来
//使用滚动回归,在滚动窗口宽度为 30 的情况下,对变量 dln_inv、dln_inc 和 dln_consump 进行
//回归
//对每个窗口计算回归系数 _b 和标准误 _se
//将每个窗口的起始和结束时间显示在列表中,显示前 10 个窗口
list start end in 1/10    //可以看出来,从 1960q1 到 1967q2 共有 30 个时间单位,之后起始点和结
                         //束点都加 1,窗口大小保持不变

use lutkepohl2, clear
tsset qtr
rolling _b _se, window(30) recursive: regress dln_inv dln_inc dln_consump
```

```
//使用递归滚动回归,在滚动窗口宽度为 30 的情况下,对变量 dln_inv、dln_inc 和 dln_consump 进
//行回归
//在递归模式下,每个窗口都会从前一个窗口的末尾开始,进行增量回归
//当设定 recursive 选项时,起始时点被固定,结束时点每次向后滚动一个单位,那么 window 的大小
//也就会从 30 依次加 1
list start end in 1/10        //在该例中,观察值一共有 92 个,而滚动回归的窗口是 30,所以回归的
                              //总次数是 92 - 30 + 1 = 63

use lutkepohl2, clear
tsset qtr
rolling _b _se, window(30) rrecursive: regress dln_inv dln_inc dln_consump
//使用逆递归滚动回归,在滚动窗口宽度为 30 的情况下,对变量 dln_inv、dln_inc 和 dln_consump
//进行回归
//在逆递归模式下,每个窗口都会从前一个窗口的开始处开始,进行逐渐回归
//将每个窗口的起始和结束时间显示在列表中,显示倒数第 1 至倒数第 10 个窗口
//当设定 rrecursive 选项时,结束时点被固定,起始时点每次滚动向前推 1 单位
list start end in - 10/ - 1    //可以看出,1975q3 到 1982q4 是 30 个时间单位,每次回归窗口加 1,
                               //结束时点不变
```

3. rolling2 命令

rolling2 做法和 rolling 比较接近,但最大的一个不同点是,rolling 在对面板数据进行滚动回归时,会分组进行滚动回归,而 rolling2 是混合回归。在 Stata 的帮助文档中,提供了 grunfeld.dta 数据,grunfeld.dta 是一份面板数据,共有 10 家公司,每家公司有 20 年数据,总共 200 个观察值。

例 11-16 rolling2 命令的运用。

```
clear
cd "D:\Stata 数据分析与建模\数据代码\第 11 章"
* rolling 滚动回归
use grunfeld, clear
rolling _b _se, window(8):  regress invest mvalue kstock
count //每家公司会被分开分别进行滚动回归,那么总的回归次数就是 (20 - 8 + 1) * 10 = 130
* rolling2 滚动回归
use grunfeld, clear
rolling2 _b _se, window(8) onepanel:  regress invest mvalue kstock
count //将整个面板数据混合回归,也就是说,从整个面板数据中滚动找出 8 年的数据来回归,那么
      //总的回归次数就是 20 - 8 + 1 = 13 次
```

4. asreg 命令

滚动窗口回归需要大量的循环,但在运行时会遇到很多数据结构问题,诸如非平衡面板数据、重复值、缺失值等。asreg 命令对不同的数据结构并不会采用一种固定的方式估计,它能识别出不同类别的数据集结构,并采用合适的方法。除此之外,asreg 命令是利用 Mata 语言来完成的。因此,asreg 命令在数据集特别大时,优势非常明显,能够节约大量的时间。同时,asreg 命令可以将估计结果输出到现有内存中,这就减少了再去将估计结果与原数据集合并的麻烦。asreg 的语法结构如下

```
[bysort varlist:] asreg depvar indepvars [if] [in] [, window(rangevar #) noconstant
recursive minimum(#) by(varlist) {statistics_options} newey(#) fmb save(file name) first]
```

其中,window(♯)用于设定滚动窗口长度;recursive 表示起始点固定、结束点和滚动窗口增长;by 为分组变量;minimum(♯)用于指定用来回归的最小的观察值个数。

例 11-17　asreg 命令的运用。

```
clear
cd "D:\Stata 数据分析与建模\数据代码\第 11 章"
use grunfeld,clear
bys company: asreg invest mvalue kstock wind(year 10) min(5)
//按照公司分组进行滚动回归。因变量是 invest,自变量是 mvalue kstock。wind(year 10)表示滚动
//窗口是十年。min(10)表示样本量至少为 5 的时候才进行回归
//滚动回归结果显示,样本量大于或等于 5 的时候进行回归,并且自动产生一组新变量,包括自变量
//系数、常数项以及拟合优度等
bys company: asreg invest mvalue kstock,wind(year 10) min(10) rec
//添加选项 recursive,表示起始点固定,结束点和滚动窗口增长
//结果显示,回归执行过程将不断添加样本量,直到该分组变量的所有样本都参与回归
//分组估计执行完后,会自动产生一组以 _ 开头的新变量
bys company: asreg invest mvalue kstock, wind(year 10) se fit
//添加选项标准误差 se 和拟合值 fit
```

5. rangestat 命令

该命令前文已有介绍,这里仅做示例。

例 11-18　rangestat 命令的运用。

```
clear
cd "D:\Stata 数据分析与建模\数据代码\第 11 章"
use grunfeld,clear
rangestat (reg) invest mvalue kstock, interval(year - 6 0) by(company)
//invest 是因变量,mvalue、kstock 是自变量,在过去 7 年的时间窗口内做滚动回归
list in 1/10
```

11.3　分组计算

分组计算涉及组内元素个数统计、分组统计与回归分析、特殊类型平均值的计算等常规操作。利用分组计算的基本操作,还可以实现对 HHI 指数、泰勒指数等常见指标的计算。此外,分组回归并提取残差也是数据分析的必要技能之一。

11.3.1　组内元素个数统计

组内元素个数的计算是指将某一变量的元素在不同组内出现的个数计算出来,如在社会学中需要计算以家庭为单位计算每个家庭有几口人,在金融财会分析中经常需要计算每个行业或每个地区有多少家上市公司等。此外,组内元素个数的计算还涉及组内非重复值

视频讲解

的个数计算,即将每组内非重复值的元素的数量计算出来。例如,计算一家企业的所在地在给定的时间区间内是否发生变化,或者计算一家企业的管理者在给定的时间区间内是否有所变动等。下面结合具体的例子进行说明。

1. 统计某个变量(组)有的观测值数量_n、_N 与 count( )

例 11-19 观测值统计。

```
cd "D:\Stata 数据分析与建模\数据代码\第 11 章"
use 上市公司财务信息.dta,clear
keep id year city1
bysort year: gen obs = _n
bysort year: gen obs2 = _N
sort year
bysort year: egen num_year = count(id) //按照变量 year 分组,执行后面的命令,计算每年的观测
                                        //值数量。与 bysort year: gen obs2 = _N 等价
bysort city1: egen num_city = count(id)   //按照变量 city1 分组,执行后面的命令,计算每个城
                                          //市的观测值数量
bysort city1 year: egen num_yc = count(id) //按照变量 city1 和变量 year 分组,执行后面的命令
bysort id: gen obs_id = _N
bysort id: egen num_id = count(id)   //按照变量 id 分组,执行后面的命令。与 bysort id: gen obs
                                     //_id = _N 等价
sort id
bysort id: keep if _n == 1  //去除 id 的重复值,只保留每个 id 对应的观测值个数

use 上市公司财务信息.dta,clear
keep id year city1
bysort city1: egen num_city = count(id)   //按照变量 city1 分组,执行后面的命令,计算每个城
                                          //市的观测值数量
duplicates drop city1,force  //去除 id 的重复值,只保留每个 id 对应的观测值个数,同 bysort
                             //city1: keep if _n == 1 等价
```

2. 统计某个变量(组)的非重复观测值数量 distinct、unique 与 nvals( )

例 11-20 非重复观测值统计。

```
clear
cd "D:\Stata 数据分析与建模\数据代码\第 11 章"
use 上市公司属性信息.dta, clear
distinct code           //统计数据集中上市公司的数量,共 18497 个观测值,有 4344 家上市公司
distinct city           //统计城市的数量,有 382 家
egen cityg = group(city)   //distinct 无法生成新变量进行计数,可以考虑 group()
sort cityg              //可以看出,一共分了 382 组
distinct year
distinct city year      //分别统计多少个城市,多少个年份
distinct _all           //分别统计数据集所有变量的非重复观测值个数(变量中的类别数量)
unique code             //同 distinct code
unique city             //同 distinct city
unique year             //同 distinct year
unique city year        //统计年份与城市交叉后的非重复观测,共 1795 个
egen cityyearg = group(city year)   //可以看出,一共分了 1795 组
sort city year
```

```
unique code year          //统计 code 与 year 交叉后的非重复观测,正好等于观测值总数

unique city,by(year)      //统计每年有多少个城市
bysort year: egen ycityn = nvals(city)    //group 无法结合 bysort,使用 nvals()函数
sort year
tab ycityn
unique code, by(year)     //统计每年有多少家上市公司
bysort year: egen  ycoden = nvals(code)
sort year
tab ycoden
```

3. 应用案例

（1）应用案例 1。数据集"检查信息.dta"中记录了每个患者的检查信息,包括姓名 name、出生日期 birthday、检查的项目 item 等。item 的取值 1、2、3、4 分别代表患者做了四项检查,要求将做了四项检查的患者保存,没做全四项的全部剔除掉。

例 11-21　应用案例 1。

```
clear
cd "D:\Stata 数据分析与建模\数据代码\第 11 章"
use 检查信息.dta, clear
bysort name : egen n = nvals(item)    //实质是统计每个人检查项目的非重复观测值
drop if n < 4
```

（2）应用案例 2。在数据集"经理变动.dta"中的 code 代表上市公司的代码,year 为年份,manager 为经理信息,其中 A,B,C,…代表不同的经理人,要求判断该企业在样本区间内经理是否发生变化以及变化了几次(与判断企业在样本区间内注册地是否发生变化、行业是否发生变化是同一类问题)。

例 11-22　应用案例 2。

```
clear
cd "D:\Stata 数据分析与建模\数据代码\第 11 章"
use 经理变动.dta, clear
bysort code: distinct  manager //对 code 变量进行分类,并统计每一类别下非重复观测值个数
unique manager, by(code)       //对 code 变量进行分类,并统计每一类别下非重复观测值个数
* 这里虽然可以判断企业的行业是否发生变化,但如何生成一个新的变量,使得发生变化的企业取
值为 1,未发生变化的企业取值为 0?
* 使用 egenmore + nvals()    //nvals() 函数,可以用于计算组内非重复值的数量
egen managern = nvals(manager), by(code)    //生成变量 managern,按上市公司计算 manager 非重
                                            //复值的个数
bysort code: egen managerb = nvals(manager) //同上,取值为经理发生变化的次数
gen yesno = (managerb == 1)                 //0 - 1 取值代表是否发生了变化
```

11.3.2　分组统计与回归分析

在数据分析中,经常需要做多分组计算,包括分组进行描述性统计或者分组进行回归,

如分别按地区、年度、行业进行统计或回归。在进行分组回归时,可以选择重复使用 regress 命令,或使用 forvalues、foreach 等循环语句实现,但当组别较多时工作将会变得非常繁复。此外,有时需要将描述性统计或回归的结果提取保存出来,循环处理也相对复杂。这里介绍一些专门针对分组操作的命令。

1. 分类描述性统计 sumup

sumup 是对数据进行描述性统计的命令,其选项 by(byvars)能够实现数据的分组统计。

例 11-23 sumup 的应用 1。

```
cd "D:\Stata 数据分析与建模\数据代码\第 11 章"
use 上市公司财务信息.dta,clear
sumup debt, by(area)          //根据 area 变量对 debt 变量进行分类描述性统计
sumup debt size, by(area)     //根据 area 变量对 debt 和 size 变量进行分类描述性统计
sumup debt, by(area year)     //根据 area 和 year 变量对 debt 变量进行分类描述性统计
sumup debt size, by(area year) //根据 area 和 year 变量对 debt 和 size 变量进行分类描述性统计
sumup debt size, by(area year sic_men) s(n min mean max) save(temp.dta) replace
//根据 area year 和 sic_men 变量对 debt 和 size 变量进行分类描述性统计,显示个数、最小值、平均
//值和最大值,并保存为 temp.dta 数据文件
rm temp.dta                   //删除 temp.dta 数据文件
```

例 11-24 sumup 的应用 2。

```
cd "D:\Stata 数据分析与建模\数据代码\第 11 章"
use 上市公司财务信息.dta,clear
keep id year finratio debt city1
sumup id, by(city1) save(temp1.dta) replace      //根据 city1 变量对 id 变量进行分类描述性统
                                                  //计并保存
sumup id, by(year) s(n) save(temp2.dta) replace  //根据 year 变量对 id 变量进行分类描述性统计
                                                  //并保存
sumup finratio debt, by(city1 year)   s(n min mean max ) save(temp3.dta) replace
//根据 city1 和 year 变量对 id 变量进行分类描述性统计,显示个数、最小值、平均值和最大值并
//保存
```

2. 分类描述性统计 collapse

利用 collapse 命令可以将原始数据集转化为感兴趣的某个或某些描述统计量的值组成的数据集,该命令提供的 by(varlist)选项可以实现分组计算功能。但要注意的是,在得到新的数据以后,原始数据将不再保存在内存中,因此使用前要注意保存原始数据,或者使用 preserve restore 命令,实现数据的自动还原。collapse 的语法如下

```
collapse clist [if] [in] [weight] [, options]
```

其中 options 选项主要是 by(varlist),clist 的形式有两种,分别为 [(stat)] varlist [[(stat)]…] 和 [(stat)] target _ var = varname [target _ var = varname …] [[(stat)]…]。

上面语法中的 stat 表示统计量,具体内容归纳为表 11-2。

表 11-2 Stat 中的主要统计量

统 计 量	含 义
mean	平均值（默认）
median	中位数
p1	第 1 百分位数
p2	第 2 百分位数
…	第 3 至第 49 百分位数
p50	第 50 百分位数（与中位数相同）
…	第 51 至第 97 百分位数
p98	第 98 百分位数
p99	第 99 百分位数
sd	标准差
semean	样本均值标准误（标准差/$\sqrt{n}$）
sum	求和
count	非缺失观测数量
percent	非缺失观测的百分比
max	最大值
min	最小值
iqr	四分位间距
first	第一个值
last	最后一个值
firstnm	第一个非缺失值
lastnm	最后一个非缺失值

例 11-25 collapse 的应用 1。

```
cd "D:\Stata 数据分析与建模\数据代码\第 11 章"
use 上市公司财务信息.dta,clear
keep id year finratio debt tang cash area
collapse (count) finratio debt tang cash


use 上市公司财务信息.dta,clear    //重新导入数据
keep id year finratio debt tang cash area
*对于多个统计量的计算,要为每个统计量指定新的变量名
collapse (count) counfin = finratio coundebt = debt countang = tang councash = cash ///
        (mean) meanfin = finratio mindebt = debt meantang = tang meancash = cash ///
(sd) sdfin = finratio sddebt = debt sdtang = tang sdcash = cash ///
(min) minfin = finratio indebt = debt mintang = tang mincash = cash ///
(median) medfin = finratio meddebt = debt medtang = tang medcash = cash ///
  (max) maxfin = finratio maxdebt = debt maxtang = tang maxcash = cash
use 上市公司财务信息.dta,clear    //重新读入数据
keep id year finratio debt tang cash area
collapse (count) counfin = finratio coundebt = debt countang = tang councash = cash ///
        (mean) meanfin = finratio mindebt = debt meantang = tang meancash = cash ///
(sd) sdfin = finratio sddebt = debt sdtang = tang sdcash = cash ///
(min) minfin = finratio indebt = debt mintang = tang mincash = cash ///
```

```
(median) medfin = finratio meddebt = debt medtang = tang medcash = cash ///
(max) maxfin = finratio maxdebt = debt maxtang = tang maxcash = cash , ///
by(area)    //按区域分组计算

use 上市公司财务信息.dta,clear    //重新读入数据
keep id year finratio debt tang cash area
*计算某个类别下观测值的数量
collapse (count) num = id, by(area year)    //by()里面可以放多个分组变量
```

例 11-26　collapse 的应用 2。

```
*可以结合 preserve...restore 命令操作
*preserve...restore 命令可以复原原始数据
cd "D:\Stata 数据分析与建模\数据代码\第 11 章"
use 上市公司财务信息.dta,clear
keep id year finratio debt tang cash area
use 上市公司财务信息.dta,clear
preserve
collapse (count) cdebt = debt ctang = tang csize = size cage = age croa = roa   ///
(mean) mdebt = debt mtang = tang msize = size mage = age mroa = roa   ///
(sd) sdebt = debt stang = tang ssize = size sage = age sroa = roa,by(area)
                              //求总数、均值和标准差,并为所求的值都起一个新名字
save temp_描述.dta, replace    //保存文件
restore                       //恢复原始数据

preserve
collapse (count) num = id, by( city1 year)
save temp_计数.dta, replace    //保存文件
restore                       //恢复原始数据
dir                           //目录下多了两个 temp * .dta 数据
```

3. 分类处理 bysort

bysort 是最为常用的分组计算命令,bysort 主要作为命令的前缀使用,能够快速实现各种功能的分组操作,bysort 命令是 by 命令与 sort 的相结合,相比 by 命令和 sort 命令在操作上更为简洁(一般在使用 by 命令时,需要先使用 sort 命令进行排序,而 bysort 命令实现了两个操作的结合)。其使用语法为

```
bysort varlist1 [(varlist2)] : stata_cmd
```

其中 stata_cmd 是任意一个带有分组功能的 Stata 命令。

例 11-27　bysort 的应用 1。

```
cd "D:\Stata 数据分析与建模\数据代码\第 11 章"
use 上市公司财务信息.dta,clear
keep id year finratio debt size area
bysort year: sum finratio debt     //对 year 变量进行分类处理,分组执行后面的 sum 命令
bysort area year: sum debt size     //对 area 和 year 变量进行分类处理,分组执行后面的 sum 命令
bysort area year: reg debt size     //分组执行后面的回归命令
```

例 11-28　bysort 的应用 2。

```
cd "D:\Stata 数据分析与建模\数据代码\第 11 章"
use bysortcase.dta,clear
bysort v1 v2 : gen num1 = _n    //先按 v1 排序,再按 v2 排序,并按 v1v2 分组,生成 num1 等于某组的
                                //观测值的排序
bysort v1 v2 : gen num2 = _N    //对 v1,v2 进行排序并分组,生成的 num2 变量等于 v1,v2 组的观测
                                //值总数
use bysortcase.dta,clear
bysort v1(v2): gen num3 = _n    //v2 只排序,不分组,生成的 num3 变量等于 v1 组的观测值的排序
bysort v2(v1): gen num4 = _n    //v2 只排序,不分组,生成的 num4 变量等于 v2 组的观测值总数
```

例 11-29　bysort 的应用 3。

下列数据为家庭成员数据 family.dta,其中 hhid 为家庭编码,age 为家庭成员的年龄。

（1）生成一个新变量 hhsize,该变量表示共有多少个家庭成员。

（2）给每个家庭成员一个编码 id,如第一个家庭的第一个成员编码为 11。

（3）按家庭生成一个全家成员平均年龄值 mage。

（4）对每个家庭,分别按年龄大小排序,然后生成一个家庭成员代码,即家庭内年龄最小的成员代码为 1,年龄最大的家庭成员,代码为 nid。

```
cd "D:\Stata 数据分析与建模\数据代码\第 11 章"
use family, clear
* (1)生成一个新变量 hhsize,该变量表示共有多少个家庭成员
bysort hhid:gen hhsize = _N          //得到家庭成员 hhsize
* (2)给每个家庭成员一个编码 id,如第一个家庭的第一个成员编码为 11
bysort hhid:gen id = _n + hhid * 10  //为家庭成员编码
* (3)按家庭生成一个全家成员平均年龄值 mage
bysort hhid: egen mage = mean(age)   //求平均年龄
* (4)对每个家庭,分别按年龄大小排序,然后生成一个家庭成员代码:家庭内年龄最小的成员代码
为 1,代码为 nid
sort hhid age                        //按家庭排序,在每个家庭内按年龄大小排序
by hhid: gen nid = _n                //在户内按年龄大小为家庭成员编码
list
edit
* 如果用 bysort,怎么用?
use family, clear
bysort hhid(age): gen nid1 = _n      //括号中的变量 age 只排序,不参与分组
bysort hhid age: gen nid2 = _n       //hhid 和 age 都既用来参与排序也分组
list                                 //比较上面两个命令得到的不同结果
```

4. statsby 命令

statsby 就是分组进行统计分析,用于从分析命令的结果中提取返回值。它是 Stata 的官方命令,通过调用 Stata 中的返回值（return list；ereturn list）能够高效快捷地实现多种循环计算和统计功能。

Stata 命令的返回值可以分为四种类型。

（1）r-class 与模型估计无关的命令,如 summary。

（2）e-class 与模型估计有关的命令,如 regress。

（3）s-class 其他命令,如 list。

（4）c-class 存储系统参数。

相应地，显示返回值的方法分别为 return list、ereturn list、sreturn list 及 creturn list。

返回值分为四种类型存储：单值，如 r(mean)、r(max)、r(N)、e(r2)、e(F)；矩阵，如 e(b)、e(V)；暂元，如 e(cmd)、e(depvar)；函变量，如 e(sample)。

例 11-30 命令返回值的查看。

```
clear all
sysuse auto,clear
keep in 1/20              //保留 1 至 20 行的数据
sum price                 //price 的基本信息
return list               //列出存储结果
di r(N)                   //20
di 'r(N)'                 //di '20'
di "'r(N)'"               //di "20"
reg price mpg             //OLS 回归，被解释变量为 price,解释变量为 mpg
ereturn list              //进行回归分析后，进行结果的存储
di   e(cmdline)           //di   "regress price mpg"
di   'e(cmdline)'         //为什么?如下。
di   "'e(cmdline)'"       //di   "regress price mpg"
* e(cmdline)等价于 "regress price mpg"，而 'e(cmdline)'等价于 regress price mpg,di   regress
price mpg 肯定要出错，"'e(cmdline)'"等价于 "regress price mpg"。
```

statsby 的语法格式为

```
statsby [exp_list] [, options]:   command
```

其中，by(varlist) 用于设定分组变量，例如公司代码、行业分类等；[exp_list] 用于指定返回值，如系数拟合值、拟和优度、自由度等；command 为相应的 Stata 命令。

例 11-31 statsby 的应用。

```
clear all
cls
sysuse auto,clear
sort foreign          //对 foreign 变量进行排序，在分组操作时养成先排序的好习惯
statsby mean = r(mean) sd = r(sd) sie = r(N),by(rep78):sum price   //按 rep78 分组计算 price 的平
                                                                  //均值、标准差以及每组的个数

sysuse auto,clear
preserve
sort foreign          //对 foreign 变量进行排序，在分组操作时养成先排序的好习惯
statsby mean = r(mean) sd = r(sd) sie = r(N),by(rep78) saving(statsby.dta,replace):sum price
   //按 rep78 分组计算 price 的平均值、标准差以及每组的个数，并将结果保存
restore

preserve
sort foreign          //对 foreign 变量进行排序，在分组操作时养成先排序的好习惯
statsby _b _se e(r2) e(r2_a) e(df_m) e(df_r) e(F)e(N),by(foreign) saving(regby.dta,replace):
reg price mpg rep78   //分组回归，并将结果保存
restore

clear
```

```
cd "D:\Stata 数据分析与建模\数据代码\第 11 章"
use grunfeld,clear
statsby, by(year): reg invest mvalue kstock //默认自动提取回归系数
```

在上面代码中，_b 为各变量的回归系数；_se 为各变量的标准误；e(r2)为回归方程的拟合优度；e(r2_a)为回归方程调整后的拟合优度；e(df_m)为回归方程的模型自由度，一般的统计、计量的书籍都记为(K-1)；e(df_r)为回归方程的剩余自由度，一般的统计、计量的书籍都记为(n-K)；e(F)为回归方程的 F 值；e(N)为进入回归方程的有效样本数 N。

5. runby 命令

runby 命令的本质仍然是使用 forvalues 或 foreach 等循环语句执行分组计算，但便利之处在于无须书写完整的循环语句，只需提供核心计算公式即可。因此，使用 runby 命令时，需要首先使用 program define 语句定义一个简单的小程序，然后内嵌到 runby 语句之中。该命令的语法为

```
runby program_name, by(varlist) [ verbose useappend status allocate( # ) ]
```

其中，program_name 为先前定义的程序，by(varlist)用于设定分组变量，例如公司、年度、行业分类等。具体内容可参考 help runby。

例 11-32　runby 命令的运用。

```
clear
cd "D:\Stata 数据分析与建模\数据代码\第 11 章"
capture program drop one_mean          // * 自定义程序
program define one_mean
egen invest_mean = mean( invest)
end
* 选中上述程序,按快捷键 Ctrl + R 将其读入内存
use grunfeld, clear
runby one_mean, by(year)               //分组计算平均投资支出

capture program drop one_reg
program define one_reg
reg invest mvalue kstock, nocons
gen est_mvalue =  _b[mvalue]
gen est_kstock =  _b[kstock]
end
* 选中上述程序,按快捷键 Ctrl + R 将其读入内存
use grunfeld, clear
runby one_reg, by(year)                //分组计算估计系数
```

11.3.3　按类别求除自身之外的平均值

按类别求除自身之外的平均值是实证研究中的一个常见应用,在同群效应研究或者寻求以同行业或同地区的平均值作为工具变量时,都会涉及按类别求除自身之外的平均值。下面依次介绍 3 种常用的计算方法。

例 11-33 按类别求除自身之外的平均值。

```
* 方法一:bysort 命令
clear
cd "D:\Stata 数据分析与建模\数据代码\第 11 章"
use 上市公司财务信息.dta,clear
keep id year finratio sic_da
drop if finratio == .
rename sic_da industry
bys industry year: egen 行业总和 = sum(finratio)       //计算行业内所有公司 FINRATIO 总和
bys industry year: egen 行业公司数量 = count(finratio) //计算行业内所有公司数据量
gen IV1 = (行业总和 − finratio)/(行业公司数量 − 1)        //所有公司 FINRATIO 总和减去公司本身的
                                                    //数值再除以公司数量即可得所要的结果
* 一个扩展应用:在"nlsw88.dta"数据中如何计算同种族、同行业且与自身年龄上下相差 1 岁的人群
在一年内的平均工资呢(不包括自身)?代码如下:
sysuse nlsw88, clear
rangestat (mean) mwage = wage (count) cwage = wage, interval(age − 1 1) excludeself by(race
industry) describe
//设置新生成 wage 滚动均值的变量名为 mwage、非缺失值个数的变量名为 cwage
//指定 excludeself 选项时,将忽略每个当前观测值变量 wage 的值
list age * wage in 10
list age * wage in 20
* 一种以往的方法用以校对结果:
sum wage if inrange(age, age[10] − 1, age[10] + 1) & race == race[10] & industry == industry
[10] & _n != 10
sum wage if inrange(age, age[20] − 1, age[20] + 1) & race == race[20] & industry == industry
[20] & _n != 20
* 方法二:使用 rangestat 命令计算
clear
cd "D:\Stata 数据分析与建模\数据代码\第 11 章"
use 上市公司财务信息.dta,clear
keep id year finratio sic_da
drop if finratio == .
rename sic_da industry
rangestat (mean) IV2 = finratio, by(industry) interval(year 0 0) excludeself
//使用 rangestat 的 excludeself 选项来求均值,可以剔除自身的
* 方法三:使用 asrol 命令计算
clear
cd "D:\Stata 数据分析与建模\数据代码\第 11 章"
use 上市公司财务信息.dta,clear
keep id year finratio sic_da
drop if finratio == .
rename sic_da industry
bys industry year: asrol finratio, gen(IV3) stat(mean) xf(focal) //使用 asrol 的 xf(focal)选项
                                                              //可以实现剔除自身的
```

视频讲解

11.3.4 HHI 类指数的计算

赫芬达尔-赫希曼指数(Herfindahl-Hirschman Index,HHI),简称赫芬达尔指数,是一
种测量产业集中度的综合指数。它是指一个行业中各市场竞争主体所占行业总收入或总

资产百分比的平方和,用来计量市场份额的变化,即市场中厂商规模的离散度。某一产业/行业/地区的 HHI 指数计算公式如下:

$$HHI = \sum_{i=1}^{N} (X_i/X)^2$$

其中 X_i 代表该产业/行业/地区中第 i 个企业的规模/市场份额(可以用营业收入或总资产等来衡量),X 代表某产业/行业/地区的市场规模(所有企业营业收入或总资产等指标的加总,即 sum(Xi))。很显然,$X_i/X = X_i/$sum(Xi) 为该公司所占有的指标份额与所在产业/行业/地区总份额的比例。HHI 指数越大表示市场集中度越高,垄断程度越高。产业/行业/地区内企业的规模越是接近,且企业数越多,HHI 指数就越接近于 0,而当独家厂商垄断时,该指数等于 1。当市场上有许多企业,且规模都相同时,HHI $= 1/N$,N 趋向无穷大,则 HHI 就趋向 0。

HHI 指数的计算有多种方法,最简单的是可以使用 Stata 的外部命令:hhi 或者 hhi5,这两个命令的使用均比较简单,读者可以参考 help 文件自行了解。这里主要采用编程的方式来介绍这两个命令背后的原理。

例 11-34　编程计算 HHI 指数。

```
clear all
cls
cd "D:\Stata 数据分析与建模\数据代码\第 11 章"
use hhi 计算.dta
* 这里以行业中企业总资产的占比来计算 HHI 指数,为节省篇幅,省去了数据清洗环节
* 1. 计算某年某行业资产总和
sort year industry    //可以省略,加上更直观
* tab year industry   //频数表
bysort year industry: egen sumasset = sum(asset) //egen 与 sum 搭配时,生成的是列总和,而 gen
                                                 //与 sum 搭配时生成的是列累积和
* 2. 计算某年某行业各市场主体所占某年某行业资产总和百分比的平方
gen asratio = (asset/sumasset)^2
* 3. 计算上一步的平方和
bysort year industry: egen HHI = sum(asratio)
drop sumasset asratio
gsort - HHI
```

一个类似的例子是计算银行业各地区的 HHI 指数,即利用某银行的分支机构数量在该地区总银行的占比计算其所在城市的份额。计算公式同上,HHI = sum[Xi/sum(Xi)]^2。其中,X_i 为第 i 家银行在某城市的分支机构数量,sum(Xi) 为该城市所有银行的分支机构总计,$X_i/$sum(Xi) 为某银行分支机构数量占该城市所有银行分支机构总数量的份额。HHI 即各城市每家银行的分支机构数量与城市分支机构总数量比值的平方累加。HHI 一般介于 0~1,HHI 指数越大,说明银行竞争程度越小。计算流程也基本相似。

第一步,计算某年某城市银行分支机构数量之和。

```
bysort year city: egen sumsize = sum(分支机构数量)
```

第二步,计算某年某城市各银行所占某年某城市银行分支机构数量之和的百分比的

平方。

```
gen ratio = (分支机构数量/sumsize)^2
```

第三步,计算上一步的平方和。

```
bysort year city: egen HHI = sum(ratio)
```

另外一个扩展应用是分年度计算一个行业当中排名前四位的公司的总收入占整个行业的收入比重,示例如下:

例 11-35 分年度计算行业排名前四的公司总收入占比。

```
* 分年度计算一个行业当中排名前四位的公司的总收入占整个行业的收入比重
clear all
cls
cd "D:\Stata 数据分析与建模\数据代码\第 11 章"
use topratio.dta, clear
gsort year industry - revenue
bysort year industry: gen revenuerank = _n    //排序
list in 1/20, sepby(year industry) noobs
* 第一步:计算每年每个行业的总收入
bysort year industry: egen revenue_ind = total(revenue)
* 第二步:计算每年每个行业的 Top 4
bysort year industry: egen revenue_top4 = total(revenue) if revenuerank < = 4
* 第三步:计算占比 Ratio
gen ratio4_temp = revenue_top4/revenue_ind
* 扩展应用
bysort year industry: egen ratio4 = min(ratio4_temp)
```

11.3.5 分组回归提取残差

在基于大样本的社会科学实证研究中,常常采用回归得到的残差作为某些重要变量的衡量指标,而这些指标继而会作为随后分析中的被解释变量。如在会计和公司金融领域,研究盈余管理或盈余质量时,便是基于"分行业-分年度"回归得到的残差作为异常盈余的指标;在事件研究法中,针对每家公司的日交易资料来估计市场模型,并取其残差用以衡量异常收益率(Abnormal Return,AR);在公司投资行为的研究中,用实际投资支出与可能影响投资行为的变量进行回归,得到的残差往往被视为非预期投资,残差为负者视为投资不足,为正者则视为过度投资;在个体消费行为的研究中,也会采取相同的思路,估计消费率方程后,用残差来衡量异常消费。类似此类研究研究较多,这里以公司投资行为研究中的残差提取为例,介绍此类模型的基本思想,并应用 Stata 范例来展现这一思想的实现过程。

例 11-36 分组回归提取残差。

```
cd "D:\Stata 数据分析与建模\数据代码\第 11 章"
use grunfeld, clear                //调入数据
* 单次回归的残差提取
reg invest mvalue kstock
```

```
predict inv_fit                          //invest 的拟合值
predict inv_res, res                     //提取残差,需要附加 residual 选项,可以简写为 res
* 分组回归的残差提取
* 以分年度计算残差为例,使用循环语句 1
use grunfeld, clear                      //调入数据
egen t = group(year)                     //生成 1,2, T 年份标示变量,防止原始年份数据不连续
sum t
local T = r(max)                         //最后一年
gen invres = 0                           //用于记录残差的变量
forvalues i = 1/'T'{
reg invest mvalue kstock if t == 'i'     //分年度回归
predict e_i if e(sample), res            //第 t 年的残差
replace invres = e_i if e(sample)        //将第 t 年的残差计入变量 E
drop e_i
}
* 以分公司计算残差为例,使用循环语句 2
* 分公司和分年度行业的代码实质上一样
cd "D:\Stata 数据分析与建模\数据代码\第 11 章"
use grunfeld, clear                      //调入数据
cap mkdir comres
cd comres
egen group = group(company)
sum group
local num = 'r(max)'
forvalues fenzu = 1/'num'{
preserve
keep if group == 'fenzu'
reg invest mvalue kstock
predict cancha,  residual                //生成残差
save sss'fenzu'.dta, replace
restore
}

clear
local files: dir "." file "sss * .dta"
foreach file in 'files' {
append using 'file', force
erase 'file'
}
sort company year
save 残差.dta, replace
```

上面内容在年度或企业层面上进行了分组回归,但实际应用过程中,可能还有更复杂的需求,如有时需要在二维(分年度-分行业)甚至多维层面上进行分组回归;这就需要编写二维嵌套循环语句。另外,部分细分组中的观察值个数可能很少,以至于无法执行回归;此时,Stata 可能会报错,此时需要预先删除这些细分组。有些研究中为了充分保证参数的时变性,还会进行滚动窗口回归;此时,程序会变得很复杂。然而,Stata 的外部命令 asreg 可以很方便地实现上述需求。

asreg 命令可以通过三种方式对样本进行分组并分别执行线性回归,最后以生成新变量的形式存储各组回归的对应统计量。其中,三种分组方式分别为:滚动窗口分组(rolling window)、递归窗口分组(recursive window)和一般分组回归。关于滚动和递归窗口,前面内容均有介绍,这里运用一般分组形式,实现分组回归的残差提取。

例 11-37 利用 asreg 命令提取残差。

```
cd "D:\Stata 数据分析与建模\数据代码\第 11 章"
use grunfeld, clear              //调入数据
* 按年度分组回归取残差
asreg invest mvalue kstock, by(year) fit
* 上例中的数据是平行面板,每家公司均有 20 年的观察值,对于一个只有三个未知参数的回归模型
而言,每个细分组都有足够的样本数。但有些情况下,个别细分组中的样本数很少,此时可以用
min() 选项预先删除这些细分组。首先随机删除一些观察值,虚构一份非平行面板,进而以公司为单
位进行分组回归,并要求每家公司至少要有 10 年的数据。
use grunfeld, clear
set seed 13579                   //设定种子值,保证结果可重现
sample 50                        //随机抽取 50 % 的观察值
xtdes
bysort comp: gen Ni = _N         //每家公司的年数
asreg invest mvalue kstock, by(comp) min(10) fit
format _res % 4.2f
list
* 在上面的例子中,是在一个层面上(公司层面)进行分组并计算残差的。下面看一个在两个层面上
分组计算残差的例子。考察工资决定因素模型,并在种族 - 职业两个层面上分组计算超额工资(可
正可负)。
sysuse "nlsw88.dta", clear       //调入数据
asreg wage age hours tenure collgrad married south, fit by(race occupation)
//在种族、职业两个维度上进行分组回归,并分别求取拟合值与残差
```

11.4　地理计算与近邻地区匹配

实证研究中,地理距离是一个重要的变量,在银企距离、城市质心距离等相关文献中得到广泛应用。

11.4.1　基于经纬度的地理距离计算

这里以银企距离的计算,即上市公司附近的银行网点为例,对地理计算的相关问题进行说明,本节的目标是计算出上市公司附近 5km、10km、15km 的银行网点数量。

在 Stata 中的地理计算中使用的命令是 geodist,该命令通过测量地球数学模型表面上两点之间的最短路径长度来计算地理距离。其语法结构为

```
geodist lat1 lon1 lat2 lon2 [if] [in], generate(new_dist_var) [options]
```

默认情况下,geodist 使用 Vincenty's(1975)的公式来计算参考椭球上的距离,该方法假设地球呈扁球状,而非完美的球体。那如果假设地球就是一个完美的球体,该怎么计算

两点间距离呢？在 options 中加入 sphere 即可，geodist 使用 haversine 公式计算大圆距离，此时得出的距离就是大圆距离（Great-circle distance）。但请注意，对于近对距点，Vincenty's 公式可能无法找到解决方案，haversine 公式要简单得多，运行速度也快。geodist 的地理坐标必须以带符号的小数度表示，北和东为正，南和西为负。纬度范围为 $-90°\sim90°$，经度范围为 $-180°\sim180°$。可以使用数字变量、数字标量或仅数字来独立指定每个 lat1 lon1 lat2 lon2。如果 lat1 lon1 lat2 lon2 包含一个或多个变量，则 geodist 将为样本中的每个观测计算距离并将这些距离存储在 new_dist_var 中。

使用 geodist 需要注意一个问题，由于经度存在东经和西经，纬度存在北纬和南纬，且以东经和北纬为正方向，西经和南纬作为负方向，如西经 $50°$ 南纬 $40°$ 应该写成（-50，-40）。中国所有地方都位于东经和北纬，所以不存在这个问题。如果想要得到以英里为单位的距离（默认为 km），可以在后面加入 miles。此外，geodist 还提供了 ellipsoid（♯1，♯2）选项，用于指定替代参考椭球。其中，♯1 是半长轴的长度（以米为单位）（赤道半径），♯2 是扁平率。例如，可以将 Airy 1830 参考椭球指定为 ellipsoid（6377563.396，299.3249646）。如果省略，geodist 将使用 GPS 设备使用的相同的 WGS 1984 参考椭球。radius（♯）选项用于指定在大圆上计算距离时使用的球半径为♯公里，默认值为 6371（地球平均半径）。

例 11-38 基于经纬度的地理距离计算。

```
* 对企业数据进行处理
* 出于演示目的，做简化处理，仅保留 2020 年的企业，并删除无经纬度信息的企业。
clear all
cd "D:\Stata 数据分析与建模\数据代码\第 11 章\地理计算"
import excel using "listedco.xlsx", firstrow clear
labone, nrow(1 2)
drop in 1/2
gen year = real(substr(EndDate, 1, 4))
destring, replace force
keep if year == 2020
keep if !mi(Lat)
keep Symbol Lng Lat
save "Lng.dta", replace
* 对银行网点数据进行处理
* 保留银行网点的机构编码、经纬度、进入和退出年份。删除同一机构、同一进入时间的机构，这可
能是重复值。删除无经纬度信息与进入时间信息的分支机构。
import excel using "bankco.xlsx", firstrow clear
labone, nrow(1 2)
drop in 1/2
gen appr = real(substr(A, 1, 4))
gen quit = real(substr(Q, 1, 4))
duplicates drop InstituionCode ApprovalDate, force
destring L*, force replace
for var Long appr: drop if mi(X)
rename (Long Lat)(Lng_B Lat_B)
keep InstituionCode Lng Lat appr quit
save "Branches.dta", replace
* 先计算 2020 年各企业周围的银行网点数量。首先导入银行网点数据，仅保留 2020 年之前进入的
网点，并删除 2020 年之前退出的网点。
```

```
use "Branches.dta", clear
keep if appr < 2020
drop if quit < 2020
drop appr quit Ins
gen id = .
replace id = 1
save "Branches_temp.dta", replace
```

*导入上市公司经纬度数据,仅保留第一家企业。然后将其与银行网点数据合并,使用 geodist 计算这家公司与所有银行网点的距离。随后生成 5km、10km、15km 三个虚拟变量,使用 gegen 计算其总量(gegen 是 egen 的拓展版,速度快于后者)。

```
use "Lng.dta", clear
gen id = _n
keep if id == 1
merge 1:m id using "Branches_temp.dta", keep(1 3) nogen
geodist Lat Lng Lat_B Lng_B, sphere gen(distance)
gen dist5 = (distance <= 5)
gen dist10 = (distance <= 10)
gen dist15 = (distance <= 15)
egen bank5 = sum(dist5)
egen bank10 = sum(dist10)
egen bank15 = sum(dist15)
keep Symbol bank *
```

*上面只计算了一个企业,接下来可以编个循环,计算所有企业。便于演示,只计算前 100 家企业的银企距离。

```
cap erase "bank.dta"
forvalue i = 1/100 {
    use "Branches.dta", clear
    keep if appr < 2020
    drop if quit < 2020
    drop appr quit Ins
    gen id = .
    replace id = 'i'
    save "Branches_temp.dta", replace

    use "Lng.dta", clear
    gen id = _n
    keep if id == 'i'
    merge 1:m id using "Branches_temp.dta", keep(1 3) nogen
    geodist Lat Lng Lat_B Lng_B, sphere gen(distance)
    gen dist5 = (distance <= 5)
    gen dist10 = (distance <= 10)
    gen dist15 = (distance <= 15)
    egen bank5 = sum(dist5)
    egen bank10 = sum(dist10)
    egen bank15 = sum(dist15)
    keep Symbol bank *
    keep in 1

    cap append using "bank.dta"
```

```
        save "bank.dta", replace
    }
*再嵌套一个年份循环,对不同年份进行计算
cap erase "bank.dta"
forvalue yr = 2019/2020 {
    forvalue i = 1/100 {
        use "Branches.dta", clear
        keep if appr < 'yr'
        drop if quit < 'yr'
        drop appr quit Ins
        gen id = .
        replace id = 'i'
        save "Branches_temp.dta", replace

        use "Lng.dta", clear
        gen id = _n
        keep if id == 'i'
        merge 1:m id using "Branches_temp.dta", keep(1 3) nogen
        geodist Lat Lng Lat_B Lng_B, sphere gen(distance)
        gen dist5 = (distance <= 5)
        gen dist10 = (distance <= 10)
        gen dist15 = (distance <= 15)
        egen bank5 = sum(dist5)
        egen bank10 = sum(dist10)
        egen bank15 = sum(dist15)
        keep Symbol bank *
        gen year = 'yr'
        keep in 1

        cap append using "bank.dta"
        save "bank.dta", replace
    }
}
```

11.4.2　相邻地区匹配与计算

关于相邻地区匹配的问题,匹配前数据如表 11-3 所示。在表 11-3 中,city 为不同的城市或地区(1,2,3,4,…),year 为年度,lin1~lin3 分别为与 city 相邻的地区。value 为 city 对应的变量值,如人口数量、GDP、产业发展水平等。

表 11-3　匹配前数据

city	year	lin1	lin2	lin3	value
1	2020	2	3	5	10
1	2021	2	3	5	16
1	2022	2	3	5	18
2	2020	1	4	5	3

续表

city	year	lin1	lin2	lin3	value
2	2021	1	4	5	4
2	2022	1	4	5	5
3	2020	1	4	.	300
3	2021	1	4	.	310
3	2022	1	4	.	320
4	2020	3	2	6	400
4	2021	3	2	6	410
4	2022	3	2	6	420
5	2020	1	2	6	4090
5	2021	1	2	6	4200
5	2022	1	2	6	4500
6	2020	4	5	.	50
6	2021	4	5	.	53
6	2022	4	5	.	55

根据表 11-3 的信息和数据,将与样本相邻地区的 value 值匹配到数据中。如在表的第二行中,想要将与 city1 相邻的地区 2、3、5 在 2020 年的值 3、300、4090 匹配到表中。整体匹配后的内容如表 11-4 所示。

表 11-4　匹配后数据

city	year	lin1	lin2	lin3	value	v_lin1	v_lin2	v_lin3
1	2020	2	3	5	10	3	300	4090
1	2021	2	3	5	16	4	310	4200
1	2022	2	3	5	18	5	320	4500
2	2020	1	4	5	3	10	400	4090
2	2021	1	4	5	4	16	410	4200
2	2022	1	4	5	5	18	420	4500
3	2020	1	4	.	300	10	400	.
3	2021	1	4	.	310	16	410	.
3	2022	1	4	.	320	18	420	.
4	2020	3	2	6	400	300	3	50
4	2021	3	2	6	410	310	4	53
4	2022	3	2	6	420	320	5	55
5	2020	1	2	6	4090	10	3	50
5	2021	1	2	6	4200	16	4	53
5	2022	1	2	6	4500	18	5	55
6	2020	4	5	.	50	400	4090	.
6	2021	4	5	.	53	410	4200	.
6	2022	4	5	.	55	420	4500	.

例 11-39　相邻地区的匹配计算。

```
clear
cd "D:\Stata 数据分析与建模\数据代码\第 11 章"
input city year lin1 lin2 lin3  value
1 2020 2 3 5 10
1 2021 2 3 5 16
1 2022 2 3 5 18
2 2020 1 4 5 3
2 2021 1 4 5 4
2 2022 1 4 5 5
3 2020 1 4 . 300
3 2021 1 4 . 310
3 2022 1 4 . 320
4 2020 3 2 6 400
4 2021 3 2 6 410
4 2022 3 2 6 420
5 2020 1 2 6 4090
5 2021 1 2 6 4200
5 2022 1 2 6 4500
6 2020 4 5 . 50
6 2021 4 5 . 53
6 2022 4 5 . 55
end
save 相邻城市.dta, replace
* 方法 1:使用 merge 命令进行匹配
* 保存扩展版的 ln1 的数据集
use 相邻城市.dta, clear
keep city year value
rename (city value) (lin1 v_lin1)
save "lin1.dta", replace
* 保存扩展版的 ln2 的数据集
use 相邻城市.dta, clear
keep city year value
rename (city value) (lin2 v_lin2)
save "lin2.dta", replace
* 保存扩展版的 ln3 的数据集
use 相邻城市.dta, clear
keep city year value
rename (city value) (lin3 v_lin3)
save "lin3.dta", replace

* 使用原始数据"相邻城市.dta",进行横向合并
use 相邻城市.dta,clear
* 将原始数据中的 lin1 year 与扩展板的 lin1 year 进行合并
merge m:1 lin1 year using "lin1.dta", keep(master match) nogen
sort city year
* 将原始数据中的 lin2 year 与扩展板的 lin2 year 进行合并
merge m:1 lin2 year using "lin2.dta", keep(master match) nogen
sort city year
* 将原始数据中的 lin3 year 与扩展板的 lin3 year 进行合并
```

```
merge m:1 lin3 year using "lin3.dta", keep(master match) nogen
sort city year
isid city year

* 方法 2:使用 rangestat 命令进行匹配
use 相邻城市.dta,clear
gen double ncity =  city * 10000 + year
gen double nlin1 =  lin1 * 10000 + year
gen double nlin2 =  lin2 * 10000 + year
gen double nlin3 =  lin3 * 10000 + year
replace nlin3 = 0 if mi(nlin3)
rangestat (mean) v_lin1 = value,interval(ncity nlin1 nlin1)
//以第一个样本为例,clin1 = 22000,rangestat 需要在 ncity 这一变量中找到 ncity = clin1 = 22000
//的样本,之后对其进行统计
rangestat (mean) v_lin2 = value,interval(ncity nlin2 nlin2)
rangestat (mean) v_lin3 = value,interval(ncity nlin3 nlin3)
drop ncity nlin1 nlin2 nlin3
list, sepby(city)
```

当然,上述思路和代码的应用不仅仅局限于地区之间的匹配,在倾向得分匹配(PSM)应用中把对照组和实验组的数据进行匹配也可以参考上面的思路。另外,在产业经济学、空间经济学的研究中,上述类似问题也屡见不鲜。

习题

1. 简述 destring 命令与 real 函数。
2. 简述 substr 和 usubstr 函数。
3. 什么是 date 函数?
4. 简述 encode 命令与 group()函数,并举例。
5. 什么是提取函数 ustrregexs(n)?
6. 简述替换函数 ustrregexrf 与 ustrregexra。
7. 谈谈移动平均与滚动平均。
8. 组内元素个数的计算指什么。
9. 简述 HHI 类指数计算。
10. 如何使用 geodist?

第12章

数据可视化

数据可视化是当前数据分析中的一项重要技术,通过数据可视化分析能够最为直接地呈现数据的信息,善于运用不同类型的图形能够起到锦上添花的作用。作为一款优秀的数据分析工具,Stata 的绘图功能十分强大,能够绘制各种类型的统计图形,并且 Stata 软件的绘图命令选项丰富,能够对图形进行细节上的处理。此外,网络上也存在着各类绘图的外部命令,是对官方绘图命令的有效补充,能够很好地实现一些高级绘图功能。尽管 Stata 的绘图功能比较强大,但其美中不足之处在于其学习难度较大,特别是各类选项、子选项让人眼花缭乱。为此,不同于以往教材对绘图命令的笼统介绍,本章对常见的绘图命令及其选项进行了细致的说明,同时根据 Stata 绘图的底层逻辑,从 graph region 与 plot region 两个大类展开介绍,使读者更容易掌握 Stata 绘图的逻辑脉络。

视频讲解

12.1 图形的类型

在 Stata 中图形的类型主要包括二维图(如散点图、折线图等)、矩阵图、条形图、点图、箱型图、饼图以及其他复杂类型的图形(如分位数图、茎叶图、回归可视化等)。二维图、矩阵图、条形图、点图、箱型图、饼图主要由 graph 命令及其子命令绘制,其他类型的图形则由其他相应的命令完成。Stata 绘图的主要命令之一是 graph。通过 help graph 可以发现,graph 命令能够绘制的图类型很多,总结如表 12-1 所示。

表 12-1　graph 命令能够绘制的图类型

命　　令	描　　述
graph twoway	用于生成各类二维图形,如散点图、折线图等,help graph_twoway
graph matrix	用于生成矩阵图形,help graph matrix
graph bar	用于生成条形图,help graph bar
graph dot	用于生成点图,help graph dot
graph box	用于生成箱型图,help graph box

续表

命　令	描　述
graph pie	用于生成饼图，help graph pie
other	用于生成其他类型的图形，如分位数图等，参考 help graph_other
外部命令	一些外部命令，如 coefplot（需要 ssc install command 进行安装）

Stata 中 graph 类绘图命令的语法格式有两种，分别如下

```
graph-command (plot-command, plot-options) (plot-command, plot-options), graph-options
graph-command plot-command, plot-options || plot-command, plot-options ||, graph-options
```

对上述语法的说明如下：

（1）graph-command 定义了图的类型，即表 12-1 中第一列所对应的命令，也包括不以 graph 开头的其他命令，plot-command 定义曲线类型，同一个图中如果有多条曲线可以用括号()分开，也可以用||分开，以()或||分隔的曲线类型可看作一个图层，多个图层可进行叠加，每个图层有其自身的 plot-options。需要注意 plot-options 与 graph-options 的不同，plot-options 是曲线的参数选项，而 graph-options 则定义了整个图的选项。

（2）graph twoway 可以简写为 twoway，而 graph matrix、graph bar、graph dot、graph box、graph pie 则不能省略 graph。表 12-1 中 other 命令指除了 graph 以外的其他类型的图形，其命令一般不以 graph 开头，要根据具体的图形类型而定，可以通过 help graph_other 查阅。

（3）注意 graph-options 添加的位置，在多图层的情形下，graph-options 在||或()之后，且以逗号（,）分割，而 plot-options 选项的位置在 plot-command 之后。在单个图层的情形下（没有||或括号），graph-options 和 plot-options 可以写在一起，不需要两个逗号隔开。

一个完整的图应包括曲线（点/线/面）、标题与副标题、图例、脚注、插文以及坐标轴等要素。下面一段 Stata 程序用于生成一个行驶里程（y 轴）与车重（x 轴）之间关系的散点图。数据来源是美国汽车协会，选择的数据是 auto.dta 数据。通过下面的绘图命令，读者可以初步了解 Stata 绘图的语言风格与图形要素。

例 12-1　了解图形要素。

```
sysuse auto, clear    //加载 Stata 内置的 "auto" 数据库并清除当前内存
graph twoway scatter mpg weight if foreign == 0 ||  ///生成一个国产汽车的散点图,其中 mpg 变量
                                                    ///作为 y 轴,weight 变量作为 x 轴。graph 一
                                                    ///般省略
scatter mpg weight if foreign == 1, msymbol(Sh) ||,  ///生成一个进口汽车的散点图,其中 mpg
                                                    ///变量作为 y 轴,weight 变量作为 x 轴。
                                                    ///这个图的散点使用了 Sh 点类型
title(标题:行驶里程与车重关系)    ///图的主标题
subtitle(副标题:美国的国产和进口汽车) ///图的副标题
ytitle(纵坐标标题:里程)              ///y 轴的标题
xtitle(横坐标标题:重量)              ///x 轴的标题
note(注释:数据来自美国汽车协会)      ///图的注释
text(35 3400 "曲线类型:散点图")       ///在图上添加文字说明
legend(title(图例) label(1 国产车) label(2 进口车))   ///生成图例,说明散点图的类型
scheme(s2mono)                       //使用 s2mono 模板
```

```
cd "D:\Stata 数据分析与建模\各章节图片\第 12 章"
graph export "图 12 - 1 Stata 绘图的风格与图形要素.png"
```

上述代码运行的结果如图 12-1 所示。

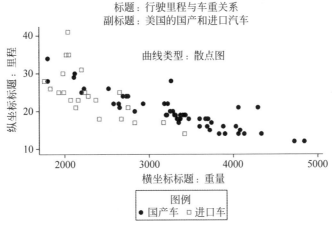

图 12-1　Stata 绘图的风格与图形要素

12.2　图形管理

graph 命令除了用于图形的绘制,还可以对图形进行重命名、保存、再使用、展示与合并等管理操作,相关命令总结如表 12-2 所示。

表 12-2　graph 绘图管理命令

命　　令	描　　述
graph dir	显示存储在内存中和存储在当前目录中磁盘上的图形的名称
graph describe	显示存储在内存中和存储在当前目录中磁盘上的图形的属性信息
graph rename	图形重命名
graph drop	删除当前内存中的图形
graph close	关闭画图窗口
graph save	图形保存
graph use	显示磁盘中的图形
graph display	显示内存中的图形
graph replay	显示内存中和当前目录中磁盘上的图形
graph combine	图形合并
graph export	图形输出
graph query, schemes	显示可用的图形主题
query graphics	显示当前默认的主题

续表

命　　令	描　　述
set scheme	设定图形主题
graph set	图形设定,包括图形窗口中字体、字号等格式的设定

注：更多细节与选项请查阅 help graph。

例 12-2　graph 绘图管理。

```
clear all
cd "D:\Stata 数据分析与建模\数据代码\第 12 章"      //设定数据文件所在的路径
sysuse sp500, clear
set scheme s1mono                                //设定绘图主题
twoway line high low date, saving(fig1.gph, replace)//保存方式 1(使用绘图命令的选项进行保
                                                 //存),保存到硬盘
graph use fig1.gph                               //使用硬盘中的图形
twoway line open close date
graph save fig2.gph, replace                     //保存方式 2(使用 graph save 命令进行保存)
graph combine fig1.gph fig2.gph, col(1)          //以单列形式合并, help graph combine
graph export "图 12 − 2(a) fig3 的图形输出.png", replace //图形导出,导出格式有.png、.tif、.wmf 等
graph export "图 12 − 2(b) fig4 的图形输出.png", width(3200) height(1800) replace
//调整输出图片的分辨率,仅适用于.png 和 .tif 格式的图片
```

在上述代码中,graph save 以及 plot 中的 saving 选项将图形保存为.gph 的格式,这种格式是 Stata 可以识别的图形格式,类似于数据的.dta 格式,而 graph export 将图形输出为.png、.pdf、.jpeg 等常见的图形格式类型。上述代码运行的结果如图 12-2(a)与图 12-2(b)所示。

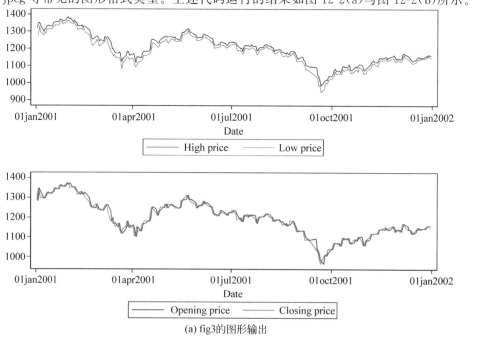

(a) fig3的图形输出

图 12-2　图形输出

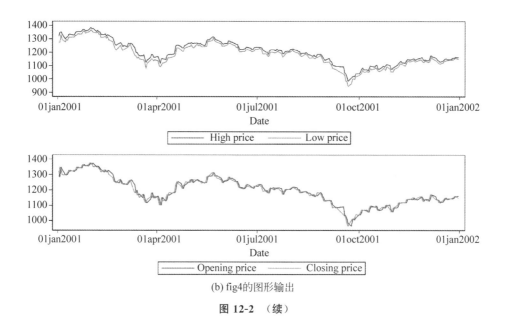

(b) fig4的图形输出

图 12-2　（续）

12.3　graph twoway 系列命令介绍

graph twoway 是 Stata 中的一类非常重要的绘图命令系列，用于生成多种类型的二维图形，如散点图、折线图、长条图等，读者可以用命令 help graph_twoway 查看 graph twoway 命令能够生成的图形类型。

graph twoway 的基本绘图命令为

```
[graph] twoway plot [if] [in] [, twoway_options]
```

其中［graph］表示可以省略的意思，twoway 声明是二维图形，可以简写为 tw。plot 定义了曲线的类型（点/线/面），不同的曲线类型可以叠加，因此 plot 的格式为

```
plot - command, plot - options || plot - command, plot - options || …
```

常用的 plot 类型归纳如表 12-3 所示（help graph_twoway 查阅全部类型）。

表 12-3　graph twoway 的 plot 类型

plot 类型	描述	基 本 语 法
scatter	散点图	［twoway］scatter varlist［if］［in］［weight］［, options］，其中 varlist 为 y1［y2 y3 …］x，即散点图可以有多个 y 轴坐标
scatteri	带参数的散点图	twoway scatteri immediate_values［, options］
line	连线图	［twoway］line varlist［if］［in］［weight］［, options］，其中 varlist 为 y1［y2 y3 …］x，即连线图可以有多个 y 轴坐标

plot 类型	描 述	基 本 语 法
connected	点连线图	twoway connected varlist [if] [in] [weight] [, options]，其中 varlist 为 y1 [y2 y3 …] x，即点连线图可以有多个 y 轴坐标
area	区域图（和线图类似，显示线以下的阴影区域）	twoway area yvar xvar [if] [in] [, options]
bar	条形图	twoway bar yvar xvar [if] [in] [, options]，这里是对应每个 x 绘出相应 y 的条图，而 graph bar 是针对单个分类变量的（语法：graph bar yvars [if] [in] [weight] [, options]）
spike	尖峰图	twoway spike yvar xvar [if] [in] [, options]
dropline	垂线图	twoway dropline yvar xvar [if] [in] [, options]
dot	点图	twoway dot yvar xvar [if] [in] [, options]
rarea	带阴影的区域图	twoway rarea y1var y2var xvar [if] [in] [, options]
rbar	带阴影的条形区域图	twoway rbar y1var y2var xvar [if] [in] [, options]
rspike	带阴影的尖峰图	twoway rspike y1var y2var xvar [if] [in] [, options]
rscatter	带阴影的散点图	twoway rscatter y1var y2var xvar [if] [in] [, options]
rline	带阴影的连线图	twoway rline y1var y2var xvar [if] [in] [, options]
rconnected	带阴影的连线图	twoway rconnected y1var y2var xvar [if] [in] [, options]
tsline	时间序列图	[twoway] tsline varlist [if] [in] [, tsline_options]
tsrline	时间序列范围图	[twoway] tsrline y_1 y_2 [if] [in] [, tsrline_options]
contour	带填充区的等高线图	twoway contour z y x [if] [in] [, options]
contourline	等高线图	twoway contourline z y x [if] [in] [, options]
mband	中值带线图	twoway mband yvar xvar [if] [in] [, options]
mspline	中值样条线	twoway mspline yvar xvar [if] [in] [, options]
lowess	线性平滑线	twoway lowess yvar xvar [if] [in] [, options]
lfit	线性拟合图	twoway lfit yvar xvar [if] [in] [weight] [, options]
qfit	二次方拟合图	twoway qfit yvar xvar [if] [in] [weight] [, options]
fpfit	分数多项式拟合图	twoway fpfit yvar xvar [if] [in] [weight] [, options]
lfitci	带置信区间的线性拟合图	twoway lfitci yvar xvar [if] [in] [weight] [, options]
qfitci	带置信区间的二次方拟合图	twoway qfitci yvar xvar [if] [in] [weight] [, options]
fpfitci	带置信区间的分数多项式图	twoway fpfitci yvar xvar [if] [in] [weight] [, options]
function	函数图	twoway function [[y]=] f(x) [if] [in] [, options]
histogram	直方图	twoway histogram varname [if] [in] [weight] [, [discrete_options|continuous_options]common_options]
kdensity	密度函数图	twoway kdensity varname [if] [in] [weight] [, options]
lpoly	多项式平滑图	twoway lpoly yvar xvar [if] [in] [weight] [, options]
lpolyci	带置信区间的多项式平滑图	twoway lpolyci yvar xvar [if] [in] [weight] [, options]

在上述 plot 类型中，twoway scatter、twoway line、twoway tsline、twoway tsrline 可以省略 twoway，但其他命令不能省略 twoway。

例 12-3 graph twoway 系列应用举例。

```
＊此部分图形较多,不便于罗列,读者可自行运行相关代码,观察图形结果
sysuse lifeexp, clear
cd "D:\Stata 数据分析与建模\数据代码\第 12 章"  //设置路径以便保存数据与图片
twoway scatter lexp gnppc            //画散点图,这里的 twoway 可以省略
twoway scatter lexp gnppc, saving(散点图 1, replace)  //使用 scatter 的选项保存图形为.gph
                                                    //格式
graph  save 散点图 2, replace        //也可以使用该命令保存图形为 .gph 格式
graph use 散点图 1                    //调用当前路径磁盘中的.gph 格式图形(若是内存中的图形
                                     //可以用 graph dispaly)
graph export 散点图 1.pdf,  replace  //将散点图 1 导出为.pdf 格式,其他格式包括.png、.jpg、.eps 等
sysuse uslifeexp
twoway line le year                  //画连线图,这里的 twoway 可以省略
twoway connected le year             //画点连线图
twoway scatter le year, connect(1)   //利用散点图的选项 connect 亦可以实现点连线图
twoway area le year                  //区域图(和线图类似,显示线以下的阴影区域)
twoway bar le year in 1/10           //条形图
twoway bar le year in 1/10, barw(0.6)//设定条形图的宽度为 0.6,默认为 1
twoway spike le year in 1/10         //尖峰图
twoway line le year in 1/10 ||       ///三条斜线是换行连接符
       bar le year in 1/10, barw(0.6)  || ///通过||符号将两个图层叠加
       spike le year in 1/10         //尖峰图
sysuse sp500
twoway line change date              //连线图
twoway spike change date             //尖峰图
twoway dropline change date          //垂线图
twoway dot change date in 1/20       //点图
twoway rarea high low date in 1/20   //带阴影的区域图
twoway rbar high low date in 1/57, barwidth(.6)   //带阴影的条形区域图
twoway rspike high low date in 1/57  //带阴影的尖峰图
twoway rscatterhigh low date in 1/57 //带阴影的散点图
twoway scatter high date in 1/57 ||  ///
       scatter low  date in 1/57,  pstyle(p1)   //效果与上一条命令相同
twoway scatter high low date in 1/57 //注意区别,前两个为 y 轴坐标,后一个为 x 轴坐标
twoway rline high low date in 1/57   //带阴影的连线图
twoway line high date in 1/57 ||     ///
       line low date in 1/57, pstyle(p1)   //效果与上一条命令相同
twoway line high low date in 1/57    //注意区别,前两个为 y 轴坐标,后一个为 x 轴坐标
twoway rconnected high low date in 1/57       //带阴影的连线图
twoway connected high date in 1/57 ||    ///
       connected low date in 1/57, pstyle(p1) //效果与上一条命令相同
twoway connected high low date in 1/57  //注意区别,前两个为 y 轴坐标,后一个为 x 轴坐标
tsset date                           //定义时间变量
twoway tsline high                   //时间序列图, twoway 可省略
twoway tsline high low               //时间序列图, twoway 可省略
twoway tsrline high low              //时间序列范围图
sysuse sandstone
twoway contour depth northing easting         //带填充区的等高线图
```

```
twoway contourline depth northing easting                          //等高线图
sysuse auto
twoway scatter mpg weight, msize( * .5)    || mband mpg weight     //用中值带线图粗略显示变量的
                                                                   //关系趋势
twoway scatter mpg weight, msize( * .5)    || mspline mpg weight   //用中值样条线显示变量的关系
                                                                   //趋势
twoway scatter mpg weight, mcolor( * .6) || lowess   mpg weight   //线性平滑线
twoway scatter mpg weight, mcolor( * .6) || lfit    mpg weight    //回归拟合线
twoway scatter mpg weight, mcolor( * .6) || qfit mpg weight       //二次方拟合线
twoway scatter mpg weight, mcolor( * .6) || fpfit mpg weight      //分数多项式拟合线
twoway scatter mpg weight, mcolor( * .6) ||                       ///
        lfit    mpg weight              ||              ///
        qfit    mpg weight
twoway lfitci mpg weight                                          //带置信区间的线性拟合图
twoway lfitci mpg weight, ciplot(rline)
twoway lfitci mpg weight, stdf || scatter mpg weight
twoway qfitci mpg weight, ciplot(rline)                           //带置信区间的二次方拟合图
twoway fpfitci mpg weight, ciplot(rline)                          //带置信区间的分数多项式图
twoway function y = exp( - x/6) * sin(x), range(0 12.57)          //在 x 为 0 到 12.57 之间对函数
                                                                 //y = exp( - x/6)sin(x) 作图
twoway function y = normalden(x), range( - 4 - 1.96)
sysuse lifeexp
twoway histogram le                                              //直方图(老版本的直方图命令为 histogram)
twoway histogram le, discrete
twoway kdensity lexp                                            //密度函数图
twoway histogram lexp, color( * .5) || kdensity lexp
sysuse auto
twoway scatter weight length, mcolor( * .6) ||                  ///
        lpoly weight length   ||                                ///多项式平滑图
        lowess weight length
twoway lpolyci weight length             ||                     ///带置信区间的多项式平滑图
        scatter weight length, msymbol(o)
```

12.4　graph twoway 的 graph region 选项

　　上面内容进行了基本的图形绘制,可以看出这些图形并不美观,有些甚至缺乏一些必要的要素,因此有必要对图形进一步的修正和美化,这就需要用到图形命令的选项功能。下面以 scatter 和 line 绘图为例对图形命令的选项功能进行介绍,其他图形命令选项基本大同小异。读者可以通过帮助文档进行自主学习(Stata 可视化部分的帮助文档非常完善和系统化,查询帮助文档是读者自主学习必须掌握的技能之一)。

　　Stata 的绘图区域由两个部分组成,一个是 graph region,另外一个是 plot region。如何区分这两个区域呢? 如果把 Stata 图形看成一幅艺术品,graph region 是这个艺术品的属性说明,包括标题、副标题、图例、脚注、文本说明、命名、保存以及模板等(见表 12-4),对应的是 graph-options 的设置;而 plot region 是这个艺术品的具体艺术形式,这里的内容就非常

丰富了,如散点图有点的大小、形状、颜色、透明度等;连线图有线的粗细、虚实、颜色等,对应的是 plot-options 的设置。表 12-4 总结了 graph twoway 中 graph region 部分的功能(对应于 graph twoway_options 的设置)。

表 12-4 graph twoway 中 graph region 部分的功能

graph twoway_options	描　　述
scheme(schemename)	设定主题模板
title_options	定义图形的标题、副标题、注释以及说明等
legend_options	定义图例
axis_options	定义坐标轴的标签、刻度、网格以及缩放等
added_line_options	给图形添加辅助线
added_text_options	给图形添加文本
by(varlist,⋯)	分组
scale(♯)	改变图中文本、符号以及线宽的大小,默认 scale(1)
region_options	定义图形边框、颜色等整体属性
aspect_option	定义 plot region 的比例
name(name,⋯)	命名
saving(filename,⋯)	保存
play(recordingname)	记录修改
nodraw	不显示图形
advanced_options	其他高级选项,如 recast()

注:可通过 help twoway_options 查阅具体用法。

12.4.1 scheme(schemename)

该选项用于设定图形的主题模板,help schemes 可以查阅软件自带的模板,Stata 18.0 版本默认的模板为 s1 monochrome 格式。除了 Stata 自带的模板,也可以安装外部模板,使用 findit scheme 命令搜索,根据需要单击下载即可。当然如果知道具体模板名称,则可以直接安装,如下面这几个纯黑白模板可以直接下载使用(若安装失败,可以直接查找该模板,单击安装,如 help lean1;help plotplain)

```
ssc install scheme - burd, replace      //安装 burd 模板
net install gr0002_3.pkg                //安装纯黑白风格的 lean1 和 lean2 模板
ssc install scheme_tufte, replace       //安装 tufte 模板
net install gr0070.pkg                  //安装 plotplain 和 plottig 模板
```

用 graph query,schemes 命令可以查询更多模板,包括自行安装的各类模板。模板的设定有两种方式,一是使用 set scheme schemename [,permanently]命令设定主题模板,选项 permanently 表示把 schemename 作为以后的默认模板,不加 permanently 则表示只在当前绘图有效;二是使用绘图命令的 scheme()选项。

例 12-4 Stata 绘图模板的设定。

```
* 该部分介绍的绘图模板有一部分源于外部命令,需要读者自行安装.读者也可以使用本书提供的
配套资源中的 plus 包,自行安装到本地硬盘中。
* 下面的代码仅为演示 Stata 绘图模板的命令设定,读者可运行下面的代码并掌握使用方法即可,具
体图形不在书中展示,读者可查询对应章节的配套资源,查看彩色效果图。
cd "D:\Stata 数据分析与建模\各章节图片\第 12 章\例 12 - 4 图形"
sysuse auto.dta, clear
* 第一种设定 scheme 的方式,使用 set scheme 命令
set scheme s2color                      //设定 Stata 17.0 之前的默认模板
twoway scatter mpg weight
graph export t1.png
set scheme tufte                        //设定 tufte 模板
twoway scatter mpg weight, scheme(tufte)
graph export t2.png
set scheme plotplain                    //设定 plotplain 模板
twoway scatter mpg weight
graph export t3.png
set scheme plottig                      //设定 plottig 模板(R语言风格)
twoway scatter mpg weight
graph export t4.png
set scheme burd                         //设定 burd 模板
twoway scatter mpg weight               //黑白背景,彩色前景,极简
graph export t5.png
* 第二种设定 scheme 的方式,使用绘图命令的选项 scheme()
twoway scatter mpg weight, scheme(lean1)   //黑白,不带网格线
graph export t6.png
twoway scatter mpg weight, scheme(lean2)   //黑白,带网格线,无外框
graph export t7.png
```

12.4.2 title_options

title_options 使用 title(tinfo)、sutitle(tinfo)、note(tinfo)以及 caption(tinfo)选项来分别设定图形的标题、子标题、注释以及说明的文本内容,即"tinfo"的格式为" string"[" string" […]] [,suboptions],具体参考 help title_options。

例 12-5 图形标题的设定。

```
clear all
cls
cd "D:\Stata 数据分析与建模\数据代码\第 12 章"
use 收益率数据.dta,clear
set scheme plotplain                          //设定 plotplain 模板
twoway line 上证收盘指数 交易日,lw(1.5pt) || ///
    line 标普 500 开盘指数 交易日, lp(dash) lw(1pt)lc(black) ||,
///注意||之前的逗号,是 plot region 即曲线类型的选项,||之后的逗号,为 graph region 即图形区
///域的选项
    title("中美大盘指数对比")                    ///
    subtitle("收盘指数对比开盘指数")              ///子标题经常可以省略
    note("数据来源:Wind 数据库")                 ///进行注解
```

```
        caption("数据区间跨度为 2016—2021 年")          ///文本说明
        legend(pos(6))                              //设置图例位置
    cd "D:\Stata 数据分析与建模\各章节图片\第 12 章"      //设置图片的输出路径
    graph export "图 12 - 3 图形标题的设定.png", replace
```

上述代码运行的结果如图 12-3 所示。

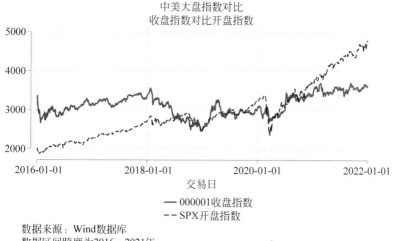

图 12-3　图形标题的设定

上述 title(tinfo)、sutitle(tinfo)、note(tinfo)以及 caption(tinfo)选项的 tinfo 还存在子选项 suboptions，以便进一步对这些内容进行修饰，子选项主要包括 position(clockposstyle)、ring(ringposstyle)、span 以及 textbox_options 等，具体说明如表 12-5 所示。

表 12-5　title_options 介绍

suboptions	说　　明
position(clockposstyle)	clockposstyle 指定文本方向位置，用 0～12 表示，对应时钟的 12 个方向，0 为时钟中心位置，1 即 1 点位置，2 为 2 点位置，以此类推
ring(ringposstyle)	ringposstyle 指定文本与 plot region 的距离，用 0～100 的整数表示
span	标题居中，默认
tstyle(textboxstyle)	textboxstyle 从整体上指定文本大小，用 help textboxstyle 查阅详情，以下内容均可通过 help textbox_options 查阅
orientation(orientationstyle)	orientationstyle 指定文本方向，help orientationstyle
size(textsizestyle)	textsizestyle 指定文本的大小，help textsizestyle
color(colorstyle)	colorstyle 指定文本的颜色与透明度，help colorstyle
justification(justificationstyle)	justificationstyle 指定文本水平对齐方式，help justificationstyle
alignment(alignmentstyle)	alignmentstyle 指定文本垂直对齐方式，help alignmentstyle
margin(marginstyle)	marginstyle 指定文本的边距大小，help marginstyle
box 或者 nobox	是否加边框

续表

suboptions	说　　明
bcolor(colorstyle)	指定边框与背景的颜色与透明度,help colorstyle
fcolor(colorstyle)	指定背景的颜色与透明度,help colorstyle
lstyle(linestyle)	指定边框的线的样式,help linestyle
lpattern(linepatternstyle)	指定边框的线型,help linepatternstyle
lwidth(linewidthstyle)	指定边框的厚度,help linewidthstyle
lcolor(colorstyle)	指定边框的颜色,help colorstyle
bmargin(marginstyle)	指定边框与外部图形的间距,help marginstyle
bexpand	指定标题文本框与图形宽度对齐

注:更多选项和细节查阅 help title_options 以及 help textbox_options。

可以发现,这些子选项对 title()、sutitle()、note()以及 caption()的大小、位置、方向、颜色以及边框属性做了非常细致的规定。一方面这些规定非常繁杂与详细;另一方面这些规定也是通用的,比如 color(colorstyle)、justification(justificationstyle)、alignment(alignmentstyle)对文本颜色、水平对齐方式以及垂直对齐方式的定义,不仅在 title()、sutitle()、note()以及 caption()是一致的,而在对图例、文本标注等其他要素的定义也是一致的。换言之,Stata 绘图模板中对属性(点、线、面的颜色、字体、大小、透明度、透明度等)的定义具有一致性。因此,读者要学会借助 help 工具并进行融会贯通。

例 12-6　图形标题的选项设定。

```
clear all
cls
cd "D:\Stata 数据分析与建模\数据代码\第 12 章"
use 收益率数据.dta,clear
set scheme plotplain    //设定 plotplain 模板
twoway line 上证收盘指数 交易日,lw(1.5pt) ||      ///
    line 标普 500 开盘指数 交易日, lp(dash) lw(1pt)lc(black) ||,
                                        ///注意||之前的逗号,是 plot region 即曲
                                        ///线类型的选项,||之后的逗号,为 graph
                                        ///region 即图形区域的选项
    title("中美大盘指数对比", style(body) color(red) position(12))
                                        ///设置图形标题为"中美大盘指数对比",并
                                        ///将文本大小设置为中等,字体颜色设为红
                                        ///色,位置为 11
    subtitle("收盘指数对比开盘指数",style(smbody)  color(red) position(12)) ///
    note("数据来源:Wind 数据库")                    ///
    caption("数据区间跨度为 2016—2021 年",size(vsmall)) ///
    legend(pos(6))
cd "D:\Stata 数据分析与建模\各章节图片\第 12 章"            //设置图片的输出路径
graph export "图 12-4 图形标题的选项设定.png", replace
```

上述代码运行的结果如图 12-4 所示。

12.4.3　legend_options

legend_options 用于设定图例的相关选项,图例的选项可通过 help legend_options 进

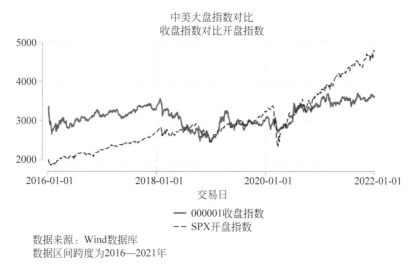

图 12-4　图形标题的选项设定

行查阅,图例的语法为

```
legend([contents] [location])
```

其中,location 指定图例的位置,包括 off or on、position(clockposstyle)、ring(ringposstyle)、span 等选项,off or on 用于指定是否显示图例,其他选项与表 12-5 中对应选项含义相同。contents 的内容比较多,常用功能如表 12-6 所示。

表 12-6　legend_options 常用功能

contents	说　明
order(orderinfo)	显示图例出现的顺序,语法格式为{#|-}["text"["text"…]],#表示图例的顺序(图例顺序跟图层叠加的顺序一致),用 1,2,3,…表示,-表示插入文本,并显示该文本。若不加-,数字后面直接跟文本,则表示修改该数字对应的图例内容为该文本内容
label(labelinfo)	修改图例的标签,语法格式为 label(# "text" ["text"…]),#表示图例的顺序,用 1,2,3,…表示,text 为标签内容
cols(#)	图例以#列呈现,默认为 2,cols(1)强制图例以 1 列呈现
rows(#)	图例以#行呈现,rows(1)强制图例以 1 行呈现
[no]colfirst	设定图例是按行排列还是按列排列
[no]textfirst	设定图例标签是在图例符号前还是后
title_options	设定图例的标题、副标题、注释等,help title_options
textbox_options	设定图例中文本(标签)的属性,内容同上,help textbox_options
region(roptions)	设定图例边框与背景的样式,help legend_options##roptions

说明:注意 region(roptions)与 textbox_options 的不同,前者针对图例的边框与背景操作,后者是针对图例的文本/标签进行操作的。

例 **12-7** 图例的设定。

```
clear all
cls
cd "D:\Stata 数据分析与建模\数据代码\第 12 章"
use 收益率数据.dta, clear
set scheme plotplain                    //设定 plotplain 模板
twoway line 上证收盘指数 交易日,lw(1.5pt) ||   ///
        line 标普 500 开盘指数 交易日, lp(dash) lw(1pt) lc(black) ||,  ///
        title("中美大盘指数对比", style(body))   ///设置图形标题为"中美大盘指数对比",并
                                        ///将文本大小设置为中等,字体颜色设为红
                                        ///色,位置为 11
        subtitle("收盘指数对比开盘指数",style(smbody))   ///
        note("数据来源:Wind 数据库")  ///
        caption("数据区间跨度为 2016—2021 年",size(vsmall))  ///
        legend(order(2 "标普指数" 1 - "第三个为空") label(1 "上证指数")  cols(1)
position(6)  rows(1) title("图例")  size(small)) //用 order 指定图例显示顺序,并且把第二
                                        //图例的标签修改为"标普指数",同时插入
                                        //一个"第三个为空"的文本;label 修改第一
                                        //个图例标签为"上证指数";cols(1)让图例
                                        //呈现为 1 列; position(5)指定图例位置;
                                        //title("图例")为图例增加标题;
                                        //size(small)指定图例中文本的字体大小
cd "D:\Stata 数据分析与建模\各章节图片\第 12 章"  //设置图片的输出路径
graph export "图 12−5 图形图例的选项设定.png", replace
```

上述代码运行的结果如图 12-5 所示。

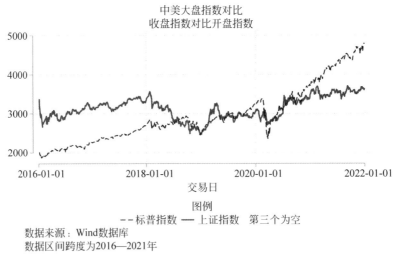

图 **12-5**　图形图例的选项设定

12.4.4　axis_options

axis_options 选项用于改变坐标轴的轴标题(title)、标签(labels)、刻度(ticks)、网格和

缩放(scale)等功能。axis_options 主要分为坐标轴的标题选项、标签选项、缩放选项以及图层选项四类。

1. 坐标轴的标题选项 axis_title_options

坐标轴的轴标题选项包括 y 轴标题 ytitle(axis_title)以及 x 轴标题 xtitle(axis_title)等,其中 axis_title 的格式由文本和子选项组成:"string" ["string" [...]] [, suboptions]。子选项 suboptions 包括 axis(♯)以及 textbox_options,当存在多个 y 轴或 x 轴时,axis(♯)用于指定具体的坐标轴(♯代表数字 1,2,3,…,9),textbox_options 用于定义标题的文本属性,与前文一致,可用 help textbox_options 查阅。

例 12-8 坐标轴标题选项的设定。

```
clear all
cls
cd "D:\Stata 数据分析与建模\数据代码\第 12 章"
use 收益率数据.dta,clear
twoway line 上证收盘指数 交易日,lw(1.5pt) ||                           ///
    line 标普 500 开盘指数 交易日, lp(dash) lw(1pt) lc(black) ||, ///
    title("中美大盘指数对比", tstyle(heading))                    ///
    subtitle("收盘指数对比开盘指数",tstyle(subheading))           ///
    note("数据来源:Wind 数据库")                                 ///
    caption("数据区间跨度为 2016—2021 年",size(vsmall))          ///
    legend(order(2 "标普指数" 1) label(1 "上证指数")  cols(1)  position(6) rows(2) title
("图例")  size(small))                                           ///
    xtitle("时间跨度")  ytitle("股票指数")                      //设定坐标轴标题
cd "D:\Stata 数据分析与建模\各章节图片\第 12 章"                  //设置图片的输出路径
graph export "图 12-6 坐标轴标题选项的设定.png", replace
```

上述代码运行的结果如图 12-6 所示。

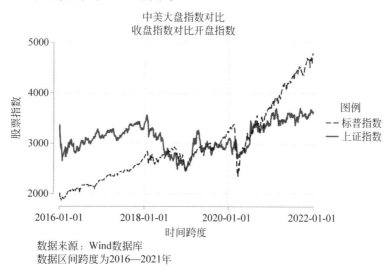

图 12-6 坐标轴标题选项的设定

2. 坐标轴的标签选项 axis_label_options

坐标轴的标签选项用于控制坐标轴的标签和刻度,包括主要标签{y|x}label(rule_or_values)与刻度{y|x}tick(rule_or_values)以及次要标签{y|x}mlabel(rule_or_values)与刻度{y|x}mtick(rule_or_values),其中 rule_or_values 的语法为

```
[rule] [numlist ["label" [numlist ["label" [...]]]]] [, suboptions]
```

numlist 格式可以用 help numlist 查阅,"label"代表用当前的文本内容替换前面的数值所对应的内容。示例如下:

```
xlabel(#6)              //设定 6 个左右的标签,由于刻度是等分的,所以具体的数值需要绘图者在
                        //6~10 之间进行测试,以选定最佳的形式
xlabel(1(3)15)          //指定范围,从 1 开始,部长为 3,到 15 结束
xlabel(minmax)          //仅显示最大最小值
xlabel(100 "Low" 200 "Med" 300 "Hi")   //表示标签 100、200 和 300 分别用 Low、Med 以及 Hi 表示
xlabel(100(10)200 100 "最小值" 200 "最大值")   //指定范围 100~200,并且标签 100 替换为"最
                        //小值",标签 200 替换为"最大值"
```

以上设定对 ylabel、xtick、ytick、ymlabel、xmlabel、ymtick 以及 xmtick 等同样适用。另外,suboptions 为子选项,主要归纳如表 12-7 所示。

表 12-7　axis_options 介绍

suboptions	说　　明
axis(#)	当有多个 y 轴或者 x 轴时,指定对哪个轴进行操作
[no]ticks	设定是否显示刻度
[no]labels	设定是否显示标签
format(%fmt)	设定数值型标签或刻度的显示格式,如 ylabel(,format(%9.2fc))
angle(anglestyle)	设定标签的角度,help anglestyle
alternate	分离过于拥挤的标签
tstyle(tickstyle)	设定标签和刻度的整体样式,help tickstyle
labsize(textsizestyle)	设定标签文本的大小,help textsizestyle
labcolor(colorstyle)	设定标签文本的颜色和透明度,help colorstyle
tposition(outside|crossing|inside)	设定刻度的位置(outside|crossing|inside)
tlcolor(colorstyle)	设定刻度的颜色与透明度,help colorstyle
[no]grid	设定是否显示网格
glcolor(colorstyle)	设定网格颜色,help colorstyle
glpattern(linepatternstyle)	设定网格线型,help linepatternstyle

注:更多选项和用法,参考 help axis_label_options。

例 12-9　坐标轴标签选项的设定。

```
clear all
cls
```

```
cd "D:\Stata 数据分析与建模\数据代码\第 12 章"
use 收益率数据.dta,clear
set scheme plotplain    //设定 plotplain 模板
twoway line 上证收盘指数 交易日,lw(1.5pt) || ///
    line 标普 500 开盘指数 交易日, lp(dash) lw(1pt) lc(black) || , ///
    title("中美大盘指数对比", tstyle(heading))   ///
    subtitle("收盘指数对比开盘指数",tstyle(subheading)) ///
    note("数据来源:Wind 数据库")  ///
    caption("数据区间跨度为 2016—2021 年",size(vsmall))  ///
    legend(order(2 "标普指数" 1) label(1 "上证指数")  rows(1)  position(12) title("图例")
 size(small))  ///
    xtitle("时间跨度",size(small))  ytitle("股票指数", size(small)) ///设定坐标轴标题
    ylabel(1500(500)5000 1500 "最小(1500)" 5000 "最大(500)", labsize(small))
                              ///y 轴标签,1500 替换为"最小",5000 替换为"最大",设定标
                              ///签字号为 small
    xlabel(♯10,angle(45) labsize(vsmall)) //x 轴标签,设定 10 个左右,同时设定角度为 45 度,
                              //标签字号为 small
cd "D:\Stata 数据分析与建模\各章节图片\第 12 章"    //设置图片的输出路径
graph export "图 12-7 坐标轴标签选项的设定.png", replace
```

上述代码运行的结果如图 12-7 所示。

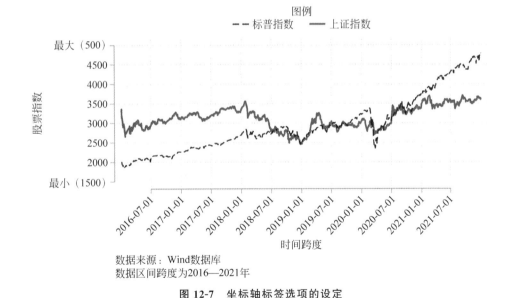

图 12-7 坐标轴标签选项的设定

3. 坐标轴的缩放选项 axis_scale_options

坐标轴的缩放选项决定了坐标轴的缩放方式(如算术计算、取对数、反向显示等)、坐标轴的数值范围以及轴线的外观。坐标轴的缩放选项主要包括 yscale(axis_suboptions)以及 xscale(axis_suboptions),其中 axis_suboptions 子选项功能如表 12-8 所示。

表 12-8 axis_suboptions 子选项功能

axis_suboptions	说　　明
axis(♯)	当有多个 y 轴或者 x 轴时,指定对哪个轴进行操作
[no]log	是否取对数
[no]reverse	坐标轴刻度是从大到小还是从小到大,默认从小到大
range(numlist)	指定坐标轴的数值范围,范围设定参考 help numlist
off and on	是否显示坐标轴
alt	设定坐标轴在图上面(对 x 轴)或者右边(y 轴)
noline	不显示坐标轴线
line	强制显示坐标轴线
titlegap(size)	设定坐标轴标题与标签之间的间距,help size
lstyle(linestyle)	坐标轴线的样式设定,help linestyle
lcolor(colorstyle)	坐标轴线的颜色,help colorstyle
lwidth(linewidthstyle)	坐标轴线的厚度,help linewidthstyle
lpattern(linepatternstyle)	坐标轴的类型(实线、虚线、点线等),help linepatternstyle

例 12-10 坐标轴缩放选项的设定。

```
clear all
cls
cd "D:\Stata 数据分析与建模\数据代码\第 12 章"
use 收益率数据.dta,clear
set scheme plotplain                    //设定 plotplain 模板
twoway line 上证收盘指数 交易日,lw(1.5pt) || ///
    line 标普 500 开盘指数 交易日, lp(dash) lw(1pt) lc(black) || , ///
    title("中美大盘指数对比", tstyle(heading))  ///
    subtitle("收盘指数对比开盘指数",tstyle(subheading)) ///
    note("数据来源:Wind 数据库")  ///
    caption("数据区间跨度为 2016—2021 年",size(vsmall))  ///
    legend(order(2 "标普指数" 1) label(1 "上证指数")  rows(1)  position(12) title("图例")
  size(small))  ///
    xtitle("时间跨度",size(small))  ytitle("股票指数", size(small)) ///设定坐标轴标题
    ylabel(1500(500)5000 1500 "最小(1500)" 5000 "最大(500)", labsize(small))
///y 轴标签,1500 替换为"最小",5000 替换为"最大",设定标签字号为 small
    xlabel(♯7,angle(45) labsize(vsmall)) ///x 轴标签,设定 7 个左右,同时设定角度为 45 度,
                                          ///标签字号为 small
    xscale(titlegap(3) lcolor(black)) yscale(titlegap(1) lcolor(black))
                                    //设定坐标轴标题与标签的距离以及坐标轴的颜色
                                    //为黑色
cd "D:\Stata 数据分析与建模\各章节图片\第 12 章"    //设置图片的输出路径
graph export "图 12-8 坐标轴缩放选项的设定.png", replace
```

上述代码运行的结果如图 12-8 所示。

4. 坐标轴的图层选项 axis_choice_options

大多时候,多个图层共享一个 x 轴和 y 轴,如果想为不同的图层指定不同的坐标轴可以使用图层坐标轴选项 yaxis(♯ [♯…])以及 xaxis(♯ [♯…])。

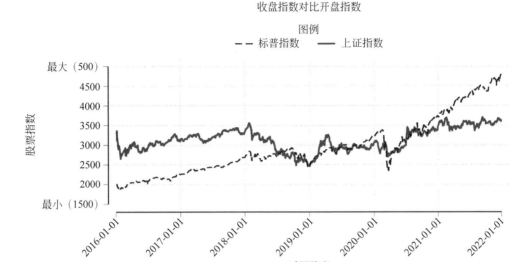

图 12-8 坐标轴缩放选项的设定

12.4.5 added_line_options

该选项用于在 plot region 增加一条水平或者垂直的线，yline(linearg)表示在 y 轴特定取值处添加一条水平线，xline(linearg)表示在 x 轴特定取值处添加一条垂直线。linearg 的语法格式为

```
numlist [, suboptions]
```

suboptions 为子选项，主要包括 axis（♯）、style（addedlinestyle）、[no]extend、lstyle（linestyle）、lpattern(linepatternstyle)以及 lcolor(colorstyle)等，用于控制线的属性，详情可查阅 help added_line_options。

12.4.6 added_text_options

该选项用于在图中添加文本，语法格式为

```
text(text_arg)
```

其中 text_arg 的格式为 ♯_y ♯_x "text"［♯_y ♯_x "text"…］［, textoptions］，其中 ♯_y ♯_x 给定 y 和 x 的坐标，"text"为文本信息，textoptions 为子选项，用来设定文本放置的方位 placement(compassdirstyle)以及具体的文本属性，包括样式、大小、颜色等（help textbox_options），细节信息可以查阅 help added_text_options。

例 **12-11** 添加辅助线与文本。

```
clear all
cls
cd "D:\Stata 数据分析与建模\数据代码\第 12 章"
use 收益率数据.dta,clear
set scheme plotplain          //设定 plotplain 模板
twoway line 上证收盘指数 交易日,lw(1.5pt) || ///
    line 标普 500 开盘指数 交易日, lp(dash) lw(1pt) lc(black) || , ///
    title("中美大盘指数对比", tstyle(heading))  ///
    subtitle("收盘指数对比开盘指数",tstyle(subheading)) ///
    note("数据来源:Wind 数据库")  ///
    caption("数据区间跨度为 2016—2021 年",size(vsmall))  ///
    legend(order(2 "标普指数" 1) label(1 "上证指数")  rows(1)  position(12) title("图例")
 size(small))  ///
    xtitle("时间跨度",size(small))  ytitle("股票指数", size(small)) ///设定坐标轴标题
    ylabel(1500(500)5000 1500 "最小(1500)" 5000 "最大(500)", labsize(small))
///y 轴标签,1500 替换为"最小",5000 替换为"最大",设定标签字号为 smallZK)
    xlabel(♯7,angle(45) labsize(vsmall)) ///x 轴标签,设定 7 个左右,同时设定角度为 45 度,
                                    ///标签字号为 small
    xscale(titlegap(3) lcolor(black)) yscale(titlegap(1) lcolor(black))
///设定坐标轴标题与标签的距离以及坐标轴的颜色为黑色
    xline(21895,lpattern(dash) lcolor(red) lwidth(2pt))  yline(3000)
///在 x 轴 21895 处添加辅助线,21895 是时间对应的 stata 数值;在 y 轴 3000 处添加参考线
    text(4000 21895 "疫情开始",placement(west) size(small))    //添加文本信息
cd "D:\Stata 数据分析与建模\各章节图片\第 12 章"          //设置图片的输出路径
graph export "图 12 - 9 添加辅助线与文本.png", replace
```

上述代码运行的结果如图 12-9 所示。

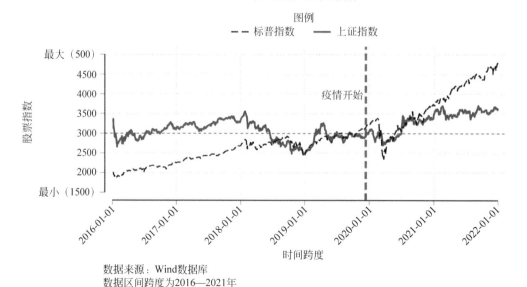

图 12-9　添加辅助线与文本

12.4.7 by(varlist,⋯)

该选项用于根据某个变量进行分组绘图,语法格式为

```
by(varlist[, byopts])
```

byopts 为子选项,如 twoway line yvar xvar、by(group)表示 group 分别绘图,twoway line yvar xvar、by(group,total)表示同时绘制未分组和分组图形。更多选项可以通过 help by_option 查看。

例 12-12 分组绘制图形。

```
clear all
cls
cd "D:\Stata 数据分析与建模\数据代码\第 12 章"
use 收益率数据.dta,clear
set scheme plotplain    //设定 plotplain 模板
twoway line 上证收盘指数 交易日,lw(1.5pt) || ///
    line 标普 500 开盘指数 交易日, lp(dash) lw(1pt) lc(black) ||, ///
    title("中美大盘指数对比", tstyle(heading))  ///
    subtitle("收盘指数对比开盘指数",tstyle(subheading)) ///
    note("数据来源:Wind 数据库")  ///
    caption("数据区间跨度为 2016—2021 年",size(vsmall))  ///
    legend(order(2 "标普指数" 1) label(1 "上证指数")  rows(1)  position(12) title("图例")
  size(small))  ///
    xtitle("时间跨度",size(small))  ytitle("股票指数", size(small)) ///设定坐标轴标题
    ylabel(1500(500)5000 1500 "最小(1500)" 5000 "最大(500)", labsize(small))
///y 轴标签,1500 替换为"最小",5000 替换为"最大",设定标签字号为 small
    xlabel(#7,angle(45) labsize(vsmall)) ///x 轴标签,设定 7 个左右,同时设定角度为 45 度,
                                       ///标签字号为 small
    xscale(titlegap(3) lcolor(black)) yscale(titlegap(1) lcolor(black))
///设定坐标轴标题与标签的距离以及坐标轴的颜色为黑色
    xline(21895,lpattern(dash) lcolor(red) lwidth(2pt))  yline(3000)
///在 x 轴 21895 处添加辅助线,21895 是时间对应的 stata 数值;在 y 轴 3000 处添加参考线
    text(4000 21895 "疫情开始",placement(west) size(small)) ///添加文本信息
    by(group)   //按 group 分组绘图,这里采用对观测值随机分组的,因此看起来区别不大
cd "D:\Stata 数据分析与建模\各章节图片\第 12 章"   //设置图片的输出路径
graph export "图 12 - 10 分组绘制图形.png", replace
```

上述代码运行的结果如图 12-10 所示。

12.4.8 scale(♯)

该选项用于从整体上设定绘图区域中各类元素的大小,包括文本、线的宽度、散点的大小等。默认为 scale(1),如果设定为 scale(1.1),则放大了 10%。

12.4.9 region_options

region_options 选项用于控制整个绘图区域的属性,包括图形边框、颜色等属性信

图 12-10 分组绘制图形

息。Stata 官方文件将整个图形分为绘图区域 graph region 以及曲线区域 plot region 两个部分,可使用 help region_options 命令查看官方绘图。绘图区域 graph region 的界定包括 outer graph region 和 inner graph region 两个区域,这些区域用于显示标题与副标题、图例、脚注等内容,outer graph region 和 inner graph region 之间的部分称之为 margin。对 plot region 的界定包括 outer plot region 和 inner plot region,其中坐标轴显示在 outer plot region 的边界上,曲线类型显示在 inner plot region 区域,outer plot region 和 inner plot region 之间的部分是 plot region 的 margin。基于以上界定,region_options 的功能包括控制 outer graph region 的高度 ysize(graphsize),控制 outer graph region 的宽度 xsize(graphsize),设定 graph region 的属性 graphregion(suboptions),设定 plot region 的属性 plotregion(suboptions),具体参考 help region_options。

12.4.10 aspect_options

该选项用于控制 plot region 的长宽比例,其语法格式为

```
aspectratio( # [, pos_option])
```

如 aspectratio(1)表示长和宽相等,aspectratio(0.25)表示长宽比为 0.25。由于 aspectratio 仅仅改变了 plot region 的大小,而 graph region 的区域没有发生变化,因此往往在水平或垂直方向会留出一些空白间距。此时,可以通过 placement()选项向不同的方向调整 plot region 的位置,如 placement(left) 或者 placement(right)使得 plot region 区域向

左或向右贴近。默认情况下 plot region 居中显示。

12.4.11 name(name,…)

给当前内存中的图形命名,语法格式为

```
name(name[, replace])
```

12.4.12 saving(filename,…)

保存当前图形为.gph 格式,语法格式为

```
saving(filename, replace)
```

以上就是 graph twoway_options 中的主要内容,其他的一些选项,包括 advanced_options 可以通过帮助文档进行查阅(help twoway_options)。综上,一个相对完整的绘图命令如下。

例 12-13 完整绘图。

```
clear all
cls
cd "D:\Stata 数据分析与建模\数据代码\第 12 章"
use 收益率数据.dta,clear
set scheme plotplain   //设定 plotplain 模板
twoway line 上证收盘指数 交易日,lw(1.5pt) || ///
    line 标普 500 开盘指数 交易日, lp(dash) lw(1pt) lc(black) || , ///
    title("中美大盘指数对比", tstyle(heading))  ///
    subtitle("收盘指数对比开盘指数",tstyle(subheading)) ///
    note("数据来源:Wind 数据库")  ///
    caption("数据区间跨度为 2016—2021 年",size(vsmall))  ///
    legend(order(2 "标普指数" 1) label(1 "上证指数")  rows(1)  position(12) title("图例")
  size(small))  ///
    xtitle("时间跨度",size(small))  ytitle("股票指数", size(small)) ///设定坐标轴标题
    ylabel(1500(500)5000 1500 "最小(1500)" 5000 "最大(500)", labsize(small))
///y轴标签,1500 替换为"最小",5000 替换为"最大",设定标签字号为 small
    xlabel(♯7,angle(45) labsize(vsmall)) ///x轴标签,设定 7 个左右,同时设定角度为 45 度,
                                       ///标签字号为 small
    xscale(titlegap(3) lcolor(black)) yscale(titlegap(1) lcolor(black))
///设定坐标轴标题与标签的距离以及坐标轴的颜色为黑色
    xline(21895,lpattern(dash) lcolor(red) lwidth(2pt))  yline(3000)
///在 x 轴 21895 出添加辅助线,21895 是时间对应的 stata 数值;在 y 轴 3000 出添加参考线
    text(4000 21895 "疫情开始",placement(west) size(small)) ///添加文本信息
    saving("股市收益对比", replace)                      //保存图形为.gph 格式
    graph export 股市收益对比.png,width(3200) height(1800) replace
cd "D:\Stata 数据分析与建模\各章节图片\第 12 章"          //设置图片的输出路径
graph export "图 12 - 11 综合绘图.png", replace
```

上述代码运行的结果如图 12-11 所示。

以上就是 graph twoway 中 graph region 的选项介绍。可以看到,这些选项很好地"包

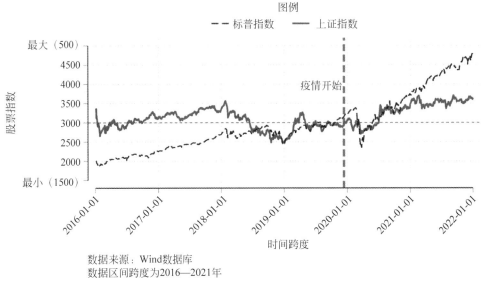

图 12-11　综合绘图

装"了绘图区域,对于图形的美化和编排具有十分重要的作用。最后需要重点强调的是,本节内容介绍的 graph region 的选项,不仅仅适用于 graph twoway 系列的绘图,也适用于其他类型的绘图,甚至是 graph_other 系列的绘图。当然,读者没有必要死记硬背这些选项,也没有必要花大精力去区分哪些可以用 graph region 的选项,哪些不可以。重要的是要学会利用 help 文档,如果一个命令的选项中提到了 twoway_options 这样的字样,那就是可以用的。总之,善于运用帮助文档非常重要!

视频讲解

12.5　graph twoway 的 plot region 选项

正如前文所示,Stata 的绘图包括 graph region 与 plot region 两个部分。12.4 节主要介绍了 graph region 的选项与功能,下面介绍 plot region 的选项与功能。plot region 用于绘制图形,比如绘制散点图、线图等,因此有其自身的属性,如散点图可以对点的大小、形状、颜色以及透明度进行设定,线图可以对线的类型、粗细、颜色等进行设定,这些要通过对应 plot 的选项进行设定。虽然 plot region 中元素的属性很多,但常用的不多,比如点的类型、线的类型以及颜色的类型等,这些可以通过 palette 命令进行更为直观的查看。

```
palette symbolpalette        //图示标记符号及对应代号
palette linepalette          //图示线型及对应代号
graph query linewidthstyle   //列出各类线宽
palette_all                  //外部命令,查看颜色代号
```

```
palette color green        //查看某一图示颜色
help palette               //打开帮助文档
```

下面主要以常用的散点图、线图、直方图、条形图以及函数图为例对 plot region 的选项进行简要介绍，其他类型图形大同小异，可以通过帮助文档自行查阅，如散点图可以查阅 help scatter，线图可以查阅 help line 等了解详情（可在 help graph_twoway 页面逐层查阅）。

12.5.1　散点图

散点图的作图语法为

```
[twoway] scatter varlist [if] [in] [weight] [, options]
```

其中 varlist 是 y_1 [y_2 [...]] x，即可以存在多个纵轴（因变量），options 为各类选项，散点图的选项与说明如表 12-9 所示。

表 12-9　散点图的选项与说明

类　　型	options 命令	说　　明
marker_options	msymbol(symbolstylelist)	点的形状（圆形、菱形、三角形等）help symbolstyle，可以借助命令 palette symbolpalette 查看标记符号及对应代号
	mcolor(colorstylelist)	点的颜色与透明度，help colorstyle
	msize(markersizestylelist)	点的大小，help markersizestyle
	msangle(anglestyle)	点形状的角度，help anglestyle
	mfcolor(colorstylelist)	点内部填充（fill）的颜色与透明度
	mlcolor(colorstylelist)	点轮廓（outline）的颜色与透明度
	mlwidth(linewidthstylelist)	轮廓的厚度，help linewidthstyle
	mlalign(linealignmentstyle)	轮廓的位置（inside，outside，center）
	mlstyle(linestylelist)	轮廓的整体样式，help linestyle
	mstyle(markerstylelist)	点的整体样式，help markerstyle
marker_label_options	mlabel(varlist)	设定点的变量标签
	mlabposition(clockposlist)	设定标签的位置，help clockposstyle
	mlabvposition(varname)	where to locate label 2
	mlabgap(sizelist)	设定点与标签的间距大小，help size
	mlabangle(anglestylelist)	设定标签的角度，help anglestyle
	mlabsize(textsizestylelist)	设定标签的大小，help textsizestyle
	mlabcolor(colorstylelist)	设定标签的颜色与透明度，help colorstyle
	mlabformat(%fmtlist)	设定标签的格式，help format
	mlabtextstyle(textstylelist)	设定整个文本的样式，help textstyle
	mlabstyle(markerlabelstylelist)	设定整个标签的样式，help markerlabelstyle

续表

类　型	options 命令	说　明
	connect(connectstyle)	点的连接方式
	sort[(varlist)]	依据某个变量排序,默认按 x 排序
	cmissing(⟨y|n⟩…)	忽略缺失值
	lpattern(linepatternstyle)	设定线的类型(实线、虚线等),通过 palette linepalette 可以查看
connect_options	lwidth(linewidthstyle)	设定线的宽度
	lcolor(colorstyle)	设定线的颜色与透明度
	lalign(linealignmentstyle)	设定对齐模式(inside,outside,center)
	lstyle(linestyle)	设定线的整体样式
	pstyle(pstyle)	设定 plot 的整体样式
jitter_options	jitter(#)	添加白噪声数据点,数值越大,添加的白噪声越多
axis_choice_options	yaxis(# [#…])	指定使用的坐标轴,默认 yaxis(1)
	xaxis(# [#…])	指定使用的坐标轴,默认 xaxis(1)
twoway_options		设定 graph twoway_options 格式

注：更多细节与说明请参考 help scatter。

例 12-14　散点图的绘制。

```
clear all
cls
cd "D:\Stata 数据分析与建模\数据代码\第 12 章"
use 基本经济数据.dta,clear
set scheme plotplain                   //设定 plotplain 模板
twoway scatter import export           //进口额与出口额的散点图
twoway scatter import export if export > 1000000, mlabel(country)
                                       //mlabel(country) 标上国家名称,legend(off) 不显示图例
twoway scatter import export || ///
    scatter import export if export > 1000000, mlabel(country) || , legend(off)
twoway scatter import export if export > 1000000, mlabel(country) || ///
    scatter import export || , legend(off)
*注意:理解图层的概念,图层 2 会覆盖图层 1,注意上面图层顺序不一样,显示的结果也不一样
twoway scatter import export || ///
scatter import export if export > 1500000, mlabel(country) legend(off) || ///
lfit import export || , ///lfit 线性回归拟合图
ytitle("Imports") xtitle("Exports") ///
note("millions US $ ")
cd "D:\Stata 数据分析与建模\各章节图片\第 12 章"        //设置图片的输出路径
graph export "图 12 - 12 散点图的绘制.png", replace
```

上述代码运行的结果如图 12-12 所示。

12.5.2　线图

线图的作图语法为

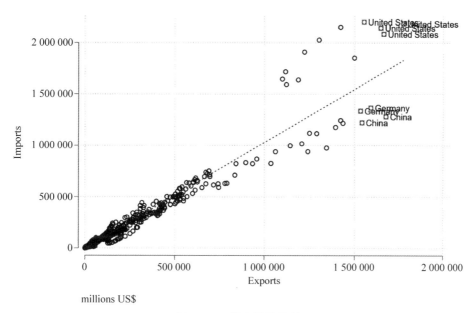

millions US$

图 12-12　散点图的绘制

[twoway] line varlist [if] [in] [, options]

其中 varlist 为 y_1［y_2［...］］x，即可以存在多个纵轴（因变量），options 为各类选项，线图的选项与说明如表 12-10 所示。

表 12-10　线图的选项与说明

类　　型	options 命令	说　　明
connect_options	connect(connectstyle)	点的连接方式
	sort［(varlist)］	依据某个变量排序，默认按 x 排序
	cmissing(⟨y|n⟩…)	忽略缺失值
	lpattern(linepatternstyle)	设定线的类型（实线、虚线等），使用 palette linepalette 查看图示线型及对应代号
	lwidth(linewidthstyle)	设定线的宽度
	lcolor(colorstyle)	设定线的颜色与透明度
	lalign(linealignmentstyle)	设定对齐模式(inside，outside，center)
	lstyle(linestyle)	设定线的整体样式
	pstyle(pstyle)	设定 plot 的整体样式，包括线的样式
	recast(newplottype)	高级命令，把 plot 转化为一个新图层
axis_choice_options	yaxis(♯［♯…］)	指定使用的坐标轴，默认 yaxis(1)
	xaxis(♯［♯…］)	指定使用的坐标轴，默认 xaxis(1)
twoway_options	设定 graph twoway_options 格式，见上一节内容	

注：更多细节与说明请参考 help line。

例 12-15　线图的绘制。

```
clear all
cls
cd "D:\Stata 数据分析与建模\数据代码\第 12 章"
use 基本经济数据.dta,clear
set scheme plotplain                                          //设定 plotplain 模板
twoway line unemp unempf unempm year if country == "United States"   //利用 if 条件,只画美国失
                                                              //业率的时序图
twoway line unemp unempf unempm year if country == "United States", ///
        title("Unemployment rate in the US") ///
        legend(label(1 "Total") label(2 "Females") label(3 "Males")) ///
        lpattern(solid dash dot) ///
        ytitle("Percentage")

twoway connected unemp year if country == "United States" | ///connected 连接点线图
                country == "United Kingdom" | ///
                country == "Australia" | ///
                country == "Qatar", ///
                by(country, title("Unemployment")) ///
                msymbol(circle_hollow) ///
title("Unemployment") ///
legend(label(1 "USA") label(2 "UK") ///
label(3 "Australia") label(4 "Qatar"))
cd "D:\Stata 数据分析与建模\各章节图片\第 12 章"               //设置图片的输出路径
graph export "图 12 - 13 线图的绘制.png", replace
```

上述代码运行的结果如图 12-13 所示。

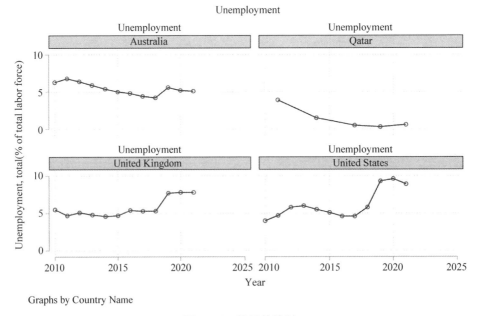

图 12-13　线图的绘制

图 12-13 利用 by(varname)同时做多个图,其中 by(varname)功能适用于 matrix 和

star 以外所有图形,该选项使 graph 按照指定的分组变量分别绘制图形。title("")放在 by()里面,画出的图共用一个标题;title("")放在 by()外面,每个图一个标题。

12.5.3 条形图

Stata 中条形图的绘图命令有两个,一个是 graph twoway 系列中的 twoway bar 命令,另外一个是 graph 系列中的 graph bar 命令。总体来看,这两个命令在绘图结果上差异不大,前者用于连续变量绘图,而后者主要用于分类变量绘图。这里对这两个命令分别进行介绍。

1. 分类变量条形图

垂直条形图的绘制语法

```
graph bar yvars [if] [in] [weight] [, options]
```

水平条形图的绘制语法

```
graph hbar yvars [if] [in] [weight] [, options]
```

其中 yvars 的形式为[(stat)] varname 或者[(stat)] varlist,stat 代表统计量,包括 mean median p1 p2 … p99 sum count percent min max 等(与命令 collapse 能够实现的统计量一致),默认为均值(mean 可以省略)。options 为一系列选项,分类变量条形图选项与说明如表 12-11 所示。

表 12-11　分类变量条形图选项与说明

类　　型	options 命令	说　　明
group_options	over (varname [, over_subopts])	设定 x 轴的分类/分组变量,varname 可以为数值型或字符串型,subopts 为子选项,包括 sort()等
	nofill	忽略空值分类
	missing	把缺失值作为一组
	allcategories	纳入数据中的所有分类
yvar_options	ascategory	把 yvars 作为第一个 over()分组
	asyvars	把第一个 over()分组作为 yvars
	percentages	显示 yvars 的百分比
	stack	进行柱子的堆叠
	cw	剔除所有缺失值后进行 yvars 的统计
lookofbar_options	outergap([*]#)	柱子与边缘的距离
	bargap(#)	柱子之间的距离,默认为 0
	intensity([*]#)	填充的密度
	lintensity([*]#)	轮廓的密度
	pcycle(#)	柱子的样式
	bar(#, barlook_options)	对某个柱子单独设定属性,help barlook_options

续表

类　　型	options 命令	说　　明
legending_options	legend_options	控制图例,help legend_options
	nolabel	使用 yvars 的名字而不是标签作为图例
	blabel(...)	为柱子增加标签,help blabel_option
axis_options	yalternate	把数值型 y 轴放在右边/上边
	xalternate	把分类型 x 轴放在上边/右边
	exclude0	不强制 y 轴包括 0
	yreverse	对 y 轴反向
	axis_scale_options	设定坐标轴的缩放,help axis_scale_options
	axis_label_options	设定坐标轴的刻度与标签,help axis_label_options
	ytitle(...)	设定坐标轴标题,help axis_title_options
title_and_other_options	text(...)	添加文本,x 的范围是[0,100],help added_text_options
	yline(...)	添加辅助线,help added_line_options
	aspect_option	控制 plot region 比例,help aspect_option
	std_options	包括 titles,graph size,saving 等的设置,help std_options
	by(varlist,...)	分组,help by_option

注:更多细节与选项说明请参考 help graph bar。

例 12-16 垂直条形图的绘制。

```
clear all
cls
cd "D:\Stata 数据分析与建模\数据代码\第 12 章"
set scheme plotplain                              //设定 plotplain 模板
sysuse nlsw88, clear
#delimit;
graph bar (mean) wage, over(smsa) over(married) over(collgrad)
            title("Average Hourly Wage, 1988, Women Aged 34 – 46")
            subtitle("by College Graduation, Marital Status,
            and SMSA residence")
            note("Source: 1988 data from NLS, U.S. Dept. of Labor,
            Bureau of Labor Statistics");
#delimit cr
cd "D:\Stata 数据分析与建模\各章节图片\第 12 章"  //设置图片的输出路径
graph export "图 12 – 14 垂直条形图的绘制.png", replace
```

上述代码运行的结果如图 12-14 所示。

例 12-17 水平条形图的绘制。

```
clear all
cls
cd "D:\Stata 数据分析与建模\数据代码\第 12 章"
set scheme plotplain                              //设定 plotplain 模板
sysuse educ99gdp, clear
#delimit;
generate total = private + public;
```

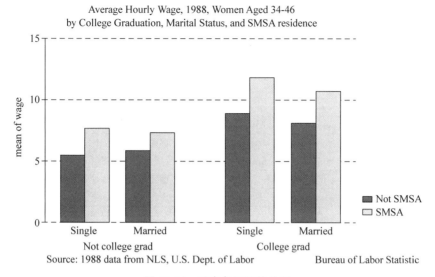

图 12-14　垂直条形图的绘制

```
graph hbar (asis) public private,
            over(country, sort(total) descending) stack
            title("Spending on tertiary education as % of GDP,
                1999", span pos(11))
            subtitle(" ")
            note("Source: OECD, Education at a Glance 2002", span);
#delimit cr
cd "D:\Stata 数据分析与建模\各章节图片\第 12 章"  //设置图片的输出路径
graph export "图 12-15 水平条形图的绘制.png", replace
```

上述代码运行的结果如图 12-15 所示。

2. 连续变量条形图

twoway bar 适合对连续的变量做条形图,如自变量为日期,因变量为股票价格。graph bar 可以更好地呈现涉及一个或多个分类变量的关系,如自变量为区域,因变量为区域产值。graph bar 的命令为

```
twoway bar yvar xvar [if] [in] [, options]
```

连续变量条形图选项与说明如表 12-12 所示。

表 12-12　连续变量条形图选项与说明

类　　型	options 命令	说　　明
通用选项	vertical	竖直放置箱体,默认
	horizontal	水平放置箱体
	base(#)	基准线,默认为 base(0)
	barwidth(#)	设定箱体之间宽度,默认为 barwidth(1)

续表

类　　型	options 命令	说　　明
barlook_options	color(colorstyle)	设定轮廓与填充的颜色与透明度
	fcolor(colorstyle)	设定填充的颜色与透明度
	fintensity(intensitystyle)	设定填充的密度
	lcolor(colorstyle)	设定轮廓的颜色与透明度
	lwidth(linewidthstyle)	设定轮廓的厚度
	lpattern(linepatternstyle)	设定轮廓的线型(实线、虚线等)
	lalign(linealignmentstyle)	设定轮廓的对齐(inside, outside, center)
	lstyle(linestyle)	设定轮廓的整体样式
	bstyle(areastyle)	设定箱体的总体样式
	pstyle(pstyle)	设定绘图区域的整体样式
axis_choice_options	yaxis(♯ [♯…])	指定使用的坐标轴,默认 yaxis(1)
	xaxis(♯ [♯…])	指定使用的坐标轴,默认 xaxis(1)
twoway_options	设定 graph twoway_options 格式	

注：更多细节与选项说明请参考 help twoway_bar。

例 12-18　特殊条形图的绘制。

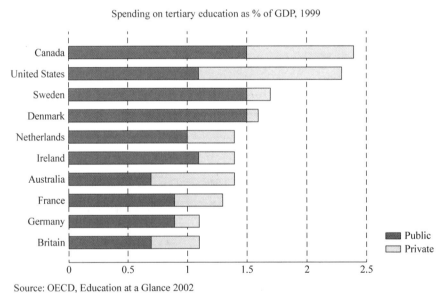

Spending on tertiary education as % of GDP, 1999

Source: OECD, Education at a Glance 2002

图 12-15　水平条形图的绘制

```
clear all
cls
cd "D:\Stata 数据分析与建模\数据代码\第 12 章"
set scheme plotplain            //设定 plotplain 模板
sysuse pop2000, clear
replace maletotal = - maletotal
```

```
twoway bar maletotal agegrp, horizontal || ///
        bar femtotal agegrp, horizontal
cd "D:\Stata 数据分析与建模\各章节图片\第 12 章"   //设置图片的输出路径
graph export "图 12 - 16 特殊条形图的绘制.png", replace
```

上述代码运行的结果如图 12-16 所示。

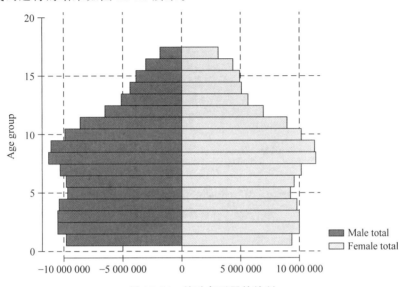

图 12-16 特殊条形图的绘制

```
clear all
cls
cd "D:\Stata 数据分析与建模\数据代码\第 12 章"
set scheme plotplain                              //设定 plotplain 模板
sysuse sp500
♯delimit;
twoway line close date, yaxis(1) ||
       bar change date, yaxis(2) ||
       in 1/52,
       ysca(axis(1) r(1000 1400)) ylab(1200(50)1400, axis(1))
       ysca(axis(2) r(-50 300)) ylab(-50 0 50, axis(2))
       ytick(-50(25)50, axis(2) grid)
       legend(off)
       xtitle("Date")
       title("S&P 500")
       subtitle("January - March 2001")
       note("Source: Yahoo! Finance and Commodity Systems, Inc.")
       yline(1150, axis(1) lstyle(foreground));
♯delimit cr
cd "D:\Stata 数据分析与建模\各章节图片\第 12 章"        //设置图片的输出路径
graph export "图 12 - 17 特殊条形图的绘制.png", replace
```

上述代码运行的结果如图 12-17 所示。

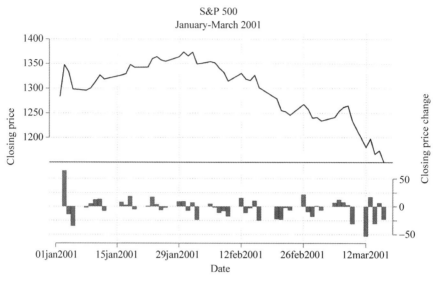

图 12-17　特殊条形图的绘制

12.5.4　直方图

Stata 中直方图的绘图命令有两个,一个是 graph twoway 系列中的 twoway histgram 命令,另外一个是 graph_other 系列中的 histgram 命令。总体来看,这两个命令在绘图结果上几乎没有差异,但后者能够将正态密度函数或是核密度估计叠加在直方图上,这也是后者的优势所在。另外,相对于 twoway histgram 命令,histgram 命令更易于使用,因此在实际应用中,建议使用 histogram。这里对这两个命令分别进行介绍,其中 twoway histgram 只做简要介绍。

1. histgram 命令

histgram 命令的语法格式为

```
histogram varname [if] [in] [weight] [, [continuous_opts | discrete_opts] options]
```

其选项类型分为 continuous_options、discrete_options 与 common_options 三类,histgram 选项介绍如表 12-13 所示。

表 12-13　histgram 选项介绍

类　　型	options 命令	说　　明
discrete_opts	discrete	声明数据是离散类型,离散变量的直方图必须附加 discrete 选项
	width(♯)	设置箱体(柱子)宽度
	start(♯)	设置第一个矩形的起始数值,默认值为观测值的最小值

续表

类　　型	options 命令	说　　明
continuous_opts	bin(#)	设置箱体（柱子）的个数
	width(#)	设置箱体（柱子）宽度
	start(#)	设置第一个矩形的起始数值，默认值为观测值的最小值
options	density	改变箱体高度，使所有箱体面积之和为 1，默认
	fraction	改变箱体高度，使所有箱体高度之和为 1
	frequency	改变箱体高度，箱体高度代表频数
	percent	改变箱体高度，使所有箱体高度之和为 100（每个箱体高度则为百分比例）
	bar_options	设定箱体属性的选项，通过 help twoway bar 可以查阅（这里正是前文 twoway bar 条形图的 options 选项内容）
	binrescale	结合 by( ) 命令时，自动调节矩形的宽度
	addlabels	为箱体添加高度标签
	addlabopts(marker_label_options)	设定高度标签显示属性的选项
Density plots	normal	附加正态分布曲线
	normopts(line_options)	设定正态分布曲线的属性
	kdensity	附加核密度函数曲线
	kdenopts(kdensity_options)	设定核密度函数曲线属性
Add plots	addplot(plot)	叠加其他图形到直方图
twoway_options		设定 graph twoway_options 格式

例 12-19　直方图的绘制 1。

```
clear all
cls
cd "D:\Stata 数据分析与建模\数据代码\第 12 章"
sysuse auto, clear
set scheme plotplain                         //设定 plotplain 模板
histogram mpg, percent discrete ///离散变量的直方图必须附加 discrete 选项
by(foreign, col(1) note(分组指标:汽车产地) ///by(...) 里的命令分别为:按 foreign 变量进行分
                                             ///组,图形按单列显示,设置注释,设置标题,设置
                                             ///副标题
title("图:不同产地汽车里程数") ///
subtitle("直方图")) ///
gap(50) ///gap( # )调节箱体之间间隙的大小
ytitle(百分比(%)) xtitle(汽车里程数) ///
xlabel(12(2)42)                              //xlabel(12(2)42)设定横坐标刻度标签
*x 轴的刻度从 12 开始,到 42 结束,每隔 2 添加一个刻度。
graph save "fig1 - 1.gph", replace
cd "D:\Stata 数据分析与建模\各章节图片\第 12 章"      //设置图片的输出路径
graph export "图 12 - 18 直方图的绘制 1.png", replace
```

上述代码运行的结果如图 12-18 所示。

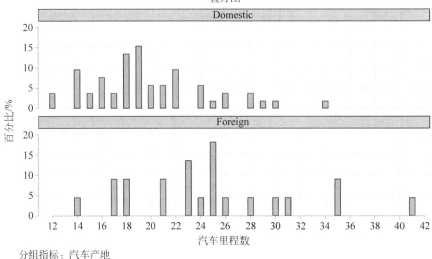

图 12-18　直方图的绘制 1

例 12-20　直方图的绘制 2。

```
clear all
cls
cd "D:\Stata 数据分析与建模\数据代码\第 12 章"
sysuse auto, clear
set scheme plotplain                    //设定 plotplain 模板
sysuse sp500
#delimit;
histogram volume, freq xaxis(1 2)
ylabel(0(10)60, grid)
xlabel(12321 "mean" 9735 "-1 s.d." 14907 "+1 s.d."
7149 "-2 s.d." 17493 "+2 s.d." 22664 "+4 s.d."
, axis(2) grid gmax)
xtitle("", axis(2))
subtitle("S&P 500, January 2001 - December 2001")
note("Source: Yahoo!Finance and Commodity Systems, Inc.")
fcolor(ebg) lcolor(gs8)
lwidth(medium) normopts(lcolor(black))
subtitle("S&P 500 交易量")
ytitle(频数)
xtitle("交易量(千笔)") xscale(titlegap(2))
xtitle("", axis(2))
note("数据来源:Wind 数据");
#delimit cr
```

```
graph save "fig1 – 2.gph", replace
cd "D:\Stata 数据分析与建模\各章节图片\第 12 章"    //设置图片的输出路径
graph export "图 12 – 19 直方图的绘制 2.png", replace
```

上述代码运行的结果如图 12-19 所示。

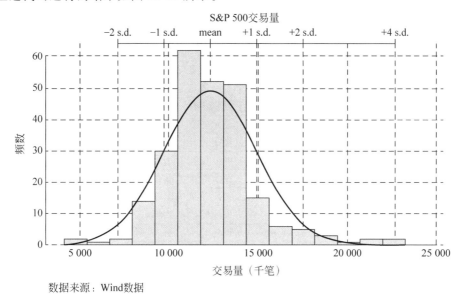

数据来源：Wind数据

图 12-19 直方图的绘制 2

2. twoway histgram 命令

直方图的语法格式为

```
twoway histogram varname [if] [in] [weight] [,[discrete_options|continuous_options] common_
options]
```

其选项类型分为 discrete_options、continuous_options 与 common_options 三类，直方图的选项与说明如表 12-14 所示。

表 12-14 直方图的选项与说明

类　　型	options 命令	说　　明
离散变量选项（discrete _ options）（假定该离散变量取值为 1,2,3,…,9）	discrete	声明数据是离散的，每个 varname 数值对应一个箱体(柱子)
	width(♯)	设定箱体的宽度，离散数据中默认是该数据的最小值，如 width(1)
	start(♯)	起始点，默认是数据 varname 的最小值，如 start(1)，离散数据中一般默认即可
连续变量选项（continuous_options）	bin(♯)	箱体的个数
	width(♯)	箱体的宽度
	start(♯)	起始点，默认是数据 varname 的最小值

续表

类　　型	options 命令	说　　明
通 用 的 选 项（common_options）	density	改变箱体高度，使所有箱体面积之和为 1，默认
	fraction	改变箱体高度，使所有箱体高度之和为 1
	frequency	改变箱体高度，箱体高度代表频数
	percent	改变箱体高度，使所有箱体高度之和为 100（每个箱体高度则为百分比例）
	vertical	竖直放置箱体，默认
	horizontal	水平放置
	gap(♯)	设定箱体之间距离，0＜♯＜100，默认 gap(0)
barlook_options	color(colorstyle)	设定轮廓与填充的颜色与透明度
	fcolor(colorstyle)	设定填充的颜色与透明度
	fintensity(intensitystyle)	设定填充的密度
	lcolor(colorstyle)	设定轮廓的颜色与透明度
	lwidth(linewidthstyle)	设定轮廓的厚度
	lpattern(linepatternstyle)	设定轮廓的线型（实线、虚线等）
	lalign(linealignmentstyle)	设定轮廓的对齐（inside、outside、center）
	lstyle(linestyle)	设定轮廓的整体样式
	bstyle(areastyle)	设定箱体的总体样式
	pstyle(pstyle)	设定绘图区域的整体样式
axis_choice_options	yaxis(♯ [♯…])	指定使用的坐标轴，默认 yaxis(1)
	xaxis(♯ [♯…])	指定使用的坐标轴，默认 yaxis(1)
twoway_options		设定 graph twoway_options 格式

注：更多细节与选项说明请参考 help twoway_histogram。

例 12-21　twoway histogram 绘图。

```
clear all
cls
cd "D:\Stata 数据分析与建模\数据代码\第 12 章"
set scheme plotplain                        //设定 plotplain 模板
sysuse lifeexp
twoway histogram le
twoway histogram le, discrete
twoway histogram le, discrete by(region, total)
cd "D:\Stata 数据分析与建模\各章节图片\第 12 章"    //设置图片的输出路径
graph export "图 12-20 twoway histogram 绘图.png", replace
```

上述代码运行的结果如图 12-20 所示。

12.5.5　函数图

函数图通常用于对特定的数学函数进行作图，其语法格式为

```
twoway function [[y] = ] f(x) [if] [in] [, options]
```

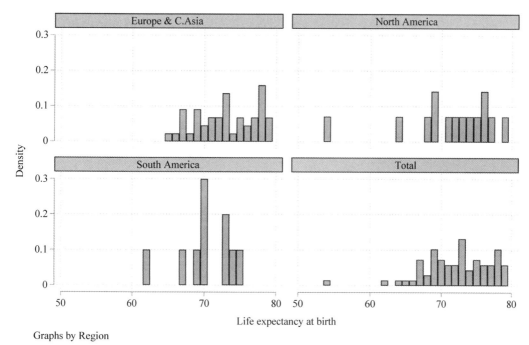

Graphs by Region

图 12-20　twoway histogram 绘图

其中 f(x) 为函数表达式,options 为绘图选项,函数图选项与说明如表 12-15 所示。

表 12-15　函数图选项与说明

选　　项	说　　明
range(♯　♯)	设定 x 的取值范围,默认为 0~1
range(varname)	设定 x 的取值范围为变量 varname 的最小值到最大值
n(♯)	设定函数曲线由多少个点组成,默认是 300
droplines(numlist)	在 x 特定取值处进行画线,画线范围为函数曲线到 y=base()处,默认到 0 处
base(♯)	为 dropline() 设定参考点,默认是 0
horizontal	设定水平画图,即交换 x 轴和 y 轴
yvarformat(%fmt)	设定 y 格式
xvarformat(%fmt)	设定 x 格式
cline_options	设定线的格式,包括连接方式、线型、颜色等,help cline_options
axis_choice_options	指定坐标轴,含义同上
twoway_options	设定 graph twoway_options 格式,见 12.4 节内容

注:更多细节和说明请参考 help twoway_function。

例 12-22　函数图的绘制。

```
twoway function y = exp( − x/6) * sin(x), range(0 12.57)
```

上述代码运行的结果如图 12-21 所示。

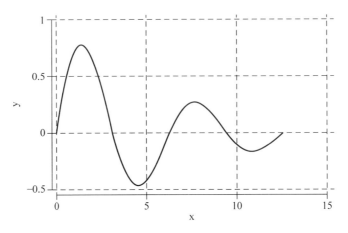

图 12-21　函数图 y＝exp(-x/6) * sin(x)

```
twoway function y = exp(-x/6) * sin(x), range(0 12.57)   ///
          yline(0, lstyle(foreground))            ///
          xlabel(0 3.14 "{&pi}" 6.28 "2{&pi}"  9.42 "3{&pi}" 12.57 "4{&pi}") ///
          plotregion(style(none))   ///
          xsca(noline)
```

上述代码运行的结果如图 12-22 所示。

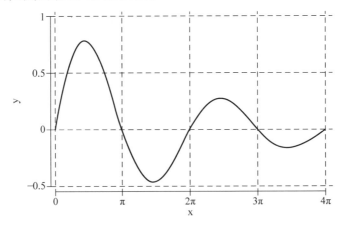

图 12-22　函数图 y＝exp(-x/6) * sin(x)

```
twoway   function y = normalden(x), range(-4 -1.96) color(gs12) recast(area)  ||  ///
function y = normalden(x), range(1.96 4)  color(gs12) recast(area)  ||  ///
function y = normalden(x), range(-4 4) lstyle(foreground)  || ,   ///
plotregion(style(none)) ysca(off) xsca(noline) legend(off)   ///
xlabel(-4 "-4 sd" -3 "-3 sd" -2 "-2 sd" -1 "-1 sd" 0 "mean"   ///
     1  "1 sd"  2  "2 sd"  3  "3 sd"  4  "4 sd" , grid gmin gmax)    ///
xtitle("")
cd "D:\Stata 数据分析与建模\各章节图片\第 12 章"    //设置图片的输出路径
graph export "图 12-23 正态分布图.png", replace
```

上述代码运行的结果如图 12-23 所示。

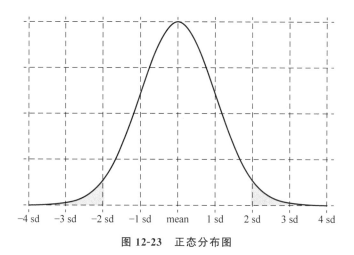

图 12-23 正态分布图

```
sysuse sp500, clear
twoway    scatter open close, msize( * .25) mcolor( * .6) ||  ///
            function y = x, range(close) yvarlab("y = x") clwidth( * 1.5)
cd "D:\Stata 数据分析与建模\各章节图片\第 12 章"    //设置图片的输出路径
graph export "图 12 – 24 散点图.png", replace
```

上述代码运行的结果如图 12-24 所示。

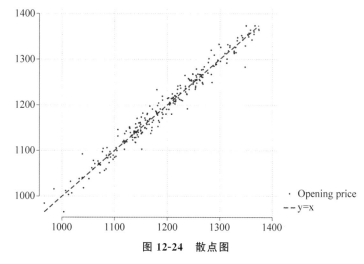

图 12-24 散点图

其他 graph 系列的图形,如 graph bar、graph dot、graph box、graph pie 以及 quantile、qqplot、sunflower 等读者可自行查阅帮助文档进行学习,基本语法格式与上述内容没有实质性差异。需要强调说明的是,一方面 Stata 绘图的选项众多,不容易记忆,因此读者要善于运用 Stata 的帮助文档;另一方面尽管 Stata 的选项比较多,但很多都是相通的甚至完全一致,只不过应用在不用的元素上,如颜色、大小、线型和位置等的设定基本都是在不同元素之间是通用的,读者要善于归纳总结。最后需要说明是,Stata 绘图提供了图形编辑器功能,在基本图形绘制出来后,读者可以右击图形,启动图形编辑器,采用更为直观的方式进行操作,但其缺点是不太容易实现图形的复制,特别是变换了数据或变量之后。至于选择哪种方式,读者可在学习效率与学习便利性之间权衡选择。

除了上面常见的命令,Stata 软件还有众多其他的绘图命令。这些主要包括两类,一类是 graph 中的 other 类型的命令(help graph_other),另外一类是一些外部命令如 coefplot、arrowplot、forest 等。由于这两类命令均数量众多,具体用法读者可通过网络自行查询学习。

视频讲解

12.6　绘图综合案例

本案例使用的数据为江苏省部分年份的财政数据(2015—2021 年)。数据的主要变量包括常住人口总量(万人)、GDP 总量(亿元)、人均 GDP(元)、财政收入(亿元)、财政支出(亿元)、金融机构各项存款余额(亿元)、金融机构各项贷款余额(亿元)、债务余额、融资比例(债务余额除以财政收入)以及 GDP 增速。其中常住人口总量(万人)、GDP 总量(亿元)、人均 GDP(元)、财政收入(亿元)、财政支出(亿元)、金融机构各项存款余额(亿元)、金融机构各项贷款余额(亿元)以及债务余额等数据来源于江苏省统计局网站和江苏省财政厅网站,GDP 增速数据来源于中经网。

例 12-23　绘图综合。

(1) 画图分析 GDP、金融机构各项存款余额与当地人口的关系。

```
cd "D:\Stata 数据分析与建模\数据代码\第 12 章"
use 省级财政数据.dta,clear
twoway connected GDP 总量亿元 年份, yaxis(1) color(ltblue)    ||        ///
connected 常住人口总量万人 年份, yaxis(2)                ||        ///
connected 金融机构各项存款余额亿元   年份, yaxis(3)  ||,  ///
xlabel(2015(1)2021) xtitle("年份(2015—2021)")                ///
ylabel(, axis(1))   ///
ylabel(, axis(2))   ///
ylabel(, axis(3))   ///
ytitle("GDP 总量", axis(1))   ///
ytitle("常住人口总量", axis(2))        ///
ytitle("金融机构各项存款余额", axis(3))       ///
legend(label(1 "GDP 总量(亿元)") label(2 "常住人口总量(万人)") label(3 "金融机构各项存款
额(亿元)") position(11) ring(0)
graph save tu1.gph,replace
twoway scatter GDP 总量亿元 常住人口总量万人, yaxis(1) msymbol(T)   ||  ///
scatter 金融机构各项存款余额亿元 常住人口总量万人,  yaxis(2) msymbol(diamond) || ///
lfit GDP 总量亿元 常住人口总量万人,yaxis(1)  lp(dash_dot) lw(medthick )  ||  ///
qfit 金融机构各项存款余额亿元 常住人口总量万人,yaxis(2) lp(shortdash) lw(medthick )  ||
, ///
ylabel(, axis(1))           ///
ylabel(, axis(2))           ///
ytitle("GDP 总量", axis(1) size(small))       ///
ytitle("金融机构各项存款余额", axis(2) size(small))   ///
legend(order(1 "GDP 总量(亿元)" 3 "金融机构各项存款余额(亿元)")  cols(1) size(small)
position(11) ring(0))
```

```
graph save tu2.gph, replace
graph combine tu1.gph tu2.gph, cols(1)
cd "D:\Stata 数据分析与建模\各章节图片\第 12 章"    //设置图片的输出路径
graph export "图 12 - 25 GDP、金融机构各项存款余额与当地人口的关系.png", replace
```

上述代码运行的结果如图 12-25 所示。

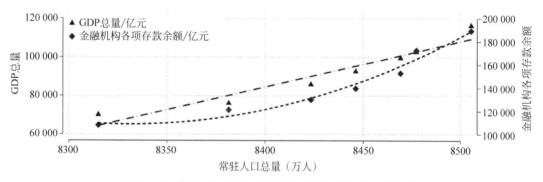

图 12-25　GDP、金融机构各项存款余额与当地人口的关系

（2）画图分析债务融资与财政收入的比例关系。

```
cd "D:\Stata 数据分析与建模\数据代码\第 12 章"
use 省级财政数据.dta,clear
twoway connected 融资比例年份,  lcolor(forest_green)  mlabel(融资比例) mlabpo(12)  || ///
    ///
bar 融资比例年份, barw(0.37)  col(dknavy % 60)        ||,    ///
xlabel(2015(1)2021) xtitle("年份(2015—2021)")  ///
ytitle("融资比例")    ///
legend(label(1 "融资比例") label(2 "融资比例")  position(11) ring(0))
cd "D:\Stata 数据分析与建模\各章节图片\第 12 章"    //设置图片的输出路径
graph export "图 12 - 26 债务融资与财政收入的比例关系.png", replace
```

上述代码运行的结果如图 12-26 所示。

（3）画图分析财政收入、GDP 增速以及债务余额的趋势关系。

```
cd "D:\Stata 数据分析与建模\数据代码\第 12 章"
use 省级财政数据.dta
twoway connected GDP 增速 年份, yaxis(1) xaxis(1) color(dknavy) lp(dash) lw(medthick) || ///
```

```
connected 财政收入亿元 债务余额, yaxis(2) xaxis(2)  lp(dot) lw(medthick) ||,  ///
xlabel(2015(1)2021, axis(1))       ///
xtitle("年份(2015—2021)",axis(1) size(small))    ///
xtitle("债务余额(亿元)",axis(2) size(small))    ///
ylabel(, axis(1))   ///
ylabel(, axis(2))   ///
ytitle("GDP 增速(%)",axis(1) size(small))     ///
ytitle("财政收入(亿元)",axis(2) size(small))       ///
legend(label(1 "GDP 增速") label(2 "财政收入(亿元)")  position(11) ring(0))
cd "D:\Stata 数据分析与建模\各章节图片\第 12 章"    //设置图片的输出路径
graph export "图 12 - 27 财政收入、GDP 增速以及债务余额的趋势关系.png", replace
```

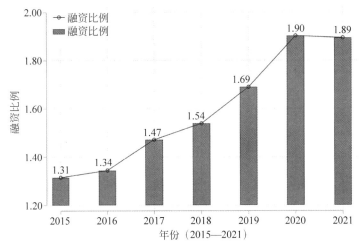

图 12-26 债务融资与财政收入的比例关系

上述代码运行的结果如图 12-27 所示。

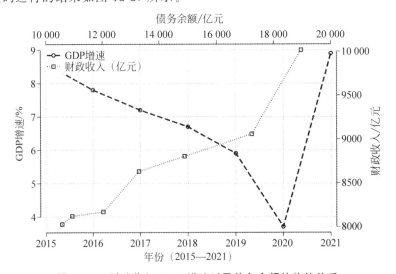

图 12-27 财政收入、GDP 增速以及债务余额的趋势关系

习题

1. 什么是数据可视化？数据可视化与 Stata 有什么关系？
2. Stata 可绘制哪些图形？
3. Stata 中 graph 类绘图命令的语法有哪些？
4. graph 如何进行绘图管理？
5. 简述 graph twoway 命令。
6. 如何设定 Stata 模版？
7. 如何设定图形标题？
8. 如何进行图例设定？
9. 如何进行坐标轴标题选项设定？
10. 如何添加辅助线与文本？

第13章

数据分析结果的报告

数据分析的结果可以用图形和表格的形式进行报告,前面章节着重介绍了图形的生成以及如何用图形进行描述性统计、趋势性统计以及分组对比统计等内容,本章重点介绍如何用表格实现各类统计分析的结果报告。在 Stata 中,进行数据分析结果报告的命令有很多。从数据分析的形式来看,包括描述性统计分析结果的报告、相关性分析结果的报告、分组检验结果的报告、各类回归结果的报告等。不同的数据分析结果往往涉及不同的命令。常用的命令主要包括三类:第一类是 sum2docx、corr2docx、t2docx 和 reg2docx 系列命令(统称为 x2docx 类命令);第二类是 esttab 命令;第三类是 outreg2 命令。这三类命令在功能上既有相似之处,也有各自特定的功能,下面将分别介绍。

13.1　数据分析结果汇报命令

视频讲解

13.1.1　x2docx 类命令

sum2docx、t2docx、corr2docx、reg2docx 由国内爬虫俱乐部团队开发,能够将数据分析的结果直接输出至 Word 文档(esttab 输出为 .rtf 格式)。相比于 esttab 和 outreg2 命令,sum2docx、t2docx、corr2docx、reg2docx 命令的优势在于语法更简洁、易懂,更重要的是支持中文字符的输出。这一系列命令曾久居 SSC 十大热门命令。在使用之前,用户可通过如下命令进行安装。

```
ssc install sum2docx, replace
ssc install reg2docx, replace
ssc install t2docx, replace
ssc install corr2docx, replace
```

1. sum2docx 命令

sum2docx 命令用于将变量的描述性统计信息输出到 Word 文档中,其语法格式为

```
sum2docx varlist [if] [in] [weight] using filename, [options]
```

其中,varlist 为所要报告的变量名称列表,filename 为所要输出的文件名,文件名前可设置输出文件的路径。选项 options 用于设定表格的属性信息,如表格的标题、输出格式、页边距、字体字号、列宽等,下面对常用的选项分别进行介绍。

replace 表示允许替换已经存在的同名文件。

append[()]表示将结果继续输出到当前文件中,而非替换当前文件。

margin(type,♯[unit])设置页边距,一般默认即可。

title(string)用于指定输出表格的标题,默认为 Summary Statistics。

pagesize(psize)设置输出文档的页面大小。psize 取值可以为 letter、legal、A3、A4 或者 B4JIS,默认设置为 pagesize(A4)。

font(fontname[,size[,color]])用于设置输出文件的字体、字号和颜色,字体默认为 Times New Roman,可以在不指定字体的情况下单独指定字号和字体颜色,font("",size)仅指定字号,font("","",color)仅指定字体颜色。

landscape 表示将输出文档的页面由纵向设置为横向,适合于输出的表格较宽的情况。

note(string[,cell_fmt_options])表示在输出表格的下方添加注释。

layout(layouttype)用于调整列宽。

varname 用于显示变量名。

varlabel 用标签替换变量名。

stats()指定要输出的统计量及格式,可以将要报告的统计量放置在 stats()选项中,且输出的结果顺序以 stats()选项里面设定的统计量顺序为准。sum2docx 可报告的统计量包括 N(观测值个数)、mean[(fmt)](均值)、var[(fmt)](方差)、sd[(fmt)](标准差)、skewness[(fmt)](偏度)、kurtosis[(fmt)](峰态)、sum[(fmt)](总和)、sum_w[(fmt)](权重的总和,新增)、min[(fmt)](最小值)、median[(fmt)](中值)、max[(fmt)](最大值)以及各分位数(p1、p5、p10、p25、p50、p75、p90、p95、p99)。统计量格式(fmt)默认为%9.3f。

下面以自带的 auto 数据为例,说明 sum2docx 的用法。

例 13-1 sum2docx 的用法。

```
clear
cd "D:\Stata 数据分析与建模\数据代码\第 13 章"
sysuse auto, clear
sum2docx mpg weight length rep78 foreign using mysum1.docx, replace
*上述命令表示将 mpg - foreign 变量的描述性统计结果写入当前路径下的 mysum1.docx, replace
选项可以多次重写
sum2docx mpg weight length rep78 foreign using mysum2.docx, replace stats(N mean(%9.3f) sd(%
9.3f) min(%9.3f) median(%9.3f) max(%9.3f))    //设置描述性统计变量的具体内容和格式
sum2docx mpg weight length rep78 foreign using mysum3.docx, replace stats(N mean(%9.2f) sd
min(%9.0g) median(%9.0g) max(%9.0g)) title("表 13 - 1 描述性统计") note("Data source:
auto.dta") font("楷体",14)    //添加表格的标题和注释,利用 font 设置字体格式
```

上述代码的输出结果如表 13-1 所示。

表 13-1　描述性统计

VarName	Obs	Mean	SD	Min	Median	Max
mpg	74	21.30	5.786	12	20	41
weight	74	3019.46	777.194	1760	3190	4840
length	74	187.93	22.266	142	192.5	233
rep78	69	3.41	0.990	1	3	5
foreign	74	0.30	0.460	0	0	1

Data source：auto.dta

2. corr2docx 命令

corr2docx 命令用于输出变量之间的相关系数,其语法格式为

```
corr2docx varlist [if] [in] [weight] using filename, [options]
```

其中 varlist 为所要报告的变量名称,filename 为所要输出的文件名,文件名前可设置输出文件的路径。选项 options 用于设定表格的属性信息,如表格的标题、输出格式、页边距、字体字号、列宽等,下面对常用的选项分别进行介绍。

replace 表示替换已经存在的同名文件。

append[()]表示将结果继续输出到当前文件中。

margin(type, #[unit])用于设置页边距,一般默认即可。

fmt(fmt)用于设置系数显示格式,默认为%9.3f。

title(string)用于指定输出表格的标题。

pagesize(psize)用于设置输出文档的页面大小,psize 取值可以为 letter、legal、A3、A4或者 B4JIS,默认设置为 pagesize(A4)。

font(fontname[, size[, color]])用于设置输出文件的字体、字号和颜色,字体默认为 Times New Roman,可以在不指定字体的情况下单独指定字号和字体颜色,font("", size)仅指定字号,font("", "", color)仅指定字体颜色。

landscape 表示将输出文档的页面由纵向设置为横向,适合于输出的表格较宽的情况。

note(string[, cell_fmt_options])用于在输出表格的下方添加注释。

layout(layouttype)用于调整列宽。

star[(symbol level [...])]用于指定显示相关系数的显著性水平,默认情况下显著性水平为 $* * * p < 0.01, * * p < 0.05, * p < 0.1$;也可通过 star()在括号中自定义显著性水平标识,如 star($*$ 0.05 $* *$ 0.01)表示在 5%水平显著的相关系数后缀为 $*$,1%水平显著的相关系数后缀为 $* *$ 。

varname 用于显示变量名。

varlabel 表示用标签替换变量名。

nodiagonalcorr2docx 命令表示默认主对角线元素为 1,指定 nodiagonal 选项将主对角线上的 1 替换为空。

pearson(string)选项用于对皮尔森(Pearson)相关系数的输出做某些设定,包括 pw

（pairwise correlation coefficients，指定两类相关系数均输出，为默认情况）、bonferroni（指定使用 Bonferroni 调整的显著性水平，必须在指定 pw 的情况下使用）、sidak（指定使用 Sidak 调整的显著性水平，同样需要指定 pw）以及 ignore（指定不报告皮尔森相关系数）。

spearman(string)选项用于对斯皮尔曼（Spearman）相关系数的输出做某些设定，括号中可指定与 pearson()选项相同的 4 个子选项，包括 pw、bonferroni、sidak 及 ignore，其中 ignore 指定不报告斯皮尔曼相关系数。

例 13-2　corr2docx 的用法。

```
clear
cd "D:\Stata 数据分析与建模\数据代码\第 13 章"
sysuse auto, clear
corr2docx mpg weight length rep78 foreign using mycorr1.docx, replace title("相关系数")
                        //汇报相关系数矩阵
corr2docx mpg weight length rep78 if foreign == 1 using mycorr1.docx, append note("foreign
car") title("子样本相关系数")   //条件筛选，并添加注释，使用 append 追加表格
corr2docx mpg weight length rep78 foreign using mycorr2.docx, replace star
                        //star 选项添加显著性水平
corr2docx mpg weight length rep78 foreign using mycorr2.docx, append star( * 0.05 ** 0.01)
                        //star( * 0.05 ** 0.01)重新设定显著性水平星号含义
corr2docx mpg weight length rep78 foreign using mycorr3.docx, replace star( * 0.05) note("数据
来源为 Stata 官方数据；* 在 0.05 的水平上显著") title("13 - 2 皮尔逊相关系数") pearson(pw)
spearman(ignore)      //pearson(pw)仅显示 pearson 系数，不显示 spearman 系数
```

上述代码的输出结果如表 13-2 所示。

表 13-2　皮尔逊相关系数

	mpg	weight	length	rep78	foreign
mpg	1				
weight	-0.807^*	1			
length	-0.796^*	0.946^*	1		
rep78	0.402^*	-0.400^*	-0.361^*	1	
foreign	0.393^*	-0.593^*	-0.570^*	0.592^*	1

数据来源为 Stata 官方数据；* 在 0.05 的水平上显著

3. t2docx 命令

t2docx 命令用于比较组间均值的差异性，即所谓的 t 检验，并将结果输出到 Word 文档中，其语法格式为

```
t2docx varlist [if] [in] using filename, [options] by(groupvar)
```

其中，by(groupvar)为一个必选选项，表示依据分组变量 groupvar 将样本分为两组，比较这两组样本 varlist 的均值差异。选项 options 用于设定表格的属性信息，如表格的标题、输出格式、页边距、字体字号、列宽等，下面对常用的选项分别进行介绍。

by(groupvar)用于指定分组变量。

replace 表示允许替换已经存在的同名文件。

append[()]表示将结果继续输出到当前文件中。

margin(type，♯[unit])用于设置页边距，一般默认即可。

title(string)用于指定输出表格的标题。

pagesize(psize)用于设置输出文档的页面大小，psize 取值可以为 letter、legal、A3、A4 或者 B4JIS，默认设置为 pagesize(A4)。

font(fontname[，size[，color]])用于设置输出文件的字体、字号和颜色，字体默认为 Times New Roman，可以在不指定字体的情况下单独指定字号和字体颜色，font(""，size) 仅指定字号，font(""，""，color)仅指定字体颜色。

landscape 表示将输出文档的页面由纵向设置为横向，适合于输出的表格较宽的情况。

note(string[，cell_fmt_options])用于在输出表格的下方添加注释。

layout(layouttype)用于调整列宽。

fmt(fmt)用于设置系数显示格式，默认为%9.3f。

varname 用于显示变量名。

varlabel 表示用标签替换变量名。

not 表示不汇报 t 值。

p 表示汇报 p 值，代替 t 值。

se 表示汇报标准误，代替 t 值。

nostar 表示不显示星号。

star[(symbol level [...])]用于指定显著性水平，默认情况下显著性水平标识为 * * * p<0.01，* * p<0.05，* p<0.1；也可通过 star()在括号中自定义显著性水平标识。

staraux 表示把星号放在 t 值上，默认在系数上。

例 13-3 t2docx 的用法。

```
clear
cd "D:\Stata 数据分析与建模\数据代码\第 13 章"
sysuse auto, clear
t2docx price weight length mpg using myt1.docx, replace by(foreign)      //汇报国内组和国外组的
                                                                          //变量均值差异
t2docx price weight length mpg using myt1.docx, append by(foreign) fmt( %9.3f) title("this is
the t-test table")                                                //设定小数格式与标题
t2docx price weight length mpg rep78 headroom trunk using myt2.docx, replace by(foreign) star
( * 0.01 ** 0.005 *** 0.001) title("this is the t-test table") note("Data source: auto.
dta")                                                              //增加显著性水平
t2docx price weight length mpg rep78 headroom trunk using myt3.docx, replace by(foreign) not
title("this is the t-test table")                                  //不显示 t 值
t2docx price weight length mpg rep78 headroom trunk using myt4.docx, replace by(foreign) fmt( %
9.2f) p title("13-3 T检验结果")     //以 p 值代替 t 值,该代码的输出结果如表 13-3 所示
```

表 13-3　t 检验结果

varname	obs(Domestic)	mean(Domestic)	obs(Foreign)	mean(Foreign)	mean-diff	p
price	52	6072.42	22	6384.68	-312.26	0.68
weight	52	3317.12	22	2315.91	1001.21^{***}	0.00
length	52	196.13	22	168.55	27.59^{***}	0.00
mpg	52	19.83	22	24.77	-4.95^{***}	0.00
rep78	48	3.02	21	4.29	-1.26^{***}	0.00
headroom	52	3.15	22	2.61	0.54^{**}	0.01
trunk	52	14.75	22	11.41	3.34^{***}	0.00

4. reg2docx

reg2docx 命令用于将回归结果输出到 Word 文档中,该命令语法格式如下

```
reg2docx varlist [if] [in] [weight] using filename, [options]
```

其中,varlist 为所存储的估计模型结果名称,filename 为所要输出的文件名,文件名前可设置输出文件的路径。选项 options 用于设定表格的属性信息,如表格的标题、输出格式、页边距、字体字号、列宽等,下面对常用的选项分别进行介绍。

replace 表示允许替换已经存在的同名文件。

append[()]表示将结果继续输出到当前文件中。

margin(type, ♯[unit])用于设置页边距,一般默认即可。

title(string)表示指定输出表格的标题。

pagesize(psize)用于设置输出文档的页面大小,psize 取值可以为 letter、legal、A3、A4 或者 B4JIS,默认设置为 pagesize(A4)。

font(fontname[, size[, color]])用于设置输出文件的字体、字号和颜色,字体默认为 Times New Roman,可以在不指定字体的情况下单独指定字号和字体颜色,font("", size)仅指定字号,font("", "", color)仅指定字体颜色。

landscape 表示将输出文档的页面由纵向设置为横向,适合于输出的表格较宽的情况。

note(string[, cell_fmt_options])表示在输出表格的下方添加注释。

layout(layouttype)用于调整列宽。

varname 用于显示变量名。

varlabel 表示用标签替换变量名。

b(string)用于设置回归系数的数值格式,如 b(%9.3f)表示保留小数点为 3 位、总长度为 9 的固定格式。

t[(fmt)]用于设定 t 统计量的数值格式。

z[(fmt)]用于设定 z 统计量的数值格式。

p[(fmt)]用于设定 p 值的数值格式。

se[(fmt)]用于设定标准误的数值格式。

ci[(fmt)]用于设定置信区间的数值格式。

scalars(scalarlist)用于指定输出回归以后的 e 类返回值,如 r2(%9.2f)。

noconstant 表示不报告常数项。

noobs 表示不显示观测值。

nostar 表示不显示星号。

star[(symbol level [...])]用于指定显著性水平,默认情况下显著性水平标识为 * * * p<0.01,* * p<0.05,* p<0.1,也可通过 star()在括号中自定义显著性水平标识。

staraux 表示星号放在 t 值上,默认在系数上。

title()用于定义表格标题。

mtitles()用于定义各列标题,各列标题之间用空格隔开。

depvar 表示将因变量名字作为模型的标题放入表格,depvar 选项不能与 mtitles( )选项同时使用。

order(list)表示按顺序排放变量。

indicate(groups)用于报告额外的控制变量,如 indicate("Industry = * ind")表示将所有符合 * ind 命名的变量从表格中删除,改为报告变量 Industry,用 Yes 和 No 表示是否控制这些变量。其中"*"为通配符,"* ind"表示所有以"ind"结尾的变量。

addfe(groups)表示自定义固定效应的文本显示。

drop(droplist)表示将回归表格中的某些变量删除。

keep(keeplist)用于保留变量。

noparentheses 表示 t 值不加括号。

parentheses 表示 t 值加括号。

另外,在使用此类命令时通常需要使用 eststo 命令将估计结果临时存储起来,以备调用。eststo 命令的使用语法如下:

```
eststo name       //将估计结果存储到 name 中
eststo dir        //显示当前内存中存储的结果
eststo clear      //清空当前内存中存储的结果
```

例 13-4 reg2docx 的用法。

```
clear all
cd "D:\Stata 数据分析与建模\数据代码\第 13 章"
use 研发投入与企业绩效.dta,clear
gen lninvention = log(invention + 1)
reghdfe tobinq lninvention, absorb(code year)
eststo jz1
reghdfe tobinq lninvention size lev turnover dual indenp, absorb(code year)
eststo jz2
reghdfe tobinq lninvention size lev  turnover dual indenp  cap cashratio cash, absorb(code year)
eststo jz3
reghdfe tobinq lninvention  size lev  turnover dual indenp  cap cashratio cash dual shar10 instratio, absorb(code year)
```

```
eststo jz4

reg2docx jz1 jz2 jz3 jz4 using 基准回归.docx, replace addfe("idfe = Yes" "yearfe = Yes" "ind
* year = No") scalars(N r2(%9.3f) r2_a(%9.3f)) b(%9.3f) se(%9.3f) title("13-4 基准回
归结果") depvar  note(" * p<0.1; ** p<0.05; *** p<0.01;括号里面是标准误")
```

上述代码的输出结果如表 13-4 所示。

表 13-4　基准回归结果

	（1）	（2）	（3）	（4）
	tobinq	**tobinq**	**tobinq**	**tobinq**
lninvention	-0.063^{***}	-0.038^{***}	-0.038^{***}	-0.031^{***}
	(0.012)	(0.012)	(0.012)	(0.011)
size		-0.571^{***}	-0.606^{***}	-0.693^{***}
		(0.027)	(0.027)	(0.027)
lev		-1.314^{***}	-1.147^{***}	-0.957^{***}
		(0.101)	(0.101)	(0.102)
turnover		0.318^{***}	0.242^{***}	0.229^{***}
		(0.044)	(0.044)	(0.044)
dual		0.044	0.047	0.123
		(0.034)	(0.034)	(0.067)
indenp		0.402	0.379	0.650^{**}
		(0.270)	(0.269)	(0.265)
cap			-0.878^{***}	-0.804^{***}
			(0.149)	(0.147)
cashratio			1.694^{***}	1.620^{***}
			(0.170)	(0.167)
cash			0.000^{***}	0.000^{***}
			(0.000)	(0.000)
shar10				0.013^{***}
				(0.001)
instratio				1.223^{***}
				(0.074)
_cons	2.051^{***}	14.875^{***}	15.723^{***}	16.197^{***}
	(0.017)	(0.604)	(0.615)	(0.609)
idfe	Yes	Yes	Yes	Yes
yearfe	Yes	Yes	Yes	Yes
ind * year	No	No	No	No
N	17 232	17 010	17 009	16 936
R^2	0.699	0.717	0.720	0.730
Adj. R^2	0.637	0.658	0.662	0.674

* p<0.1；* * p<0.05；* * * p<0.01；括号里面是标准误。

13.1.2 esttab 命令

本节介绍的 esttab 命令由瑞士波恩大学社会学研究所的 Ben Jann 教授编写,在 Stata 软件中主要用于将回归结果进行输出。相比于 reg2docx 命令,esttab 的灵活性更高。需要注意的是,在 reg2docx 中,默认 * * * 表示 $p<0.01$, * * 表示 $p<0.05$, * 表示 $p<0.1$;而在 esttab 中,默认 * * * 表示 $p<0.001$, * * 表示 $p<0.01$, * 表示 $p<0.5$。esttab 命令的基本语法如下

```
esttab [ namelist ] [ using filename ] [ , options ]
```

namelist 为所存储的估计模型结果名称,filename 为所要输出的文件名,文件名前可设置输出文件的路径。esttab 选项功能众多,常用的 options 介绍如下(更多细节可通过 help esttab 了解)。

b(fmt)用于指定点估计的显示格式。

beta[(fmt)]用于显示 beta 系数而不是点估计。

t(fmt)用于指定 t 统计量的显示格式。

abs 表示使用 t 统计量的绝对值。

not 表示不显示 t 统计量。

z[(fmt)]表示显示 z 统计量(仅影响标签)。

se[(fmt)]表示显示标准误差而不是 t 统计量,默认显示 t 统计量。

p[(fmt)]表示显示 p 值而不是 t 统计量。

ci[(fmt)]表示显示置信区间而不是 t 统计量。

[no]constant 表示是否报告截距。

[no]star[(list)]表示是否报告显著性星号。

staraux 表示在 t 统计量而不是点估计上附加星号。

r2|ar2|pr2[(fmt)]用于显示调整后的拟合优度值。

aic|bic[(fmt)]用于显示赤池或施瓦茨信息准则。

scalars(list)用于显示 e 类返回值 e()中包含的任何标量。

sfmt(fmt [...])表示为 scalars()设置格式。

noobs 表示不显示观测数目。

obslast 表示把观测数目放在最后。

[no]parentheses 表示是否在 t 统计量周围打印括号。

brackets 表示使用方括号而不是圆括号。

[no]gaps 表示不显示/显示垂直间距。

[no]lines 表示不显示/显示水平线。

compress 表示减少水平间距。

plain 表示生成简洁表。

label 表示使用变量标签。

interaction(str)用于指定交互作用运算符。

title(string)用于指定表格标题。

mtitles[(list)]用于表头中指定模型标题。

nomtitles 表示禁用模型标题。

[no]depvars 表示不使用/使用依赖变量作为模型标题。

[no]numbers 表示不打印/打印表头中的模型编号。

replace 表示覆盖现有文件。

append 表述将结果输出到现有文件。

drop(list)表示删除单个系数。

keep(list)表示保留单个系数。

order(list)表示改变系数顺序。

例 13-5　esttab 的用法。

```
＊(1)使用 esttab 输出在窗口列印回归结果。
clear all
cd "D:\Stata 数据分析与建模\数据代码\第 13 章"
use 研发投入与企业绩效.dta,clear
gen lninvention = log(invention +1)
reghdfe tobinq lninvention, absorb(code year)
eststo m1
reghdfe tobinq lninvention size lev turnover dual indenp, absorb(code year)
eststo m2
reghdfe tobinq lninvention size lev  turnover dual indenp  cap cashratio cash, absorb(code
year)
eststo m3
reghdfe tobinq lninvention  size lev  turnover dual indenp  cap cashratio cash shar10
instratio, absorb(code year)
eststo m4
esttab m1 m2 m3 m4,r2    //未指定 using filename 则直接在结果窗口列印回归结果
```

注：①eststo 之后,想要清除存储的估计结果,可以使用 est clear 或者 clear all 命令；
②注意上述结果星号所代表的显著性水平。

```
＊(2)使用 esttab 将输出结果导出。
clear all
cd "D:\Stata 数据分析与建模\数据代码\第 13 章"
use 研发投入与企业绩效.dta,clear
gen lninvention = log(invention +1)
reghdfe tobinq lninvention, absorb(code year)
eststo m1        //使用 eststo 命令将回归结果存储为 m1
reghdfe tobinq lninvention size lev turnover dual indenp, absorb(code year)
eststo m2
reghdfe tobinq lninvention size lev  turnover dual indenp  cap cashratio cash, absorb(code
year)
eststo m3
```

```
reghdfe tobinq lninvention size lev   turnover dual indenp   cap cashratio cash shar10
instratio, absorb(code year)
eststo m4

esttab m1 m2 m3 m4 using 回归结果.rtf, ///.rtf 格式的文件可以使用 Word 直接打开
replace star( * 0.10 ** 0.05 *** 0.01) r2 nogaps compress ///标明显著性,输出 R² 指标
title("13-5 回归结果") ///设置表格的标题
mtitles("model1" "model2" "model3" "mode14")   //设置模型的标题
```

上述代码的输出结果如表 13-5 所示。

表 13-5   回归结果

	(1) model1	(2) model2	(3) model3	(4) mode14
lninvention	-0.0631^{***}	-0.0380^{***}	-0.0377^{***}	-0.0312^{***}
	(-5.36)	(-3.28)	(-3.27)	(-2.74)
size		-0.571^{***}	-0.606^{***}	-0.693^{***}
		(-21.42)	(-22.45)	(-25.58)
lev		-1.314^{***}	-1.147^{***}	-0.957^{***}
		(-12.99)	(-11.30)	(-9.42)
turnover		0.318^{***}	0.242^{***}	0.229^{***}
		(7.23)	(5.46)	(5.24)
dual		0.0438	0.0474	0.0615^{*}
		(1.29)	(1.40)	(1.84)
indenp		0.402	0.379	0.650^{**}
		(1.49)	(1.41)	(2.45)
cap			-0.878^{***}	-0.804^{***}
			(-5.89)	(-5.46)
cashratio			1.694^{***}	1.620^{***}
			(9.99)	(9.67)
cash			$1.46e-11^{***}$	$1.22e-11^{***}$
			(3.54)	(3.00)
shar10				0.0134^{***}
				(9.47)
instratio				1.223^{***}
				(16.59)
_cons	2.051^{***}	14.88^{***}	15.72^{***}	16.20^{***}
	(122.46)	(24.65)	(25.55)	(26.62)
N	17 232	17 010	17 009	16 936
R^2	0.699	0.717	0.720	0.730

* $p<0.10$, * * $p<0.05$, * * * $p<0.01$

在实证分析中,经常需要在模型中加入行业虚拟变量、年度虚拟变量等,以便控制不可观测的行业个体效应或年度个体效应。那么如何在 esttab 中实现呢？为此可以先了解一

下 esttab 命令的输出原理(reg2docx、outreg2 也类似)。在完成一个模型的估计后,Stata 会把相应的估计系数、标准误、R^2 等统计量统一存储在内存中,称之为"返回值(return values)",这类返回值可以通过 ereturn list 查看。而诸如 reg2docx、esttab、outreg2 等呈现估计结果的命令就是把内存中存储的这些统计量以一种比较标准的格式呈现在屏幕上或输出到 Word 等格式的文档中。

```
sysuse auto, clear
reg price weight mpg
ereturn list
```

可以看出,内存中的返回值包括四种类型,分别是单值(scalars)、暂元(macros)、矩阵(matrices)以及函数(functions)。这些看似凌乱的返回值,都可以采用 esttab 等命令,以一种非常规整的方式重新呈现在屏幕上或输出到 Word 文档中。

```
esttab, nogaps scalar(N df_m F r2 r2_a)        //scalars(list)  显示 e 类返回值 e()中包含的任何
                                               //标量
```

下面通过实例阐述 esttab 调用返回值的基本原理。

例 13-6　esttab 的原理。

```
clear all
cd "D:\Stata 数据分析与建模\数据代码\第 13 章"
use 研发投入与企业绩效.dta,clear
gen lninvention = log(invention + 1)
reghdfe tobinq lninvention, absorb(code year)
eststo m1        //使用 eststo 命令将回归结果存储为 m1
reghdfe tobinq lninvention size lev turnover dual indenp, absorb(code year)
eststo m2
reghdfe tobinq lninvention size lev   turnover dual indenp  cap cashratio cash, absorb(code
year)
eststo m3
reghdfe tobinq lninvention   size lev   turnover dual indenp   cap cashratio cash shar10
instratio, absorb(code year)
eststo m4

esttab m1 m2 m3 m4, replace star( * 0.10 ** 0.05 *** 0.01)  nogaps compress scalar(N  F r2
r2_a)        //利用 scalar 输出 e(),可以在结果窗口查看输出的结果情况
```

可以看出,esttab 命令的 scalar() 选项中只能填写当前内存中对应的返回值的名称。要想在输出结果中增加一些内存中不存在的统计量,则需要预先采用手动的方式把这些统计量加入内存,随后再调出它并呈现在屏幕上即可。estadd 命令可以实现这一功能(help estadd)。estadd 命令可以向内存中添加两个统计量:一个是文字类型的返回值,如 IndustryFe,采用暂元(local)来存储;另一个是数值类型的返回值,该类返回值采用单值(scalar)来存储。存储之后,使用 scalar 调用即可(如均值 mean)。

例 13-7　使用 estadd 添加返回值。

```
sysuse "nlsw88.dta", clear
reg wage ttl_exp married
* 在内存中加入第一个返回值
estadd local Industry "Yes"
* 在内存中加入第二个返回值
qui sum wage
estadd scalar Mean_Wage = r(mean)
ereturn list    //呈现内存中的返回值
```

可以看到，上述两个新加的统计量，都已经保存在了内存中。

例 13-8 estadd 的应用。

```
clear all
cd "D:\Stata 数据分析与建模\数据代码\第 13 章"
use 研发投入与企业绩效.dta,clear
gen lninvention = log(invention + 1)
reghdfe tobinq lninvention, absorb(code year)
estadd local Idfe "Yes"                   //采用暂元(local)IDfe 来存储 "Yes"到输出列表中
estadd local Timefe "Yes"                 //采用暂元(local)Timefe 来存储 "Yes"到输出列表中
eststo m1                                 //使用 eststo 命令将回归结果存储为 m1
reghdfe tobinq lninvention size lev turnover dual indenp, absorb(code year)
estadd local Idfe "Yes"
estadd local Timefe "Yes"
eststo m2
reghdfe tobinq lninvention size lev  turnover dual indenp  cap cashratio cash, absorb(code)
estadd local Idfe "Yes"
estadd local Timefe "No"
eststo m3
reghdfe tobinq lninvention  size lev  turnover dual indenp  cap cashratio cash shar10
instratio, absorb(code year)
estadd local Idfe "Yes"
estadd local Timefe "Yes"
eststo m4

esttab m1 m2 m3 m4 using 回归结果完善.rtf, replace star( * 0.10 ** 0.05 *** 0.01)  nogaps
compress scalar(N  F r2 r2_a Idfe Timefe) ///scalar()中增加了 Idfe Timefe
title("13 - 6 回归结果") ///设置表格的标题
mtitles("model1" "model2" "model3" "mode14")) //设置模型的标题
```

上述代码的输出结果如表 13-6 所示。

表 13-6   回归结果

	(1) model1	(2) model2	(3) model3	(4) mode14
lninvention	-0.0631^{***}	-0.0380^{***}	-0.0145	-0.0312^{***}
	(-5.36)	(-3.28)	(-1.24)	(-2.74)
size		-0.571^{***}	-0.619^{***}	-0.693^{***}
		(-21.42)	(-28.51)	(-25.58)

续表

	（1） model1	（2） model2	（3） model3	（4） mode14
lev		−1.314***	−1.207***	−0.957***
		（−12.99）	（−10.70）	（−9.42）
turnover		0.318***	−0.0408	0.229***
		（7.23）	（−0.83）	（5.24）
dual		0.0438	0.0465	0.0615*
		（1.29）	（1.22）	（1.84）
indenp		0.402	0.403	0.650**
		（1.49）	（1.34）	（2.45）
cap			−0.665***	−0.804***
			（−3.97）	（−5.46）
cashratio			1.918***	1.620***
			（10.17）	（9.67）
cash			1.27e-11***	1.22e-11***
			（2.75）	（3.00）
shar10				0.0134***
				（9.47）
instratio				1.223***
				（16.59）
_cons	2.051***	14.88***	16.11***	16.20***
	（122.46）	（24.65）	（32.18）	（26.62）
N	17 232	17 010	17 009	16 936
F	28.71	157.2	152.6	149.9
r2	0.699	0.717	0.646	0.730
r2_a	0.637	0.658	0.573	0.674
Idfe	Yes	Yes	Yes	Yes
Timefe	Yes	Yes	No	Yes

* $p<0.10$，** $p<0.05$，*** $p<0.01$

13.1.3　outreg2 命令

outreg2 也是一个功能强大的输出命令，可以输出总体的描述性统计结果、分组的描述性统计结果、各种形式的回归结果，并且能够对输出的统计指标进行自定义。但缺点是 outreg2 与中文不兼容,容易出现乱码的情况,因此在表格输出时应避免乱码。此外,该命令在很多方面与 reg2docx 以及 esttab 在语法上有较多的差别,并且在输出的格式上也不甚美观,不推荐使用该命令。由于 outreg2 包含的参数和选项较多,因此这里不再一一介绍,仅结合具体的案例进行介绍,具体的细节读者可以使用 help outreg2 命令进行查询。

1. 描述性统计结果输出

使用 outreg2 命令能够输出与前文十分类似的描述性统计结果。

例 13-9 使用 outreg2 命令输出描述性统计结果。

```
clear all
cd "D:\Stata 数据分析与建模\数据代码\第 13 章"
use 研发投入与企业绩效.dta,clear
gen lninvention = log(invention + 1)

outreg2 using 描述性统计 1.doc, replace sum(log)   ///
keep(Growth lninvention size lev tobinq turnover dual indenp) eqkeep(N min mean sd max) title
(Table13 – 7 Statistics results)
```

上述代码的输出结果如表 13-7 所示。

表 13-7　统计结果

VARIABLES	（1）N	（2）min	（3）mean	（4）sd	（5）max
Growth	17 730	−0.997	0.247	2.951	251.2
size	20 618	17.28	22.20	1.284	28.64
lev	20 618	0.007 97	0.434	0.556	63.97
tobinq	17 402	0.0409	1.978	1.895	41.33
turnover	20 618	0.003 45	0.634	0.489	11.60
dual	20 359	1	1.725	0.446	2
indenp	20 598	0.0909	0.376	0.0565	0.800
lninvention	20 618	0	1.180	1.435	9.151

上述代码中,sum(log)为输出一般统计指标命令,一般统计指标包括样本数、中值、标准误差、最大值和最小值。keep(var1 var2 var3)为保留部分变量输出命令,其中 var1、var2、var3 是我们所需要保留的变量名称。eqkeep(N min mix)为保留部分统计指标输出命令。

2. 分组描述性统计输出

outreg2 的灵活之处在于,该命令能够输出分组描述性统计结果。

例 13-10 使用 outreg2 输出分组描述性统计结果。

```
clear all
cd "D:\Stata 数据分析与建模\数据代码\第 13 章"
use 研发投入与企业绩效.dta,clear
gen lninvention = log(invention + 1)
cap gen group = (year < 2013)   //按年份生成分组变量

bysort group: outreg2 using 分组描述性统计.doc, replace sum(detail)  ///
keep(Growth lninvention size lev tobinq turnover dual indenp) eqkeep(N min mean max) title(13 -
8 group results)
```

上述代码的输出结果如表 13-8 所示。

表 13-8 分组描述性统计

VARIABLES	(1)	(2)	(3)	(4)	(5)	(6)	(7)	(8)
	group 0				group 1			
	N	min	mean	max	N	min	mean	max
Growth	14 510	−0.997	0.260	251.2	3220	−0.995	0.188	14.30
size	17 397	17.28	22.28	28.64	3221	18.76	21.80	28.41
lev	17 397	0.007 97	0.430	63.97	3221	0.0140	0.456	20.25
tobinq	14 448	0.0409	1.984	41.33	2954	0.113	1.947	14.68
turnover	17 397	0.003 45	0.613	11.60	3221	0.0264	0.751	7.518
dual	17 166	1	1.714	2	3193	1	1.786	2
indenp	17 395	0.200	0.378	0.800	3203	0.0909	0.369	0.714
lninvention	17 397	0	1.206	8.778	3221	0	1.041	9.151

3. 线性回归结果输出

outreg2 命令也能够对各类常见的线性回归结果进行输出。

例 13-11 使用 outreg2 输出回归结果。

```
clear all
cd "D:\Stata 数据分析与建模\数据代码\第 13 章"
use 研发投入与企业绩效.dta,clear
xtset code year
gen lninvention = log(invention + 1)
reg tobinq lninvention size lev turnover dual indenp,robust
outreg2 using 回归结果 1.doc, replace tstat bdec(3) tdec(2) ctitle(OLS) ///
addtext(Company FE, No, Year FE, No)  noni
xtreg tobinq lninvention size lev turnover dual indenp,fe robust
outreg2 using 回归结果 1.doc, append  tstat bdec(3) tdec(2) ctitle(FE)  ///
addtext(Company FE, YES, Year FE, No)  noni
reghdfe tobinq lninvention size lev turnover dual indenp shar10 instratio, a(code year) vce
(cluster code)
outreg2 using 回归结果 1.doc, append  ///
tstat bdec(3) tdec(2) ctitle(FE)  ///
addtext(Company FE, YES,Year FE, YES) noni ///
title(13 - 9 regression results)
```

上述命令输出的结果如表 13-9 所示。

表 13-9　线性回归结果

VARIABLES	(1) OLS	(2) FE	(3) FE
lninvention	0.032*** (4.13)	−0.020 (−1.56)	−0.031** (−2.46)
size	−0.381*** (−23.45)	−0.576*** (−14.80)	−0.663*** (−11.89)
lev	−2.796*** (−25.85)	−1.365*** (−8.78)	−1.113*** (−7.58)
turnover	0.011 (0.53)	0.042 (0.51)	0.301*** (3.18)
dual	−0.146*** (−4.36)	0.046 (0.86)	0.058 (1.26)
indenp	1.435*** (5.66)	0.448 (0.93)	0.672 (1.57)
shar10			0.013*** (6.49)
instratio			1.258*** (10.57)
Constant	11.327*** (34.17)	15.136*** (16.42)	15.449*** (12.13)
Observations	17 185	17 185	16 937
R-squared	0.233	0.080	0.728
Company FE	No	YES	YES
Year FE	No	No	YES

$* p<0.1, * * p<0.05, * * * p<0.01$

4. 工具变量回归结果输出

在一些复杂的回归模型中,如工具变量回归、边际效应回归等模型中,outreg2 也有很好的表现。

例 13-12　使用 outreg2 输出工具变量回归结果。

```
sysuse auto,clear
ivregress2 2sls mpg weight (length = displacement),first
est restore first
outreg2 using 工具变量 1.doc, cttop(first)  tstat bdec(3) tdec(2) replace title(first)
ivregress2 2sls mpg weight (length = displacement), first
outreg2 using 工具变量 2.doc, cttop(two) tstat bdec(3) tdec(2) append title(second)
```

在两阶段回归输出时,若只展示第二阶段回归,则直接利用第二阶段回归输出代码即可。如需展示第一阶段回归结果,则可以利用实例中所示方法,利用命令先将第一阶段回归结果保存输出,再输出第二阶段回归结果。

13.2　综合案例

　　13.1节分别从描述性统计分析结果的报告、相关性分析结果的报告、分组检验结果的报告、各类回归结果的报告介绍了在数据分析和实证研究中常见的报告形式。生成这些报告涉及不同的命令,总结起来主要包括三类:第一类是 sum2docx、corr2docx、t2docx 和 reg2docx 系列命令(统称为 x2docx 类命令);第二类是 esttab 命令;第三类是 outreg2 命令。读者在实践过程中可以根据个人的偏好进行灵活选用。下面以一个实际的案例,对 Stata 实证分析中的常用表格进行分析和生成,通过本案例的操作和讲解有利于读者系统掌握实证分析中结果汇报的类型和主要内容。

13.2.1　案例背景

　　研发投入对企业绩效的影响是一个经典的话题。在知识经济时代,技术创新已成为企业核心竞争力的重要来源。许多成功企业均依靠强大的研发实力获得持续领先。因此,研发投入如何影响企业绩效是一个重要议题。近年来,无论是高科技企业还是传统企业,其研发投入力度均有显著提升,但同时也存在研发投资效率不高的问题。这需要进一步研究投入与效果之间的关系。现有文献对研发投入和企业绩效的关系认识不一,理论和实证研究结论也存在差异。如有些研究认为研发投入可以提高企业的技术创新能力。企业增加研发投入,可以更快地开发新产品、新技术,并取得核心专利技术,从而提升企业的技术领先优势。这可以帮助企业开拓新市场,满足消费者更多样化的需求。此外,研发投入可以提高产品的附加值。通过研发,企业可以使产品功能更强,性能更好,从而以更高的价格销售产品,增加利润空间,这对提高企业财务绩效有直接帮助。然而,另外一些研究认为,从微观经济学的角度来看,企业的研发投入属于经济学中所谓的"溢出投资"。这部分投资的回报往往不能在当前会计期间内完全体现,其对利润的贡献更多地落在未来。因此,如果企业在当前期间加大研发投入,从朴素的会计角度来看,这部分投入只会增加期间费用,降低当期利润,可能会降低当前的绩效水平。本案例以"研发投入对企业绩效的影响研究"为主题,对面板数据的基础分析和建模工作进行介绍。

13.2.2　数据介绍

　　本章使用的数据为上市公司面板数据,数据来源于国内知名相关数据库,数据样本区间为 2007—2020 年。在数据处理过程中,遵循一般的研究范式,对 PT、ST 类公司、金融行业进行了剔除,对所有连续变量进行了前后 1% 的缩尾处理,部分缺失值用 0 进行了代替。

13.2.3 研究设计

本文采用面板数据的双向固定效应模型进行建模研究,基本计量模型如下:

$$\text{ROA}_{it} = \alpha + \beta\text{RD}_{it} + \text{Controls}_{it} + \mu_i + \text{year}_t$$

其中,ROA_{it} 表示因变量,用总资产净利润率来表示,RD_{it} 表示研发投入,用研发投入占营业收入的占比来表示,Controls_{it} 为控制变量,包括公司规模、负债情况、总资产周转率、独立董事占比以及机构投资者等,其余参数分别为个体固定效应和时间固定效应。

13.2.4 数据分析

按照路径设定、变量处理、数据清洗以及数据分析的基本流程对数据进行分析和处理,具体代码和相关释义说明如下。以下内容在 do 文档中进行,建议读者打开 do 文档一边运行一边理解。

1. 路径设定

首先设定工作主路径,后面所有的输入输出都在设定的主路径下进行,可以提高工作效率,避免出错。

```
clear all
cls
global path "D:\Stata 数据分析与建模\数据代码\第 13 章"    //定义主路径
cd $ path                                                //设定路径
dir
```

查看当前路径下的文件,可以看到当前主路径下包含了四个文件夹,分别是"国内外专利申请情况""上市公司基本信息""研发投入情况""治理和公司层面变量",这些不同文件夹内含有研究所需要的各类数据变量。

2. 变量处理

接下来从文件夹依次导入数据,并进行清洗和处理。首先从"治理和公司层面变量"文件夹导入"公司层面和治理层面变量.dta"数据,筛选出代表企业绩效的变量数据。

```
＊因变量的处理
cd $ path
cd 治理和公司层面变量
use 公司层面和治理层面变量.dta, clear
keep id year ROA2 f050201b             //保留企业数据绩效
rename (id  f050201b) (code   ROA_A)   //修改为更容易识别的变量名
cd $ path
drop if year > 2020
drop if year < 2007                    //界定样本时间跨度
labvarch   ROA_A ROA2, prefix(y_)      //为标签添加前缀
tab year
duplicates list code year             //确认有无重复值
```

```
cd $ path
save 因变量公司业绩.dta, replace          //保存到主路径备用
* 自变量1:创新产出(专利))的处理
cd $ path
cd 国内外专利申请情况
import excel using 国内外专利.xlsx, clear
nrow 1                                   //将第一行作为变量名
labone                                   //将第一行作为标签
drop in 1/2
rename _all, lower                       //变量名小写
rename (symbol enddate) (code year)
replace year = substr(year, 1, 4)        //利用 substr()函数提取年份
destring, replace
keep if statetypecode == 1               //1=合并会计报表;2=母公司会计报表,这里仅使用合
                                         //并会计报表
keep if applytype == "已授权" | applytype == "已申请" | applytype == "已获得"
                                         //保留三种类型的专利情况,当然在实际研究中根据需
                                         //要进行保留
drop utilitymodel design
replace patents = 0 if patents == .      //以 0 代替缺失值
replace invention = 0 if invention == .
sort code year   //可以看到,很多企业在同一年份有不仅一个观测值,这是由于有些观测值是"已申
                 //请"的专利数量,有些观测值是"已授权"的专利数量,下面将这些同一企业同一年
                 //份的不同观测值进行求和
bysort code year: egen sumpatents = sum(patents)    //计算同一企业同一年度的专利总数
bysort code year: egen suminvention = sum(invention) //计算同一企业同一年度的发明专利总数
drop statetypecode area applytypecode applytype patents invention
duplicates drop code year, force
label variable sumpatents "x_总专利数"   //修改标签,便于识别变量
label variable suminvention "x_总发明专利数"
tab year                                 //按年度查看观测个数
sumup sumpatents suminvention
* 仅有一万个左右的样本,缺失达到60%,质量比较差,这里仅做演示,实际研究中可能并不能满足
需要
cd $ path
save 自变量创新产出.dta,replace          //保存到主路径备用
* 自变量2 创新投入(研发)
cd $ path
cd 研发投入情况
import excel using  研发投入.xlsx,clear first case(lower)    //case(lower)设置变量名小写
labone                                   //将第一行作为标签
drop in 1/2
rename (symbol enddate) (code year)
split year,p( - )                        //拆分,便于提取年份
drop year year2 year3
rename year1 year
order code year
destring, replace
keep if statetypecode == 1               //1=合并会计报表;2=母公司会计报表
```

```
keep code year rdpersonratio rdspendsumratio
cls
duplicates list code year
labvarch rdpersonratio rdspendsumratio, prefix(x_)
misstable sum                      //观察缺失值情况,发现缺失值较多
* 缺失值的初步处理
* 对于缺失值根据情况有不同的处理方法,包括以 0 代替缺失值,以所在行业(所在地区)的平均值
代替、线性插补、直接剔除缺失值等不同的处理方法。这里我们采取对缺失情况较严重的变量用 0
代替
replace rdpersonratio = 0 if rdpersonratio == .
replace rdspendsumratio = 0 if rdspendsumratio == .
cd $ path
save 自变量研发投入.dta, replace
* 控制变量
cd $ path
cd 治理和公司层面变量
use 公司层面和治理层面变量.dta,clear
keep id year a001000000 Size listage Lev INVE c001000000 CAP   MTB f041701b f041702b f041703b
f041704b f041705c shrcr4 y1001b y1101b y1101a Indenp INST
rename (id year) (code year)
rename a001000000 toasset
label   variable toasset   总资产
drop listage
rename c001000000 cash
rename MTB tobinq
drop f041702b f041703b f041704b f041705c
rename f041701b turnover
rename (y1001b y1101a y1101b shrcr4 INST) (dual dironum indnum shar10 instratio)
drop if year < 2007
rename _all, lower                      //全部小写
gen cashratio = cash/toasset,after(cash)   //计算需要的变量指标
label variable cashratio 经营活动现金与总资产比例
order code year size lev   tobinq turnover dual indenp shar10 instratio cap cashratio inve
labvarch size lev   tobinq turnover dual indenp shar10 instratio cap cashratio inve, prefix(c_)
                                      //标签加前缀
duplicates list code year
tab year
cd $ path
save 控制变量.dta, replace
* 属性变量:属性变量主要是上市公司所在的行业、地区、城市、上市状态等信息
cd $ path
cd 上市公司基本信息
import excel using DM_ListedCoInfoAnlY.xlsx, clear
nrow 1
labone
drop in 1/2
keep   Symbol EndDate Crcd IndustryName IndustryCode   LISTINGDATE LISTINGSTATE PROVINCE CITY
gen year = substr(EndDate,1,4)          //substr()函数提取
drop EndDate
```

```
gen borndate = substr(LISTINGDATE,1,4)
drop LISTINGDATE
rename _all, lower
destring,replace
gen age = 2020 - borndate
label variable age "上市年龄"
drop borndate
rename symbol code
order code year age
drop if year < 2007
drop if year > 2020
duplicates list code year
tab year
cd $ path
save 属性变量.dta, replace
* 合并,保存数据
```

前面分别生成了因变量、自变量、控制变量及属性变量不同的数据集,下面进一步把这些数据进行合并。

```
* 首先合并控制变量与属性变量的数据
cd $ path
use 控制变量.dta,clear
merge 1:1 code year using 属性变量.dta
keep if _merge == 3
drop _merge
duplicates list code year
tab year
cd $ path
misstable sum //观察缺失值情况,发现 tobinq 与 instratio 缺失较多,考虑以 0 代替
replace tobinq = 0 if tobinq == .
replace instratio = 0 if instratio == .
save 控制与属性变量.dta, replace
erase 控制变量.dta
erase 属性变量.dta
* 其他数据的合并
clear all
cd $ path
dir * .dta
use 因变量公司业绩.dta
merge 1:1 code year using 自变量创新产出.dta
* keep if _merge == 3
drop _merge
merge 1:1 code year using 自变量研发投入.dta
keep if _merge == 3
drop _merge
merge 1:1 code year using 控制与属性变量.dta
keep if _merge == 3
drop _merge
order code year ROA_A ROA2 sumpatents suminvention rdpersonratio rdspendsumratio size lev
tobinq turnover dual indenp shar10 instratio cap cashratio  inve   //变量排序
```

```
save 汇总数据.dta, replace
* 整体观察数据
use 汇总数据.dta,clear
* 观测缺失值方法一
misstable summarize
* 观测缺失值方法二
sumup ROA_A ROA2   sumpatents suminvention rdpersonratio rdspendsumratio   age size lev tobinq
turnover dual indenp shar10 instratio cap cashratio cash inve
```

前面采取对缺失情况较严重的变量用 0 代替,而对一般缺失较少的变量,不作处理,由 Stata 自行剔除。另外,可以看到目前仅有 sumpatents、suminvention 缺失数据较多,这在前面数据处理时也提到过,是原始数据提供的信息不足所致,这里暂不处理。

```
* 数据基本信息观测
count              //观测值
distinct code      //多少家
unique year        //多少年
tab year           //每年多少家
sort year code
unique code,by( year) gen(num)
bysort year: egen num2 = count(code)
describe
```

3. 数据清洗

在数据处理过程中,遵循一般的研究范式,对 PT、ST 类公司、金融行业进行剔除,对所有连续变量进行前后 1% 的缩尾处理。部分缺失值用 0 进行代替。

```
cd $ path
use   汇总数据.dta, clear
* 剔除金融行业的数据
tab industryname
drop if strpos(industryname, "金融") > 0    //strpos()函数返回字符串 s1 中首次出现 s2 的字节
                                            //位置,如果不存在则返回 0
drop if strpos(industryname,"保险") > 0
* 剔除 PT,ST 类公司
drop if strpos(listingstate,"ST") > 0
drop if strpos(listingstate, "PT") > 0
** 剔除极端值与奇异值、缩尾
sum ROA_A ROA2,d
winsor2 ROA_A ROA2, cuts(1 99) replace        //因变量的缩尾
sum sumpatents suminvention rdpersonratio rdspendsumratio,d
winsor2 sumpatents suminvention rdpersonratio rdspendsumratio, cuts(1 99) replace    //自变量
                                                                                    //的缩尾

gen lninvention = log(suminvention + 1),a(suminvention)
gen lnpatents = log(sumpatents + 1),a(sumpatents)
sum   size lev tobinq turnover dual indenp shar10 instratio cap cashratio cash inve
replace shar10 = shar10/100
drop if cashratio < 0
replace dual = dual − 1
```

```
winsor2   lev tobinq turnover   indenp shar10 instratio cap cashratio   inve, cuts(1 99) replace
    //控制变量的缩尾
** 整体观察数据
xtset code year
sum ROA_A ROA2 sumpatents lnpatents suminvention lninvention rdpersonratio rdspendsumratio
size lev tobinq turnover dual indenp shar10 instratio cap cashratio inve
```

4. 实证分析

```
duplicates drop code year, force
xtset code year
*****(1)描述性统计。
sum2docx ROA_A rdspendsumratio size lev tobinq turnover dual indenp shar10 instratio cap
cashratio inve using 描述性统计.docx, replace stats(N mean(%9.3f) sd(%9.3f) min(%9.3f)
max(%9.3f)) title("表 13-10 描述性统计")
```

上述代码的输出结果如表 13-10 所示。

表 13-10　描述性统计

VarName	Obs	Mean	SD	Min	Max
ROA_A	21 113	0.048	0.061	−0.284	0.209
rdspendsumratio	21 113	4.336	4.515	0.000	25.920
size	21 113	22.076	1.338	17.426	28.636
lev	21 113	0.394	0.201	0.047	0.881
tobinq	21 113	1.549	1.723	0.000	9.020
turnover	21 113	0.632	0.380	0.109	2.309
dual	20 876	0.697	0.459	0.000	1.000
indenp	21 083	0.375	0.053	0.333	0.571
shar10	21 112	0.603	0.150	0.242	0.907
instratio	21 113	0.352	0.249	0.000	0.881
cap	21 113	0.219	0.150	0.004	0.672
cashratio	21 111	0.071	0.052	0.002	0.253
inve	21 108	0.055	0.048	0.001	0.234

```
*****(2)基准回归。
* 使用 reg2docx 生成回归汇总表
eststo clear
reghdfe ROA_A rdspendsumratio,a(code year)
eststo jz1
reghdfe ROA_A rdspendsumratio   size lev tobinq cap inve,a(code year)
                //加入企业财务规模等控制变量
eststo jz2
reghdfe ROA_A rdspendsumratio   size lev tobinq cap inve turnover cashratio,a(code year)
                //进一步加入企业经营活动控制变量
eststo jz3
reghdfe ROA_A rdspendsumratio size lev tobinq cap inve turnover cashratio dual indenp shar10
instratio,a(code year)  //加入企业内部和外部治理层面控制变量
```

```
eststo jz4
reg2docx jz1 jz2 jz3 jz4 using 基准回归 reg2docx.docx, replace addfe("Idfe = Yes" "YearFe =
Yes") scalars(N  r2_a( % 9.3f))  b( % 9.3f) se( % 9.3f) title("表 13 – 11 基准回归")  note(" *
p < 0.1; ** p < 0.05; *** p < 0.01; 括号里面是标准误")
```

上述代码的输出结果如表 13-11 所示。

表 13-11　基准回归

	（1）	（2）	（3）	（4）
	ROA_A	ROA_A	ROA_A	ROA_A
rdspendsumratio	−0.003***	−0.003***	−0.002***	−0.002***
	(0.000)	(0.000)	(0.000)	(0.000)
size		0.007***	0.013***	0.012***
		(0.001)	(0.001)	(0.001)
lev		−0.147***	−0.155***	−0.143***
		(0.004)	(0.004)	(0.004)
tobinq		0.003***	0.002***	0.002***
		(0.000)	(0.000)	(0.000)
cap		−0.059***	−0.065***	−0.058***
		(0.005)	(0.005)	(0.005)
inve		0.106***	0.110***	0.098***
		(0.010)	(0.009)	(0.009)
turnover			0.042***	0.043***
			(0.002)	(0.002)
cashratio			0.234***	0.230***
			(0.008)	(0.008)
dual				−0.003**
				(0.001)
indenp				−0.005
				(0.010)
shar10				0.074***
				(0.005)
instratio				0.002
				(0.002)
_cons	0.059***	−0.023	−0.211***	−0.226***
	(0.001)	(0.020)	(0.020)	(0.020)
Idfe	Yes	Yes	Yes	Yes
YearFe	Yes	Yes	Yes	Yes
N	20 559	20 554	20 552	20 284
Adj. R^2	0.398	0.467	0.514	0.524

*　$p<0.1$；＊＊$p<0.05$；＊＊＊$p<0.01$；括号里面是标准误

```
* 使用 esttab 可以达到同样的效果
esttab jz1 jz2 jz3 jz4, star( * 0.1 ** 0.05 *** 0.01)    //列印在窗口
* 生成汇总表并导出
eststo clear
reghdfe ROA_A rdspendsumratio,a(code year)
estadd local IdFe "Yes"                      //采用暂元(local)IDfe 来存储 "Yes"到输出列表中
estadd local TimeFe "Yes"                    //采用暂元(local)Timefe 来存储 "Yes"到输出列表中
eststo jz1
reghdfe ROA_A rdspendsumratio  size lev tobinq cap inve,a(code year)
                                    //加入企业财务规模等控制变量
estadd local IdFe "Yes"
estadd local TimeFe "Yes"
eststo jz2
reghdfe ROA_A rdspendsumratio  size lev tobinq cap inve turnover cashratio,a(code year)
                                        //进一步加入企业经营活动控制变量
estadd local IdFe "Yes"
estadd local TimeFe "Yes"
eststo jz3
reghdfe ROA_A rdspendsumratio size lev tobinq cap inve turnover cashratio dual indenp shar10
instratio,a(code year)              //加入企业内部和外部治理层面控制变量
estadd local IdFe "Yes"
estadd local TimeFe "Yes"
eststo jz4
esttab jz1 jz2 jz3 jz4 using 基准回归 esttab.rtf, replace star( * 0.10 ** 0.05 *** 0.01)
nogaps compress scalar(N  F r2   IdFe TimeFe) title(regression results)
                                //利用 scalar()中增加了 Idfe Timefe
* outreg2 可以有两种方式实现
* 方式一:
outreg2 [jz1 jz2 jz3 jz4] using 基准回归 outreg2.doc, replace  bdec(3) sdec(3) addtext(IdFe, Yes,
TimeFe, Yes) title(regression results)    //jz1 jz2 jz3 jz4 为前面回归的存储指引
* 方式二
eststo clear
reghdfe ROA_A rdspendsumratio,a(code year)
outreg2 using 基准回归 outreg2.doc, replace tstat bdec(3) tdec(2)   addtext(IdFe, Yes, TimeFe,
Yes)  noni
reghdfe ROA_A rdspendsumratio  size lev tobinq cap inve,a(code year)   //加入企业财务规模等
                                                     //控制变量
outreg2 using 基准回归 outreg2.doc,append tstat bdec(3) tdec(2)   addtext(IdFe, Yes, TimeFe,
Yes)  noni
reghdfe ROA_A rdspendsumratio  size lev tobinq cap inve turnover cashratio,a(code year)
                                    //进一步加入企业经营活动控制变量
outreg2 using 基准回归 outreg2.doc, append tstat bdec(3) tdec(2)   addtext(IdFe, Yes, TimeFe,
Yes)  noni
reghdfe ROA_A rdspendsumratio size lev tobinq cap inve turnover cashratio dual indenp shar10
instratio,a(code year)              //加入企业内部和外部治理层面控制变量
outreg2 using 基准回归 outreg2.doc, append tstat bdec(3) tdec(2)   addtext(IdFe, Yes, TimeFe,
Yes)  noni ///
title(regression results)
```

13.2.5 案例小结

本节以研发投入对企业绩效的影响为主题简单论述了数据处理和分析的基本流程。学术研究是一项非常严谨的工作,需要十分认真对待每个细节。在进行数据清洗时,需要注意很多细节,如数据格式、数据来源、数据质量等。如果原始数据不权威或者数据质量有问题,那么研究结果就会受到很大的影响。因此,在进行学术研究时,原始数据的权威性和数据质量是非常重要的。

本节的内容仅仅出于演示的目的,所使用的数据来源于网络,可能存在偏差。因此,读者在进行实际研究时,需要严格遵循数据的采集、处理和清洗程序,并对数据进行仔细的核查和校验。除此之外,不同的研究方案也需要采用不同的数据处理思路。本节仅提供了一种比较常规的数据处理思路,但实际上,数据处理的方法有很多种,具体采用哪种方法需要根据实际的研究需求和数据特点来决定,以确保研究结果的准确性和可靠性。

习题

1. sum2docx 命令的功能是什么?
2. t2docx 命令的功能是什么?
3. corr2docx 命令的功能是什么?
4. reg2docx 命令的功能是什么?
5. estadd 命令的功能是什么?
6. 如何将回归结果的返回值进行调用并显示在 esttab 生成的表格中?
7. 数据分析的基本流程是什么?

第**14**章

蒙特卡洛模拟与自抽样

　　蒙特卡洛模拟与自抽样技术都是基于统计随机采样的方法,用于解决复杂问题的数值计算和模拟。它的基本思想是通过进行大量的随机抽样和重复实验,以概率统计的方式来近似求解问题。本章介绍的蒙特卡洛模拟与自抽样的内容在数据建模中是常用的技术工具。本章主要包括三部分内容:一是介绍抽样与模拟用到的命令,包括 sample、bsample 以及 simulate 等;二是介绍蒙特卡洛模拟的原理以及编程实现;三是介绍 bootstrap 的原理以及编程实现。

14.1　抽样的常用命令

　　抽样是从给定的观测值中抽取一定数量的样本,通过对样本特征的观测来判断总体的特征。抽样可以分为重复抽样(有放回)与不重复抽样(无放回)两种。

14.1.1　sample

　　sample 命令在 Stata 中是一个用于从数据集中抽取样本的命令,可以实现样本的不重复抽样。该命令有多种使用方式,可以根据用户的需求灵活地进行随机抽样或结合其他的命令和条件语句,以实现各种复杂的抽样方案。需要注意的是,使用 sample 命令后,未被抽中的观测值并不会从数据集中删除,只是在进行后续分析时不会被包括在内。如果想保留原始数据并创建一个新的抽样数据集,可以使用 preserve 和 restore 命令来保存和恢复数据状态。sample 命令的语法格式为

```
sample # [if] [in] [, count by(groupvars)]
```

例 14-1　sample 命令的应用。

```
clear all
sysuse auto,clear
sample 20              //表示抽取 20% 比例的样本
sample 5,count         //加上选项 count,表示抽取 5 个样本
clear all
```

```
sysuse auto, clear
sample 50, by(foreign)      //从国产汽车和进口汽车中分别抽取 50% 的样本
```

14.1.2　bsample

bsample 命令在 Stata 中用于进行有放回的随机抽样。这个命令在从样本中随机抽取一个子样本，或者随机抽取几个子样本做效度和信度评估时会非常有用。bsample 命令的基本语法格式为

```
bsample [exp] [if] [in] [, options]
```

其中，exp 为表达式，用于指定抽取的样本个数；if 代表条件语句，用于指定抽样的条件；in 代表范围语句，用于指定抽样的范围；options 则代表其他选项。

需要注意的是，对于样本容量 exp，如果进行简单分层抽样，就要求样本规模小于或等于数据的观测值个数；如果进行分层抽样，exp 就不能超过各层中的观测值个数；如果设定选项 cluster()，exp 就不能超过组的个数；如果同时设定选项 cluster() 和 strata()，exp 就不能超过各层内组的个数。

此外，默认情况下，bsample 命令会将内存中的数据替换为抽样的观测值。但是，如果设定了选项 weight()，那么抽取的样本频数将会被存放在指定的变量中，只有这个变量的值会改变，原数据则不会改变。但需要注意的是，选项 weight() 和选项 idcluster() 不能同时设定。

例 14-2　bsample 命令的应用。

```
clear all
sysuse auto, clear
bsample 30                    //有放回地抽取 30 个样本数据
bsample 5, strata(foreign)    //以 foreign 变量作为分层(分组)变量
```

14.1.3　splitsample

splitsample 命令在 Stata 中用于将数据随机分成两个或多个样本。这个命令常用于数据预处理或实验设计中，例如，在机器学习中，想将数据集分成训练集和测试集时，可以使用 splitsample 命令。splitsample 命令的基本语法格式为

```
splitsample [varlist] [if] [in], generate(newvar [, replace]) [options]
```

其中，varlist 为变量列表，指定要用于分组的变量；if 代表条件语句，用于指定分组条件；in 代表范围语句，用于指定分组范围；generate(newvar) 用于生成新的样本 ID 变量；replace 选项表示是否用新值替换旧值。使用 splitsample 命令时，数据将被随机分配到各个子样本中，子样本之间没有重叠。每个子样本中数据的数量和原始数据集中的数量相同，但各子样本中的数据是随机的。

例 14-3　splitsample 命令的应用。

```
sysuse auto, clear
splitsample, generate(g)        //将数据集随机一分为二
```

```
sysuse auto, clear
splitsample, generate(g) split(1 9)    //按 1:9 进行划分
```

这是通过 split 选项来指定比例划分数据集。还可以通过子选项 nsplit(♯)来指定几等分划分数据集。划分数据集,也是按照随机的原则,控制随机数产生的是随机数种子,可以通过子选项 rseed()来指定。当随机数种子相同时,每次执行得到的划分数据集是一样的。

14.1.4　drawnorm

drawnorm 命令用于生成正态分布的随机样本。这个命令在需要模拟或生成正态分布数据时非常有用。因此想要从多元正态分布总体中抽取随机数(向量),可以使用drawnorm 命令,它的一般语法格式为

```
drawnorm newvarlist [, options]
```

该命令默认的均值向量为零向量,协方差矩阵为单位阵。

例 14-4　drawnorm 命令的应用。

```
clear
matrix m = (2,3)
matrix sd = (0.5,2)
drawnorm x y, n(2000) means(m) sds(sd)    //子选项"means(vector)"和" sds(vector) "来指定均值
                                          //向量和方差向量
summarize, d
return list
```

14.2　蒙特卡洛模拟

14.2.1　蒙特卡洛模拟简介

二战期间,美国在原子弹研制的项目中,为了模拟裂变物质的中子随机扩散现象,由美国数学家冯·诺依曼("计算机之父")和乌拉姆等发明了一种基于计算机模拟的统计方法,即蒙特卡洛模拟。蒙特卡洛是摩纳哥的一个城市,这个城市是非常著名的赌城。因为赌博的本质是算概率,而蒙特卡洛模拟正是以概率为基础的一种方法,所以用赌城的名字为这种方法进行了命名。

蒙特卡洛模拟是一种基于统计随机采样的方法,用于解决复杂问题的数值计算和模拟。它的基本思想是通过进行大量的随机抽样和重复实验,以概率统计的方式来近似求解问题。在蒙特卡洛模拟中,首先需要建立一个描述系统的数学模型,并明确所关注的属性或行为。然后随机生成大量的模拟数据,这些数据基于系统模型和特定的概率分布。最后利用统计方法对这些数据进行分析和处理,从而得出关于系统的性质和行为的结果。蒙特卡洛模拟具有以下特征。

(1)随机性,蒙特卡洛模拟依赖于随机数生成,通过模拟随机事件来逼近真实情况。

（2）统计性，蒙特卡洛模拟需要对大量样本进行统计分析，以获得可靠的估计值。

（3）近似性，蒙特卡洛模拟只能给出近似解，精度取决于样本数量和模拟次数。

（4）高效性，蒙特卡洛模拟可以在较短的时间内给出近似解，特别适合处理大规模、复杂的问题。

蒙特卡洛模拟的建模流程可以分为如下几个步骤。

（1）确定问题，明确需要解决的问题及其概率分布。

（2）建立模型，根据问题描述建立数学模型，确定随机变量、概率分布和参数。

（3）编写程序，使用编程语言实现蒙特卡洛模拟程序。

（4）运行模拟，通过程序生成随机数，模拟随机过程并记录结果。

（5）统计分析，对模拟结果进行统计分析，计算参数估计量和统计量。

（6）结果评估，比较模拟结果与实际情况，评估模拟的可靠性和精度。

蒙特卡洛模拟可以对不确定性因素进行定量分析，为科学研究、工程实践和金融投资等领域提供重要的参考依据。蒙特卡洛模拟的核心思想是将复杂问题转化为可计算的概率统计问题，通过大量的随机抽样来获得问题的数值解。它适用于那些难以用解析方法求解的问题，尤其是在面对高维、非线性或随机性较强的系统时表现出色。然而，蒙特卡洛模拟也存在一些限制，例如在采样过程中可能存在采样效率低下的问题，需要消耗较多的计算资源。此外，模拟结果也受到采样误差的影响，因此需要进行统计分析和结果验证。

总的来说，蒙特卡洛模拟是一种强大而灵活的计算方法，适用于各种领域复杂问题的求解和模拟。它通过随机抽样和数值仿真等技术，有效地克服了许多其他方法难以处理的问题，为众多领域的应用提供了新的思路和工具。在有些场景下，可以通过合理的模型构建和统计分析，为有关问题提供定量估计和可靠性评估。

14.2.2 蒙特卡洛模拟的基本命令

蒙特卡洛模拟的常用命令是 simulate，其基本语法格式为

```
simulate [exp_list], reps(#) [options] : command
```

其中，command 为蒙特卡洛模拟执行的程序，可以是 Stata 自带的或者外部下载安装的命令，也可以是用户自己封装的程序。[exp_list]表示将每次 command 命令的执行结果按[exp_list]格式提取出来，exp_list 的格式形式如表 14-1 所示。

表 14-1　exp_list 的格式形式

exp_list 格式	表　达　式	举　　例
（name：elist）		（scale：sd＝r(sd) iqr＝(r(p75)－r(p25))
elist	newvar＝(exp) (exp)	mean＝r(mean) r(sd)
exp	_b, _b[] _se, _se[]	_b _b[mpg]

simulate 命令选项 options 的功能如下。

reps(♯)表示做♯次蒙特卡洛模拟,即执行♯次 command 中的命令。

seed(♯)用于设定随机数种子为♯。

nodots 表示模拟过程中不在屏幕上打印点。

dots(♯)表示每隔♯次模拟,在屏幕上打印一个点。

noisily 用于将每次模拟的结果都显示在屏幕上。

trace 表示追踪命令运行过程。

saving(filename,⋯)表示将模拟结果保存在数据中。

nolegend 表示不显示模拟信息。

verbose 表示显示模拟信息。

更多信息可参考帮助文档 help simulate。

14.2.3 蒙特卡洛模拟案例

视频讲解

1. 正态总体的小样本抽样分布

生成一个均值为 5,标准差为 12 的正态总体,从该正态总体中第一次抽取 4 个样本,计算其均值得 x1。然后放回,重新抽取 4 个样本,计算均值得 x2,依次进行 1000 次抽样,得到 1000 个均值,并绘制这些均值的直方图。

例 14-5 正态总体小样本的抽样分布。

```
drop _all                              //清空内存数据
capture program drop normal1
program normal1
drawnorm x,n(4) m(5) sds(12) clear     //生成 n = 4,u = 5,sigma = 12 的正态随机样本
quietly sum x
scalar mean = r(mean)
end
normal1                                //执行一次程序
*将上述抽样试验进行 10000 次,得到 10000 个均值和标准差
simulate mean = r(mean), reps (10000): normal1
drawnorm y, m(5) sds(12)
sum                                    //比较两者的均值和标准差(标准误)
twoway   hist mean, density blcolor(olive) ||   ///
         hist y, density bfcolor(green % 50)

cd "D:\Stata 数据分析与建模\各章节图片\第 14 章"     //设置图片的输出路径
graph export "图 14 - 1 正态总体小样本均值的抽样分布.png", replace
```

模拟结果如图 14-1 所示。

模拟结果表明,服从正态分布的总体,其抽样分布仍服从正态分布,均值相同(均为 5),但标准差大约只有原标准差的 $1/\mathrm{sqrt}(4)$(因为样本为 4)。以此类推,可以考虑中位数的分布、方差的分布以及偏度各有什么特征?

例 14-6 中位数分布、标准差分布与偏度分布的模拟。

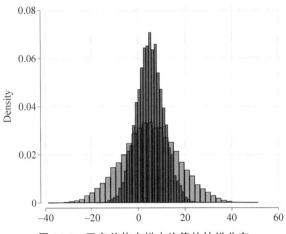

图 14-1　正态总体小样本均值的抽样分布

```
drop _all                          //清空内存数据
capture program drop normal1
program normal1, rclass            //与 return 联合使用,以 r()形式存储结果
drawnorm x,n(9) m(5) sds(12) clear //生成 n = 9,u = 5,sigma = 12 的正态随机样本
quietly sum x,d
return scalar p50 = r(p50)
return scalar sd = r(sd)
return scalar skewne = r(skewness)
end
normal1                            //执行一次程序
* 将上述抽样试验进行 10000 次,得到 10000 个均值和标准差
simulate median = r(p50) std = r(sd) skew = r(skewne), reps (10000) :normal1
drawnorm x2, m(5) sds(12)
sumup median x2                    //比较两者的均值和标准差(标准误)。
twoway  hist median, density blcolor(olive) ||  ///
        hist x2, density bfcolor(green % 50)
```

模拟结果如图 14-2 所示。

```
sumup std x2                                   //比较两者的均值和标准差(标准误)
twoway  hist std, density blcolor(olive) ||  ///
        hist x2, density bfcolor(green % 50)
cd "D:\Stata 数据分析与建模\各章节图片\第 14 章" //设置图片的输出路径
graph export "图 14 - 3 标准差分布与标准误分布的模拟.png", replace
```

模拟结果如图 14-3 所示。

```
sumup skew x2                                   //比较两者的均值和标准差
twoway  hist skew, density blcolor(olive)  || ///
        hist x2, density bfcolor(green % 50)
cd "D:\Stata 数据分析与建模\各章节图片\第 14 章" //设置图片的输出路径
graph export "图 14 - 4 标准差分布与偏度分布的模拟.png", replace
```

模拟结果如图 14-4 所示。

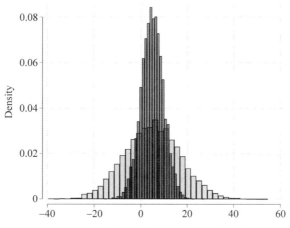

图 14-2 中位数分布与标准差的分布模拟

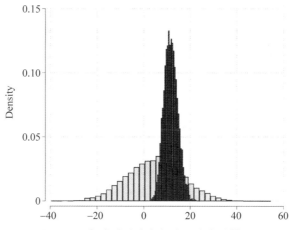

图 14-3 标准差分布与标准误分布的模拟

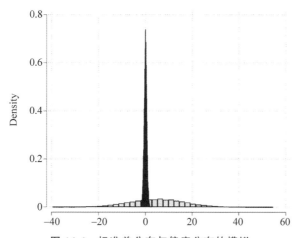

图 14-4 标准差分布与偏度分布的模拟

2. 非正态总体均值的抽样分布

如果总体不服从正态分布，其均值的抽样分布是否仍为正态分布？根据中心极限定理，答案是肯定的，这里以均匀分布的模拟为例进行演示。

例 14-7 非正态总体均值的抽样分布。

```
* 生成均匀分布数据
clear all
set seed 1234                       //设定初始数值
set obs 300                         //确定随机抽样的样本容量为300
gen junyun = runiform()             //得到在(0,1)上均匀分布的随机样本
hist junyun, bin(30)
hist junyun, bin(30) normal
* 100 次抽样的随机模拟
clear all
program mysample, rclass            //定义程序 mysample, 并以 r() 形式存储结果
drop _all                           //删去内存中已有数据
set obs 300                         //确定随机抽样的样本容量为300
gen x = runiform()                  //得到在(0,1)上均匀分布的随机样本
sum x                               //使用命令 sum 计算样本均值
return scalar mean_sample = r(mean) //将样本均值记为 mean_sample, scalar 返还标量
end
simulate xbar = r(mean_sample), seed(101) reps(100) nodots:mysample
hist xbar, normal                   //normal 显示相应的正态分布

cd "D:\Stata 数据分析与建模\各章节图片\第 14 章" //设置图片的输出路径
graph export "图 14 - 5 100 次抽样的模拟结果.png", replace
```

100 次抽样的模拟结果如图 14-5 所示。

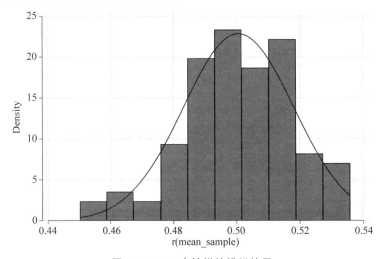

图 14-5　100 次抽样的模拟结果

```
* 1000 次抽样的模拟
clear all
```

```
program mysample,rclass          //定义程序 mysample,并以 r()形式存储结果
drop _all                        //删去内存中已有数据
set obs 300                      //确定随机抽样的样本容量为300
gen x = runiform()               //得到在(0,1)上均匀分布的随机样本
sum x                            //使用命令 sum 计算样本均值
return scalar mean_sample = r(mean)   //将样本均值记为 mean_sample,scalar 返还标量
end
simulate xbar = r(mean_sample),seed(101) reps(1000) nodots:mysample
hist xbar,normal                 //normal 显示相应的正态分布

cd "D:\Stata 数据分析与建模\各章节图片\第 14 章"     //设置图片的输出路径
graph export "图 14－6 1000 次抽样的模拟结果.png", replace
```

1000 次抽样的模拟结果如图 14-6 所示。

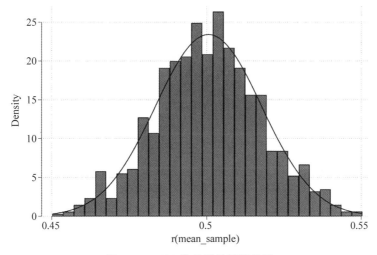

图 14-6　1000 次抽样的模拟结果

```
clear all
program mysample,rclass          //定义程序 mysample,并以 r()形式存储结果
drop _all                        //删去内存中已有数据
set obs 300                      //确定随机抽样的样本容量为300
gen x = runiform()               //得到在(0,1)上均匀分布的 随机样本
sum x                            //使用命令 sum 计算样本均值
return scalar mean_sample = r(mean)   //将样本均值记为 mean_sample,scalar 返还标量
end
simulate xbar = r(mean_sample),seed(101) reps(10000):mysample
hist xbar, bin(50) normal freq   //normal 显示相应的正态分布

cd "D:\Stata 数据分析与建模\各章节图片\第 14 章"     //设置图片的输出路径
graph export "图 14－7 10000 次抽样的模拟结果.png", replace
```

10 000 次抽样的模拟结果如图 14-7 所示。

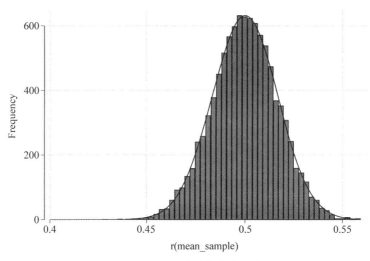

图 14-7　10 000 次抽样的模拟结果

视频讲解

14.3　自抽样

　　蒙特卡洛模拟的特点是必须对总体做出一定的假设,而自抽样方法(Bootstrap,又称为自举法)则通过样本再抽样进行统计推断。Bootstrap 方法在统计和计量中的用途主要是两方面:一是计算统计量的标准误,如样本中位数、偏度、峰度等,这些用常规方法很难得到;二是得到更加渐进有效的估计量。实践中,可以直接使用 Bootstrap 命令,但在多数情况下,需要自行编写 Bootstrap 命令,其依托的核心命令是 bsample 和 simulate。

　　Bootstrap 的核心思想是通过从现有样本中有放回地抽样来获得更多的样本(由于不是真正从总体中抽出来,所以称这些二次抽样获取的样本为"经验样本"),并进而以这些"经验样本"为基础构造统计量的标准误或置信区间,以达到统计推断的目的。Bootstrap 的基本思想是如果观测样本是从总体中随机抽取的,那么它将包含总体的全部的信息,那么不妨就把这个观测样本视为"总体",进而从样本中再抽样。Bootstrap 命令的语法格式为:bootstrap exp_list [,options]:command。下面对该命令及其选项的解读。

　　exp_list 表示要计算的统计量或表达式的列表。

　　command 表示对其应用自助法的 Stata 命令。

　　option 为选项参数,主要包括如下功能。

　　reps(♯)表示执行♯次自助法重复;默认是 reps(50)。

　　size(♯)表示抽取大小为♯的样本;默认是全部数据(_N)。

　　cluster(varlist)表示定义重新抽样集群的变量。

　　saving(filename,…)表示将结果保存到文件。

　　mse 表示使用 MSE 公式进行方差估计。

level(♯)用于设置置信水平；默认是 level(95)。

nodots 表示禁止显示重复点。

dots(♯)表示每♯次重复后显示点。

noisily 表示显示来自命令的任何输出。

seed(♯)用于设置随机数种子。

例 14-8 使用 Bootstrap 命令估计残差均方根 RMSE 的标准误。

```
＊设定显示格式
set cformat %4.3f    //回归结果中系数的显示格式
set pformat %4.3f    //回归结果中 p 值的显示格式
set sformat %4.2f    //回归结果中 se 值的显示格式
＊观察原始样本数据
sysuse auto,clear
reg price mpg rep78 weight length turn
return list
ereturn list
＊使用 Bootstrap 命令估计残差均方根 RMSE 的标准误
sysuse auto,clear    //导入样本数据
bootstrap rmse = e(rmse), reps(100) seed(12345): ///
regress price mpg rep78 weight length turn
```

Stata 的 Bootstrap 命令非常方便，它不仅可以与估计命令（例如 OLS 回归）无缝衔接还与非估计命令（例如 summarize）无缝衔接。Bootstrap 命令可以自动执行自抽样过程，得到想要的统计量，并计算相关的统计指标（例如偏差和置信区间）。然而尽管这个命令非常方便，但在某些情况下想要获得的统计量却不能通过 Bootstrap 实现。对于这些情况，需要自行编写 Bootstrap 程序。

例 14-9 编写程序估计残差均方根 RMSE 的标准误。

```
sysuse auto, clear
＊Step 1：获得初始估计并将结果存储在 observe 矩阵中。此外，还必须记录分析中所使用的观测值
个数.当计算 Bootstrap 结果时,将需要使用这些数据。
quietly regress price mpg rep78 weight length turn
matrix observe = e(rmse)
＊Step 2：编写程序,将其称为 myboot,该程序通过重复抽样的方法对数据进行采样并返回需要的统
计量。在此步骤中,我们首先利用 preserve 命令保存数据,然后用 bsample 命令进行自抽样,其中
bsample 命令对原始数据进行重复抽样,这是 Bootstrap 过程中必不可少的部分。对自抽样子样本进
行回归,并使用 return scalar 输出需要的统计量。请注意,当使用 program define myboot 定义程序
时,我们需要特别指定 rclass,如果没有指定该项,将不会输出 Bootstrap 统计量。编写的 mybot 程
序以 restore 结尾,该命令将使数据返回到 Bootstrap 之前的原始状态。
capture program drop myboot
program define myboot, rclass
preserve
bsample
regress price mpg rep78 weight length turn
return scalar rmse = e(rmse)
restore
end
```

```
* Step 3: 使用前缀命令 simulate 与 mybot 程序结合使用
simulate rmse = r(rmse), reps(100) seed(12345): myboot
* Step 4: 使用 bstat 命令来报告结果,其中存储在 observe 矩阵中的初始分析估计量和样本数分别
放在 stat() 和 n() 选项中。
bstat, stat(observe) n(200)    //help bstat
```

另外需要说明的是,很多回归命令中提供了 bootstrap 选项 vce(bootstrap),用于估计标准误等统计量,示例用法如下:

```
reg y x1 x2 x3, vce(bootstrap)
reg y x1 x2 x3, vce(bootstrap, rep(400) seed(135) nodots)
estat bootstrap, all    //可以进一步查看 bootstrap 回归后的详细信息
```

习题

1. 抽样命令 sample 和 bsample 的区别是什么?
2. splitsample 的功能是什么?
3. splitsample, generate(g) split(1 9) 语句的含义是什么?
4. 生成正态分布的随机样本的快捷命令是什么?
5. 什么是蒙特卡洛模拟? 其应用场景有哪些?
6. 蒙特卡洛模拟的主要步骤是什么?
7. 什么是中心极限定理?
8. 自抽样与蒙特卡洛模拟的区别是什么?

附录 A

Stata发展历程简介

Stata 最初由美国计算机资源中心（Computer Resource Center）研制，现在为 Stata 公司的产品，是一套提供数据分析、数据管理以及绘制专业图表的统计软件。Stata 软件操作灵活、易学易用，是一个非常轻便的统计和计量分析软件。它的功能非常强大，在 Stata 软件中能便捷地实现多种先进统计和计量方法，甚至前沿的机器学习方法，它越来越受到用户的推崇。自 1985 年推出至今，Stata 不断更新、日趋完善。以下是 Stata 的发展历程。

Stata 1.0 于 1985 年 1 月正式发布，这是一个里程碑的时刻，标志着 Stata 软件的诞生。在随后的几年中，Stata 陆续发布了多个版本，包括 1.1、1.2、1.3、1.4 和 1.5 等。这些版本通过不断更新和扩充，内容日趋完善。到了 1998 年，Stata 已经发展到了 6.0 版本。在这个阶段，Stata 软件已经具备了强大的数据管理、统计分析、绘图和矩阵计算等功能。

进入 21 世纪，Stata 继续不断发展。2000 年发布了 7.0 版本，2003 年发布了 8.0 版本。在这个时期，Stata 软件的功能更加完善。

随后，Stata 继续更新和改进，陆续发布了 9.0、10.0、11.0 和 12.0 等版本。在这些版本中，Stata 进一步提高了数据管理、统计分析、绘图和矩阵计算等方面的性能。

2019 年 6 月 26 日，Stata 16.0 正式发布。Stata 16.0 被业内称之为"大数据时代的华丽转身和计量经济学前沿的深耕"，此次更新的诸多功能也是大数据时代下的产物，其与大数据相关的功能此后突飞猛进。Stata 16.0 更新的主要功能包括 Lasso 系列的官方命令，包括 lasso、elasticnet（弹性网）、sqrtlasso（平方根 lasso）、可估计线性回归模型（比如 lasso linear）、二值选择模型（如 lasso logit 与 lasso probit）、计数模型（如 lasso poisson）等。由于 Python Integration 随着机器学习与数据科学的兴起，Python 无疑是最热门的编程语言之一。为此，Stata 16.0 专门提供了一个与 Python 的接口，让用户可以在熟悉的 Stata 界面下调用 Python，并在 Stata 中显示运行结果。继 Stata 15.0 推出估计线性 DSGE 模型的命令 dsge 之后，Stata 16.0 更上一层楼，可以通过命令 dsgenl 来估计非线性 DSGE 模型，这无疑是宏观经济学者的福音。在微观经济学领域，Stata 16.0 同时也新推出命令 xtheckman，使得 Heckman 的样本选择模型（sample model）也可以在面板数据中进行估计。Stata 16.0 新增的数据框功能可以将多个数据集存储在 Stata 内存中，并对不同的数据集同时进行处理,这大大提高了数据处理的效率以及对大数据进行处理和分析的能力。

2021 年 4 月 20 日,Stata 17.0 正式发布。这个版本在功能和性能上进行了全面的升级和改进,如为用户提供了更加高效、灵活和强大的数据分析工具。此次功能更新包括可定制表格、PyStata、在 Jupyter Notebook 中使用 Stata、贝叶斯计量经济学系列命令、对 DID 和 DDD 模型支持、贝叶斯 VAR 模型、贝叶斯纵向/面板数据模型、面板数据多项 logit 模型、贝叶斯线性和非线性 DSGE 模型、do 文件编辑器增强功能等。

2023 年 4 月 25 日,StataCorp LLC 正式宣布 Stata 18.0 上线。Stata 18.0 主要新增了 20 多项功能,包括贝叶斯模型平均、因果中介分析、描述性统计表、线性模型的稳健估计、野蛮自举抽样法、适用于 Cox 模型的 lasso 模型、异质性 DID、多层次 Meta 分析、IRF 的局部投影、IV 分数概率模型、IV 分位数回归以及全新的图形样式,同时在绘图中可以实现按变量绘制颜色。Stata 18.0 在数据存储上进一步完善了框架组命令。与此同时,软件也增强了文档编辑器和数据编辑器的功能。

总的来说,Stata 的发展历程是一个不断创新和完善的历程。从最初的版本到现在,Stata 软件的功能越来越强大,其受众也越来越多,成为许多领域中数据分析的重要工具之一。

egen中的函数简介

egen命令是 Stata 中的一个重要命令,其根据给定函数的参数,创建一个与该函数相同的可选指定存储类型的新变量。这些函数专为 egen 所用,合理使用这些 egen 函数能够极大减少代码的使用量。相关函数主要归纳如下。

anycount(varlist), values(integer numlist):该函数计算在给定的 varlist 中,有多少个变量的值等于 numlist 中的任意一个整数值。如果使用了 if 或 in 来排除一些观察值,则这些被排除的观察值的计数值将会被设置为 0(不是缺失值)。该函数不能与 by 一起使用。

anymatch(varlist), values(integer numlist):该函数用于判断在给定的 varlist 中,是否有任意一个变量的值等于 numlist 中的任意一个整数值。如果存在匹配的情况,结果为 1,否则为 0。如果使用了 if 或 in 来排除一些观察值,则这些被排除的观察值的结果将被设置为 0(不是缺失值)。该函数不能与 by 一起使用。

anyvalue(varname), values(integer numlist):该函数用于从给定的 varname 中提取值,如果该值等于 numlist 中的任意一个整数值,则保留该值,否则将其设为缺失值。该函数不能与 by 一起使用。

concat(varlist) [, format(%fmt) decode maxlength(#) punct(pchars)]:该函数用于将给定的 varlist 中的变量值连接起来形成一个字符串变量。对于字符串变量,其值保持不变。对于数值变量,可以选择将其原样转换为字符串,或者使用 format(%fmt)选项按照指定的数字格式进行转换,或者使用 decode 选项进行解码。如果使用 decode 选项,还可以使用 maxlength()选项来控制标签的最大长度。默认情况下,变量会被依次添加在一起,可以使用 punct(pchars)选项来指定连接时的标点符号,如 punct()表示用空格进行字符串的连接,而 punct(,)表示用逗号进行字符串的连接。

count(exp)(允许使用 by varlist):该函数用于创建一个常量,用于计算在指定的 exp 表达式下非缺失观察值的数量。可以结合 by 选项来进行分组统计,得到每组非缺失观察值的数量。还可以参考 rownonmiss()和 rowmiss()函数。

cut(varname), {at(#, #, …, #)|group(#)} [icodes label]:该函数用于创建一个新的分类变量,其值是根据指定的分组间隔而确定的。比如,如果指定 at(0, 10, 20),则新

变量的值将根据原始变量的取值落入 0~10、10~20 和大于或等于 20 的范围内。如果未指定任何断点(使用 at()选项)时,cut()函数会使用 group()选项来指定分组间隔的数量。需要注意的是,cut()函数不能与 by 选项一起使用。

diff(varlist):该函数用于比较指定变量列表(varlist)中的变量是否相等,如果在 varlist 中的变量不相等,则新变量的值将设置为 1;如果在 varlist 中的所有变量都相等,则新变量的值将设置为 0。函数不能与 by 选项一起使用,该函数主要用于比较两个或多个变量的值,然后创建一个指示变量以表示它们是否相等。

ends(strvar) [, punct(pchars) trim [head|last|tail]]:该函数用于从字符串变量 strvar 中提取首个"单词"(使用 head 选项)、最后一个"单词"(使用 last 选项)或剩余部分或"尾巴"(使用 tail 选项)。head、last 和 tail 是由 pchars(默认为一个空格)的出现位置来确定的。

head 选项:head 是位于第一个 pchars 之前的部分,如果 pchars 不存在,则返回整个字符串。例如,对于字符串"frog toad",使用 head 选项返回"frog",对于字符串"frog",也返回"frog"。如果使用 punct(,),则对于字符串"frog,toad",返回"frog"。

last 选项:last 是位于最后一个 pchars 之后的部分,如果 pchars 不存在,则返回整个字符串。例如,对于字符串"frog toad newt",使用 last 选项返回"newt",对于字符串"frog",也返回"frog"。如果使用 punct(,),则对于字符串"frog,toad",返回"toad"。

tail 选项:tail 是位于第一个 pchars 之后的部分,如果 pchars 不存在,则返回空字符串""。例如,对于字符串"frog toad newt",使用 tail 选项返回"toad newt",对于字符串"frog",返回""。如果使用 punct(,),则对于字符串"frog,toad",返回"toad"。

trim 选项:去除首尾的空格。

fill(numlist):该函数用于创建一个序列变量,其中包含升序或降序的数字,或者包含复杂的重复模式。numlist 是用于指定数字序列的参数,它至少包含两个数字,并且可以使用标准的 numlist 表示法来指定(help numlist 查看详情)。numlist 是由一系列数字和符号组成的表达式,用于生成一组数字。例如,numlist 可以是 1、2、3、…、10 来生成从 1~10 的升序数字;也可以是 10、9、8、…、1 来生成从 10~1 的降序数字;还可以是 1(2)10 来生成 1、3、5、7、9 这样的奇数序列。fill()函数不能与 by 选项组合使用,且不允许使用 if 和 in 条件子句。

group(varlist) [, missing autotype label[(lblname[, replace truncate(♯)])]]:该函数用于根据 varlist 中的变量创建一个新变量,新变量的值表示所属的组别。varlist 可以包含数字变量、字符串变量或两者的组合。组别的顺序根据 varlist 中变量的排序顺序确定。如果 varlist 中包含缺失值(missing values),可以通过使用 missing 选项来指定处理方法。默认情况下,任何包含缺失值的观测都会被分配到新变量的缺失值组(通常值为 . 或 "")。使用 autotype 选项可以指定新变量采用的最小数据类型(byte、int、long 或 double),以节省存储空间。label 选项可以为新变量创建值标签。新变量的整数值与 varlist 中的值或其值标签进行关联。可以指定一个名称作为 label(lblname)来命名值标签。如果只使用 label 而不指定 lblname,值标签的名称将默认为新变量的名称。使用 label(…, replace)可以重新定义现有的值标签。使用 label(⋯，truncate(♯))可以截断从 varlist 中的每个变量贡献给值标签的值的长度，将其限制为一个整数参数 ♯ 指定的长度。group(varlist)不能与 by 选项一起使用。

iqr(exp)：计算 exp 变量的四分位距(interquartile range)，即上四分位数与下四分位数之差。这个命令可以结合 by 命令使用，用于对不同组别的数据计算四分位距。

kurt(exp)：计算 exp 变量的峰度(kurtosis)，用于衡量数据分布的尖峰程度。这个命令也可以结合 by 命令使用，用于计算每个组别的峰度。

mad(exp)：计算 exp 变量相对于其中位数的绝对离差(median absolute deviation)。这个命令可以结合 by 命令使用，用于计算每个组别的绝对离差。

max(exp)[，missing]：创建一个常量，生成 exp 变量的最大值。可以使用 missing 选项指定如何处理缺失值。

mdev(exp)：计算 exp 变量相对于其平均值的平均绝对离差(mean absolute deviation)。这个命令也可以结合 by 命令使用，用于计算每个组别的平均绝对离差。

mean(exp)：创建一个常量，生成 exp 变量的均值。也可以结合 by 命令使用，计算每个组别的均值。

median(exp)：创建一个常量，生成 exp 变量的中位数。也可以结合 by 命令使用，计算每个组别的中位数。

min(exp)[，missing]：创建一个常量，生成 exp 变量的最小值。可以使用 missing 选项指定如何处理缺失值。

pc(exp)[，prop]：该函数用于将 exp 变量按比例缩放为总数的百分比，其值在 0～100。prop 选项将 exp 变量按比例缩放为总数的比例，值在 0～1。

pctile(exp)[，p(♯)]：pctile(exp) 函数用于计算 exp 变量的第 ♯ 个百分位数(percentile)。如果未指定 p(♯)选项，默认值为 50，表示计算中位数。

rank(exp)[，field|track|unique]：rank(exp) 函数用于为 exp 变量创建排序值。默认情况下，相同的观测值会被分配到平均排名。field 选项计算 exp 变量的 field 排序值：最高的值排名为 1，并且没有对并列值进行修正。即 field 排名为 1 加上高于它的值的数量。track 选项计算 exp 变量的 track 排序值：最低的值排名为 1，并且没有对并列值进行修正。即 track 排名为 1 加上低于它的值的数量。unique 选项计算 exp 变量的 unique 排序值：值按照 1、2、3 等依次排名，并且并列值按照任意方式进行分配，两个并列的值将被分配为排名 2 和 3。

rowfirst(varlist)：该函数用于每个观测(行)返回 varlist 中的第一个非缺失值。如果一个观测中 varlist 的所有值都是缺失的，则新变量将被设置为缺失值。

rowlast(varlist)：该函数用于每个观测(行)返回 varlist 中的最后一个非缺失值。如果一个观测中 varlist 的所有值都是缺失的，则新变量将被设置为缺失值。

rowmax(varlist)：该函数用于每个观测(行)返回 varlist 中的最大值(忽略缺失值)。如果一个观测中 varlist 的所有值都是缺失的，则新变量将被设置为缺失值。

rowmean(varlist)：该函数用于创建 varlist 中变量的(行)均值,忽略缺失值。例如,如果指定了三个变量,并且在某些观测中有一个变量缺失,在这些观测中新变量将包含另外两个存在的变量的均值。其他观测将包含所有三个变量的均值。如果这些变量都不存在,则新变量将被设置为缺失值。

rowmedian(varlist)：该函数用于返回 varlist 中的变量在每个观测(行)的最小值,忽略缺失值。如果一个观测中 varlist 的所有值都是缺失的,则新变量将被设置为缺失值。可以参考 rowpctile()命令。

rowmin(varlist)：该函数用于每个观测(行)返回 varlist 中的最小值。如果一个观测中 varlist 的所有值都是缺失的,则新变量将被设置为缺失值。

rowmiss(varlist)：该函数用于返回 varlist 中变量在每个观测(行)中的缺失值数量。

rownonmiss(varlist)：该函数用于返回 varlist 中变量在每个观测(行)中的非缺失值数量,这是 rowmean()函数计算均值时所用的分母。

rowpctile(varlist)：该函数用于返回 varlist 中变量的第 ♯ 个百分位数(percentile),忽略缺失值。如果一个观测中 varlist 的所有值都是缺失的,则新变量将被设置为缺失值。如果未指定 p()选项,默认为 p(50),表示计算中位数。可以参考 rowmedian()命令。

rowsd(varlist)：该函数用于创建 varlist 中变量的(行)标准差,忽略缺失值。

rowtotal(varlist)：该函数用于创建 varlist 中变量的(行)总和,将缺失值视为 0。如果指定了 missing 选项并且 varlist 的所有值都是缺失的,则新变量将被设置为缺失值。

sd(exp)：该函数用于创建一个常量,生成 exp 变量的标准差。也可以在 by 变量组合下使用,计算每个组别的标准差。

seq() [, from(♯) to(♯) block(♯)]：该函数用于返回整数序列。值从 from()(默认值为 1)开始增加,到 to()为止(默认值为变量的最大值),增加的步长为 blocks(默认大小为 1)。如果 to()小于最大值,则序列会从 from()重新开始。序列的编号也可以在由 varlist 定义的组内独立计数,或者在 to()小于 from()的情况下递减。序列依赖于观测值的排序顺序,遵循三个规则：①通过 if 或 in 排除的观测值不会计数；②如果指定了 varlist,则按照 varlist 对观测值进行排序；③除上述两种情况外,顺序为调用时的顺序。不指定任何参数时,使用默认值。

skew(exp)：该函数用于返回 exp 变量的偏度(skewness),即数据分布的偏斜程度。也可以在 by 变量组合下使用,计算每个组别的偏度。

std(exp)：该函数用于创建 exp 变量的标准化值,即使得数据在每个组别(由 varlist 定义)内的均值为 mean(♯),标准差为 sd(♯)。默认值是 mean(0)和 sd(1),即使得变量的均值为 0,标准差为 1。

tag(varlist)：该函数用于为 varlist 定义的每个不同组别中的一个观测值打标签。当组别中的所有观测值对于组别计算的汇总变量具有相同值时,只需使用一个值即可满足许多目的。结果为 1 表示该观测值被标记,并且不是缺失值,否则为 0。对于任何通过 if 或 in 排除的观测值,其值被设为 0(非缺失值)。因此,如果通过 egen tag＝tag(varlist)命令生成了 tag 变量,条件 if tag 是始终安全的。missing 选项指定 varlist 的缺失值是否可能被包含在计算中。

total(exp):该函数用于创建一个常量,生成 exp 变量的总和,并将缺失值视为 0。如果指定了 missing 选项并且 exp 变量的所有值都是缺失的,则新变量将被设置为缺失值。也可以参考 mean()命令。

nvals(varname)〔 , by(byvarlist) missing 〕:该函数可以用于计算组内非重复值的数量。

更多关于 egen 的函数可以参考 help egenmore。

egen 的常用函数应用举例如下。

例 B-1　填充函数 fill()。

```
* egen 与 fill()的联合应用
clear
set obs 10
egen a = fill(1 3 5)        //按 1、3、5 的规律填充
egen b = fill(1 2)          //按 1、2 的规律填充
egen c = fill(6( -3)3)      //从 6 开始到 3,步长为 -3
egen d = fill(1 1 2 2)      //按 1、1、2、2 的规律填充
```

例 B-2　产生等差序列 sep()。

```
* egen 与 sep()搭配可以生成有规律的连续序列
clear
set obs 10
gen a1 = _n
egen a2 = seq()                             //生成 1～10
range a3 1 _N                               //生成 1～10
gen se = mod(a1, 2)                         //根据奇偶数分组
bysort se(a1): egen b = seq(), block(2)     //根据奇偶数分组之后,连续序列中的每个数字重
                                            //复两次
bysort se a1 : egen b1 = seq(), block(2)    //a1 也参与分组
bysort se(a1): egen c = seq(), from(3) to(1) //分组之后,变量 c 的序列从 3 到 1 递减并循环
bysort se(a1): egen d = seq(), to(3)        //分组之后,变量 d 从 1 到 3 循环
egen year = seq(), from(2000) to(2004)
list year in 1/20
egen code = seq(), from(1) block(5)
```

例 B-3　排序 rank()。

```
sysuse auto, clear
egen rmpg = rank(mpg)       //求 mpg 的次序
sort rmpg
list mpg rmpg               //列示结果
```

例 B-4　值匹配 anyvalue()。

```
sysuse auto, clear
egen highrep78 = anyvalue (rep78), v(3/5) /*若 rep78 不为 3、4 或 5,则为缺失值 */
list rep78 highrep78
```

例 B-5 交叉分组 group()。

```
clear
input a b
1 0
0 0
1 1
0 1
0 0
1 .
. 0
end
egen ab = group(a b)                //按 a 和 b 来进行交叉分组,a = 0,b = 0 为第一组,…,a = 1,b = 1 为
                                    //第四组,缺失值不参与分组
egen ab2 = group(a b),missing       //将缺失的组当作另外的一组
```

例 B-6 计算组内非重复值个数。

```
clear
input code year str10 indcd
1 2015 N78
1 2016 N78
1 2017 N78
1 2018 N77
1 2019 S90
1 2020 S90
2 2015 K30
2 2016 K30
2 2017 K30
2 2018 K30
2 2019 K30
2 2020 K30
end                                 //用 input 命令输入数据
encode indcd, gen(indus)            //生成新变量 indus,对 indcd 变量进行编码
bysort code: distinct               //对 code 变量进行分类
* 这里虽然可以判断企业的行业是否发生变化,但如何生成一个新的变量,使得发生变化的企业取
值为 1,未发生变化的企业取值为 0?
* 使用 egenmore + nvals()          //nvals() 函数,可以用于计算组内非重复值的数量
egen indic = nvals(indcd), by(code)  //生成变量 indic,按行业计算 indcd 非重复值的个数
gen changed = (indic != 1)          //生成变量 changed,如果 indic 不等于1,changed 取值为1,否则为0
```

例 B-7 gen 与 egen 的使用。

```
cls
clear
set obs 5
edit
gen x = _n                          //生成新变量 x, x 取值范围为 1~5
gen y = sum(x)                      //求列累积和
egen z = sum(x)                     //求列总和,注意比较 y 和 Z 的不同
egen r = rsum(x y z)                //求 x + y + z 总和
egen havg = rowmean(x y z)          //求 havg = (a + b + c)/3
egen hsd = rowsd(x y z)             //求 a、b 和 c 的方差
```

```
egen rmin = rowmin(x y z)          //求 x y z 这三个变量的最小值
egen rmax = rowmax(x y z)          //求 x y z 这三个变量的最大值
list                               //注意比较 y 和 z 的不同
egen avgx = mean(x)                //求列均值
egen sdx = sd(x)                   //求列标准差
egen medx = median(x)              //求列中值
replace y = 3 in 3
egen byte dxy = diff(x y)          //当 x 与 y 相等时,differ 取 0,若不相等为 1
egen ddxy = diff(x y)              //当 x 与 y 相等时,differ 取 0,若不相等为 1
```

参 考 文 献

［1］ 杨维忠,张甜.Stata 统计分析从入门到精通［M］.北京：清华大学出版社,2022.
［2］ 许琪.Stata 数据管理教程［M］.北京：北京大学出版社,2021.
［3］ 朱顺泉.Stata 数据分析应用［M］.北京：北京大学出版社,2015.
［4］ 陈国青,曾大军,卫强,等.大数据环境下的决策范式转变与使能创新［J］.管理世界,2023,36(02)：95-105,220.
［5］ 胡敏中.大数据分析的认识特征［J］.自然辩证法研究,2018,34(01)：112-117.
［6］ 贾俊平.统计学［M］.8 版.北京：中国人民大学出版社,2022.
［7］ 李春涛.Stata 正则表达式及其在财务数据中的应用［M］.北京：中国金融出版社,2022.
［8］ BALTAGI B H.Econometric Analysis of Panel Data［M］.6th ed.Berlin：Springer-Verlag,2021.